翻译与语言认知研究丛书

语言认知技术研究

王建华　著

中国人民大学出版社
·北京·

图书在版编目（CIP）数据

语言认知技术研究/王建华著．—北京：中国人民大学出版社，2019.9
（翻译与语言认知研究丛书）
ISBN 978-7-300-27444-7

Ⅰ.①语… Ⅱ.①王… Ⅲ.①认知语言学-研究 Ⅳ.①H0-06

中国版本图书馆 CIP 数据核字（2019）第 206863 号

翻译与语言认知研究丛书
语言认知技术研究
王建华　著
Yuyan Renzhi Jishu Yanjiu

出版发行	中国人民大学出版社		
社　　址	北京中关村大街 31 号	**邮政编码**	100080
电　　话	010－62511242（总编室）		010－62511770（质管部）
	010－82501766（邮购部）		010－62514148（门市部）
	010－62515195（发行公司）		010－62515275（盗版举报）
网　　址	http://www.crup.com.cn		
经　　销	新华书店		
印　　刷	天津中印联印务有限公司		
规　　格	170 mm×228 mm　16 开本	**版　　次**	2019 年 9 月第 1 版
印　　张	15.75	**印　　次**	2019 年 9 月第 1 次印刷
字　　数	275 000	**定　　价**	68.00 元

前言

双语认知研究进入到神经认知研究阶段，各类研究工具成了研究人员从事研究不可或缺的工具和手段。当前比较常用的双语认知神经研究工具主要有脑电技术（ERP）、眼动技术（Eye-tracking）和功能性磁共振成像（fMRI）等，这些技术的普遍运用是语言认知神经研究进行数据采集和得出科学结论的可靠保证，因此，各语言研究机构都竞相建立与这些认知神经技术相关的实验室，为相关研究提供技术保障。但是，当前真正掌握这些技术并能够很好进行科学性研究和规范研究的学者主要在认知心理学领域，语言研究界只有少数学者能够熟练运用这些技术进行研究。所以，对这些双语认知神经技术进行介绍，对这些技术的运用进行例说从而使更多的语言研究学者掌握这些技术显得十分紧迫和必要。

本专著从双语模型到心理实验设计和数据处理进行了较为全面的双语研究基本路径介绍，然后对语言认知神经研究常用的技术包括脑电技术（ERP）、眼动技术（Eye-tracking）、功能性磁共振成像（fMRI）进行了详细的讲解，包括技术本身的介绍、数据采集介绍和数据处理与数据分析介绍。本专著分为五章二十一节，对双语认知神经研究的相关方法和技术进行了全面的讲解。通过这本专著，广大语言研究者会对双语认知神经研究有更科学的认识，对语言认知神经技术的运用有更好的掌握。

感谢我的博士生李玖、蒋新莉、张星、李静、黄婕和张茜，还有硕士生王甜、王天笑、寿盼、张静茗、张玉玲、孙世浩、左欣雅、张宇超、曾兆东和刘吉利。在书稿的写作和修改过程中，学生们积极参与，一起研讨，在搜集资料和校对文稿方面都付出了很多努力；特别感谢山西师范大学青年教师肖风博士，肖老师研究专长是神经心理学，语言认知技术研究部分的ERP技术和fMRI技术的撰写得到了肖老师的不吝相助，令人感激不尽。本系列专著受到中国人民大学重大科研项目（编号：2015030227）、山西师范大学“语言认知协同创新”项目和山西省挂职副校长科研项目资助，借此一并表示感谢！

这本书从体例设计到每个章节的内容安排都耗费了我们大量的时间，近两年的书写和整理为我们提高语言认知神经研究打下了较好的技术基础，愿业界同行也能从此书中受益。

由于才疏学浅，难免有纰漏之处，敬请广大读者不吝赐教！

2019年7月18日

于中国人民大学明德楼

目录

第一章 双语研究简介

起初，人类说一样的话，天下只有一种语言。之后，他们迁徙到了东方一个名为示拿的地方，定居于一片平原之上。他们商量着一起烧制砖块，把它们像石头一样垒起来，又加上柏油做成的灰泥砌成墙。他们又想合力盖一座通天的高塔，塔尖直通天庭，从而为自己扬名，以免被拆散，流落四方。上帝看到人们抱团成了一个民族，说同样的语言，将来只怕没有人们做不成的事，于是，派天使搅乱他们的语言，让他们不能沟通交流。这样，上帝把建造通天高塔的人们拆散到了世界各地，通天高塔也就没有建成，这座塔因此得名与“搅乱”（balal）谐音的“巴别”（babel）。

这个著名的巴别塔神话故事，载于《圣经·创世纪》第十一章第一节，揭示了人类语言多样性的起源，标志着翻译活动的肇始，后来国际译联将其会刊命名为 *Babel*（《巴别塔》）。这座通天之塔被命名为“巴别塔”，还有另一种解释：示拿是现在幼发拉底河冲积平原上的巴比伦，在希伯来语中读作“巴别”。

人类无视上帝的威严，竟然妄想建造通天之塔宣扬自己的功名，对于这一傲慢行径，上帝通过搅乱人类聚居地和语言以示惩戒。人类沟通不畅，自然也就不能与上帝抗衡。现在，出现了对巴别塔神话的另一种阐释，这种解读通过考察语境与叙述顺序，认为巴别塔的故事肯定了语言多样化对人类发展的积极意义。不论怎样，巴别塔的故事凭借生动的情节和深远的寓意流传下来，也开启了有关语言多样化研究的大门。

第一节 什么是双语研究

语言是人类区别于其他物种的重要标志。如今，世界上有 6 000 多种语言，一个人类群体至少有一种语言。一方面，很多国家有两种官方语言；即使一个国家只有一种官方语言，因为有各种方言存在，这个国家也可能是多语言国家。另一方面，随着社会的发展和人民受教育程度的提高，个体可能会两种甚至多种语言。可见，无论从社会还是个人角度来看，双语现象都十分普遍。下面，我们首先了解双语的定义和分类，进而讨论双语人的定义和标准。

一、什么是双语

关于双语的定义和分类有很多，在此，我们只摘取一些典型的论述。对双语现象的认识，Bloomfield 早在 1935 年就提出①，如果一个人外语学习得很完美，又没有妨碍第一语言，就会导致双语现象，即像母语般地掌握两种语言。阐述了完美的双语后，他进一步认为，并非完美的双语比人们想象的更为常见，例如移民、游客的双语。他指出，双语人的标准是相对的，不可能明确界定达到什么样的熟练程度才算双语人。Bloomfield 仅仅提出了完美的双语的定义，而对于更广泛的双语的界定则比较模糊。Weinreich② 把交替运用两种语言的实践叫作双语现象，把从事这种实践的个人称为双语人。Mackey 也有类似表述，认为双语现象不仅包含使用两种语言，而且包括使用多种语言。换言之，双语现象是指同一个体交替地使用两种或两种以上语言。除另有说明，所有关于双语现象的论述都适用于多语现象。上述三位语言学家对于双语的定义都过于含糊，尤其对两种语言掌握的程度未作明确表述。这就带来一个双语标准的问题，比如，一个母语非英语的人，如果只会说一个单词如“Hi”，是否是双语人，而这种语言实践是否可以归于双语现象？

在回答这些问题之前，我们有必要了解一些有关双语的术语：语言技能

① Leonard Bloomfield. Language. University of Chicago Press，1933.

② Weinreich U. Languages in Contact：Findings and Problems. The Hague：Mouton，1953.

(language skills)、语言能力(language ability)、语言潜能(language competence)、语言呈现(language performance)、语言水平(language proficiency)和语言成就(language achievement)。

语言技能(language skills),意指具体的、看得见的、可以解释清楚的能力,如我们经常讲的听的能力、说的能力、读的能力和写的能力。有人把语言能力(language ability)看作是一种结果,即当前的语言状况,与语言技能类似,但没有语言技能那么具体;有人则认为语言能力是一种潜在的、普遍的倾向,是语言最终成功的决定因素。

语言潜能(language competence),顾名思义,是潜在的能力,而非外在呈现出来的能力,是一个一般性的、广义的术语,尤其用于描述心理上的、内在的语言表现。相对应的,语言呈现(language performance),意指语言的外在表现。因此,根据语言呈现,我们可以推断出语言潜能;由于不同水平的语言潜能,每个人会展现出不同的语言呈现;即使同一个人,在不同阶段,可能有不同的语言呈现。

有人把语言水平(language proficiency)与语言潜能看作相同的概念,另有人把语言水平看作是语言测试中一种具体的、可衡量的结果。语言成就(language achievement)被视为正规教育的结果,而上面阐述的语言能力和语言水平,则是一种个人的特点,是各种技巧的产物,既包括正规教育,也包括语言习得。

接下来,我们一起探讨双语的分类。不同的标准可以分为不同的类型。

根据时间、质量和数量的不同,双语可以分为第一语言(first language)和第二语言(second language)。第一语言(first language)可以有多重理解,从时间角度,指学会的第一种语言;从质量角度,指掌握得最好的语言;而从数量角度,指使用最多的语言。相反,第二语言(second language)指在第一语言后学会的那种语言,或较弱的那种语言,或很少使用的那种语言。

根据获得方式的不同,双语可以分为原生双语(primary bilingualism)和第二双语(secondary bilingualism)。原生双语(primary bilingualism)指未经过学校的正规教育,在日常生活中自然而然习得的语言。第二双语(secondary bilingualism),指在学校通过正规教育而学会的第二语言。

根据环境的不同,双语可以分为复合双语(compound bilingualism)和并列双语(coordinate bilingualism)。复合双语(compound bilingualism)指在同一环境中,同时学会两种语言,事物在头脑中的再现被认为是彼此依赖、相互融合的。并列双语（coordinate bilingualism）指在不同的环境中学会的两种语言，事物在头脑中的再现被认为是相互独立的。

根据语言能力程度的不同，双语可以分为主动双语（productive bilingualism）和被动双语（receptive bilingualism）。主动双语（productive bilingualism），指能够用第二语言进行听、说、读、写。被动双语（receptive bilingualism），指具备输入的能力，即听和读的能力，而不具备输出的能力，即说和写的能力。

根据语言之间的作用的不同，双语可以分为添加性双语和消减性双语。添加性双语，指两种语言和两种文化积极作用，相互补充。社会和家庭都认为两种语言都很重要的时候，就会出现添加性双语。消减性双语，指两种语言相互竞争。有的少数民族看重经济文化地位较高的民族的价值体系，轻视自己民族的文化体系，就可能出现消减性双语，第二语言威胁、甚至取代第一语言。

二、双语人

明白了双语现象，我们来探讨一下双语人的定义和标准。

Haugen① 认为，当一个人除母语外，能用另一种语言说出完整意义的话语，就可以被称为双语人。这个定义有一定的局限性，其一，说的能力有强弱之分，“完整意义的话语”有可能只有一个单词，如 help，hello，hi，bye-bye 等，只会说这些词汇的人也存在，说出一个词就是双语人吗？其二，说的能力有主动和被动之分，有的人会唱英文歌曲，歌词中有完整意义的句子，但这些人不会用英语表达自己的思想，是双语人吗？其三，语言能力，除了说的能力，还有其他重要的语言维度，如听的能力、读的能力和写的能力。这个定义只关注说的能力，有片面之嫌。

Halliday② 等人认为只有完美地掌握两种语言，同时在使用一种语言时，没有另一语言的任何痕迹，这类人才能被称为双语人。这一定义相对严苛。首先，在多数情况下，人们在多数场合使用一种语言，在少数场合使用另一种语言，两种语言的使用情况本身就不同。其次，两种语言在各种语言能力的匹配上都一一对应，且达到非常高的程度，是极为罕见的。即使是高级职业翻译人员，经过专

---

① HAUGEN E. The Norwegian language in America：A study in bilingual behavior. The American Dialects of Norweigian，1953：Vol（2）.

② 韩礼德. 作为社会符号的语言：从社会角度诠释语言与意义．北京：外语教学与研究出版社，2001.

门长期的训练，对双语的掌握程度较好，运用场合较多，通常在某些话题上使用一种语言，而在另一些话题上倾向于使用另一种语言，这是长期功能性的语言分工造成的。

这两种分类都比较极端。那么，什么人可以被称作双语人？要成为双语人，需要具备哪些语言能力？这些能力的掌握程度又如何？关于语言能力的划分，有不同的方法，有人划分为语音、词汇量、语法和风格等。一般来讲，主要有四种基本的语言能力，即听、说、读、写。

语言现象纷繁复杂，接下来我们结合实例，从不同角度分析这些能力，进而说明仅仅以单一维度就判断一个人是否为双语人是片面的、过于简单化的。听和读的能力属于接受能力，是输入的方式，而说和写的能力属于产出能力，是输出的方式。按照另一种分类方法，听和说的能力属于口语能力，而读和写的能力属于文字能力。

日常生活中不难观察到这样一种语言现象，有的人可以看懂英文报纸（读的能力），或用英文进行学术写作（写的能力），却不能当场听懂简单的日常对话，如点餐（听的能力），或不能流利地用英文口头表达出自己的思想（说的能力）。也就是说，一个人的听、说、读、写的能力可能不一致，而且不一定输入能力都强或输出能力都弱。在上述例子中，有一项输入能力强，而另一项输入能力弱，如读的能力强，听的能力弱，同时，有一项输出能力强，而另一项输出能力弱，如写的能力强，说的能力弱。换句话讲，这个人的文字能力强，即读和写的能力强，而口语能力弱，即听和说的能力弱。

即使同一种能力，同一个人也会有不同。例如听的能力，同一个人在一个阶段，可能呈现出不同的水平，例如能听懂日常生活中的对话，在国外可以很方便地与人沟通、购物，却不能完全理解学术讲座。而且，同一个人，在学习生活的不同阶段，听的水平也会变化。有些人随着日积月累的学习，会听懂更多领域的内容，听的技能会增强。而另一些人，听的能力则会减弱，例如久居海外的留学生，回国后会不习惯母语，伴随一定程度的母语听力阻碍。上述例子中的个体，是否算是双语人？

可见，各种语言能力的发展可能是不平衡的，有的突出，是优势；有的隐蔽，是劣势。打个比方，有人戴的眼镜有两个镜片，但镜片的度数可能不同。另外，各种语言能力的发展是动态的，不是一成不变的，随着年龄、教育程度、兴趣、爱好和学历等因素的不同，语言能力也不尽相同。

除了听、说、读、写四种能力，还有人提出第五种语言能力。Skutnabb-

Kangas 提出思维是第五种语言能力，可以看作是内在的语言，这与真的开口说话有区别。Cummins[①] 将其表述为认知能力，换言之，是指使用一种或两种语言进行思考和推理的能力。

既然语言现象复杂，我们可以用平衡双语人和半语人来描述具有不同语言能力的双语人，下面我们进一步了解平衡双语和半语现象。

平衡双语是一种理想的状态，两种语言的能力都均衡发展，一般都很强，意味着两种语言能力都已经得到了充分的发挥，且在不同场合都能表现出几乎相同水平的语言能力。不难意识到，很少有人能做到这些。具有平衡双语的人被称为平衡双语人。Fishman[②] 认为，绝大多数人使用两种语言会出于不同的功能和目的。如有的学生在课上使用英语，在家里使用母语；有的学生在学校使用普通话，在家中与亲朋好友交谈则使用方言。平衡双语是一种理想化的概念，但其在定义和度量上有难度，何为强的能力？何为相同水平？评判精通、流利等的标准是什么？由谁评判？这些都值得深思。

半语现象（semilingualism），是指如果双语人的两种语言都不具备足够的能力，他们被称为双半语人或半语人。与单语人的语言能力相比，半语人的两种语言的能力都不高，无论数量上还是质量上，都相对匮乏。具体而言，半语人的语言能力体现在有限的词汇、语法的错误、有意识地思考语言输出、表达情感和思维时感到吃力等。有人认为半语现象是一种语言缺陷，通常指任何一种语言能力都没有达到语言潜力应该达到的水平。有时，半语现象并不是指日常生活中语言交流的障碍，因为有些人在日常生活中交流非常流利，但流利只是表面现象，掩盖着语言结构知识方面的一些不足。

出现单语现象和单语人的原因有很多，内因有个人智商、兴趣、学习方法和努力程度等；外因有政治、经济、社会条件和教育标准等，如学校教育侧重语言能力的某一或某些方面，而忽略其他方面，检验评价标准将导致学生关注特定的语言能力，而忽视其他能力。

三、双语与认知

语言和认知都是人类进化和发展中重要的事物和现象。有人认为，第一语言

① CUMMINGS J. Linguistic independence and the educational development of bilingual children. Review of Educational Research，1979（49）：221－251.

② 郑洁．浅析双语教育的心理语言学基础．南昌教育学院学报，2013.

和第二语言是此消彼长的关系，它们像是天平的两端，学习第二语言的知识越多，使用第二语言的机会越多，这个人第一语言的能力就会减弱。还有人认为，第一语言和第二语言在思想里占的空间越大，其他方面的知识如想象力，所占的空间就会减少，因此，单语会为其他知识节省出必要的空间。那么，单语人是否具有更为广阔和有效的思想空间？双语与认知之间是什么关系，是双语影响认知，还是认知影响双语，抑或互相影响？这些影响是积极的，还是消极的？学习或习得第二语言的恰当时机是什么？这些都是我们接下来要涉及的内容。

1. 双语对认知的影响

关于双语对认知影响的实证研究，主要以20世纪60年代为界线。60年代前，以心理测验的研究为主，认为双语对认知有不利影响或中立影响，60年代之后，尤其是加拿大人Peal和Lambert[①]的研究，证明了双语对认知存在有利影响，具有里程碑式的意义，开启了对双语和认知进行功能性研究的现代方法。

从19世纪初到20世纪60年代，双语对思维只有坏处没有好处的说法流行于英美。学术界普遍认为双语对思维有不利影响，认为双语儿童比单语儿童的智商低、学习成绩差、社会适应力欠佳。早期双语发展理论假设，双语学习会不可避免地使两种语言能力都减弱。60年代前，主要是通过“智力”这一概念探讨双语与认知的关系，通常是智力测验，尤其是比较词语分数。例如，Macnamara[②]用术语“平衡效应”解释双语儿童在文字性智力测验中分数偏低的现象。他认为第二语言能力的提高，会导致第一语言能力的降低，双语儿童的双语能力之和不比单语儿童的语言能力高。但是，“平衡效应”理论不能解释这一现象，有些儿童两种语言能力都很强，强于会任意一种单语的单语儿童。再比如，D. J. Saer的研究对象是1 400名年龄在7至14岁之间的单语人和双语人。结果发现，威尔士周边双语人的智力比讲英语的单语人低了10分。Saer得出的结论是：双语人智力混乱，认知活动混淆，在思维方面不占优势。Saer、Smith和Hughes[③]进一步的实验研究也表明在智力测验中，单语大学生的表现强于双语大学生。他们认为，这种由智力测验展示出的思想能力方面的差别是天性，是一成不变的，始终存在于他们的生活中。

这些强调双语对认知产生不利影响的实验研究有一些局限性，主要表现在以

① PEAL E，LAMBERT W E. The relation of bilingualism to intelligence. Psychological Monographs. 1962（76）：1－23.

② 余强．双语教育与儿童认知发展关系的百年探索．南通大学学报，2005.

③ 卢丹怀．双语能力与智力的关系．世界教育信息，2009.

下几个方面。第一，智力与认知的关系、智力与智力测验的关系。智力测验只是表明了智力，是认知方面很小的一部分，仅仅要求被试对问题作出单一、能找到正确解决方案的回答。生活中我们不难发现多种智力，如开车的智力、音乐的智力、销售的智力。一个智力测验很难表现出多个智力因素，Guilford就曾提出包含150个智力因素的模式。第二，测试语言。测试用语一般是英语，是双语人掌握程度较弱的语言。单语人和双语人对测试语言的熟悉程度和运用频率的不同，会引起单语人在测试中表现较好。第三，双语人的界定。早期研究区分单语人和双语人不是很清晰，这种含混不清的做法很容易导致结论的偏颇。我们前面讲过，双语人的界定是一个复杂的问题，涉及多种能力和各种能力的掌握程度。第四，样品和整体的关系。研究涉及的人群是儿童，归纳的结论是否可以推广到所有的单语人和双语人？第五，变量控制的问题。单语人一般处于有较高社会经济地位的家庭中，而双语人则处于有较低社会地位的家庭环境中，因此，研究结果可能是由于其他原因，如社会经济条件，而非双语造成的。由于上述局限性，虽然双语人可能有认知方面的不足，但早期研究并不能支持双语会对认知产生不利影响的论断。

此外，一些研究还体现出双语与认知之间的中性关系，具体来讲，就是单语人和双语人的智商没有区别。中性关系的发现使得一些学者重新看待不利关系的结论。例如，Jones① 起初的研究发现，双语人的智商不如单语人。当时的研究对象是2 500名10岁和11岁的儿童。后来经过重新分析，如果再考虑一些因素，如单语人和双语人背后的社会经济的等级（主要是父母的职业）后，单语人和双语人的智商没有重大差别。中立效果的实验虽然数量不多，但鼓舞了在学校和家庭使用双语的父母和孩子。

使双语与认知研究发生历史性转折的是Peal和Lambert② 的实验。1962年，他们从加拿大蒙特利尔的一所法语学校抽取了364名儿童，后通过词汇、联词测验和学生的自我报告，将两种语言的测验得分都高的儿童选入平衡型双语组；将一种语言得分低而另一种语言得分高的儿童选入单语组，而且除了一个英语单语组，还有一个法语单语组作对照。针对早期研究方法的问题，考虑让控制组和被试组在年龄、性别、社会地位和经济条件等情况相当，进一步筛选出110名儿童成为研究对象。研究显示，在考查智商的18项测试中，双语人在15项中的结果

---

① 卢丹怀．双语能力与智力的关系．世界教育信息，2009.

② PEAL E，LAMBERT W E. The relation of bilingualism to intelligence. Psychological Monographs. 1962（76）：1－23.

明显好于单语人，另外3项则无明显区别。研究表明，双语人的优势有：心理灵活性更大、抽象思维更好、言语更具独立性、更易形成概念；一个更加充实的双语及双语文化环境有利于智力的发展；双语人在双语间的转换有利于词语智商的发展。他们的实验克服了早期证明不利效果实验的一些弊端，表明双语人在认知方面可能超过单语人，如除了智商这一项目外，还包括了心理活动的其他方面。在他们的研究之后，非洲、亚洲和欧美的学者也作了相关探索，多种语言、多种文化的研究大大丰富了双语人在认知上占有优势的多维度阐释。

我们在看到Peal和Lambert开拓性贡献的同时，也要看到他们在方法上的一些缺点。第一，样本是否有普遍性，换言之，没有作为研究对象的254名儿童会是什么样的表现不得而知。第二，实验对象用平衡双语人代表双语人是否恰当。平衡双语人是一种特殊的双语人，部分能否代表整体，仅用平衡双语人的实验说明所有双语人的特点是否恰当。第三，控制变量主要是社会经济因素，没有特别注意筛选其他文化因素，如宗教因素。第四，双语与智力的关系。谁是因，谁是果，还是互为因果？双语人智力高，是因为双语造成的高智力，还是高智力导致学会或习得了双语，抑或是互相促进？

20世纪80、90年代，元语言能力成为研究的焦点。例如Bialystok① 发现，5岁至7岁的双语儿童善于注意语法特征，平衡双语儿童完成元语言任务的效果强于不平衡双语儿童，不平衡双语儿童完成元语言任务的效果强于单语儿童。Galambos② 指出，在句子结构的意识方面，双语儿童强于单语儿童。

2. 双语学习的时机

既然双语人可能在认知能力上比单语人占有优势，我们就要考虑在什么时候让儿童开始学习或习得第二语言。在这方面，影响力较大的实验由Skutnabb-Kangas和Toukomaa③ 完成，他们在20世纪70年代受到联合国教科文组织的委托而实施该实验。实验针对移民者展开，大规模调查了居住在瑞典的芬兰儿童，重点关注非文字智力测验和语言水平。研究发现，这些移民儿童的瑞典语能力大大低于瑞典儿童，芬兰语能力也大大低于芬兰儿童，非文字智力测验成绩与瑞典

---

① BIALYSTOK E. Levels of bilingualism and levels of linguistic awareness. Developmental Psychology，1988.

② GALAMBOS S T，GOLDIN M S. The effects of learning two languages on levels of metalinguistic awareness. Cognition，1990.

③ SKUTNABB-KANGAS T，TOUKOMAA P. Teaching migrant children mother tongue and learning the language of the host country in the context of the social-cultural situation of the migrant family. Tampere，Finland：Tukimuksia Reports，1976.

儿童相比无明显差异。进一步的分析表明，儿童的年龄与语言能力有密切关系。10 岁时迁居瑞典的儿童，不论是瑞典语还是芬兰语，都与本土瑞典儿童和本土芬兰儿童的常模水平差不多，而幼小时迁居的儿童并没有达到任一常模水平。同时，研究者还发现移民儿童在移民时的母语水平会影响后来的语言发展。这说明，母语或第一语言会影响第二语言的发展。

学校教育能否开展以第二语言作为教学语言，关键要看儿童入学时是否掌握了同识字有关的认知功能，即第一语言形式和语言的读写功能之间是否建立起了定位关系。具体而言，对于处于优越的社会地位的主体民族的儿童而言，他们的母语是受社会重视的语言，入学时已经建立了上述定位关系，就可以通过浸入式的方式学习第二语言形式。然而，对于处于不利社会地位的民族的儿童来讲，他们的第一语言不受社会重视，学校应该首先进行第一语言和语言认知的定位。很多研究已经表明，儿童在小学低年级时进行以母语为基础的双语教育，可以提高少数民族儿童的学业成绩。

四、双语与神经

双语人和单语人的大脑结构有无明显差异？对于语言来说，两个大脑半球对语言的作用是什么，分工是怎样的？双语人的两种语言是否共用一套神经机制？一些典型的语言问题，如失语症，与大脑的哪些特定区域有关？双语人失语症患者与单语人失语症患者有何不同？下面我们来一一说明。

1. 大脑结构与神经机制

现有实证研究显示，没有明确证据可以证明双语人和单语人的大脑结构有重大区别。大多数双语人失语症患者与单语人失语症患者的语言恢复过程差不多。

我们需要了解一个常识，一般而言，左半脑控制身体右侧，右半脑则控制身体左侧。优势半脑，是指对信息更多地做出反应或起支配反应的那个半脑。大脑半球对语言行为的影响，具有功能上的不平衡性，且随神经心理的成熟而发展。脑半球的分化始于儿童早期。大约在儿童 4～5 岁时，可以观察到大脑半球的功能分化现象。有人说左半球是逻辑性的、分析性的，右半球是直觉的、整体的。对于特定任务而言，左半球或右半球的专门化程度较高，但大脑半球的分工不是绝对的，左半球可以处理右半球处理范围的典型信息，反之亦然。根据语言任务的性质，两个半球都会不同程度的参与，是合作性的，而非竞争性的。在高级任务的完成过程中，两个半球的功能互为补充。

对绝大多数人来说，是左侧占优势，控制着身体的右侧，表现为右手占优势。针对语言任务，语言信息处理的中心是大脑左半球，一个世纪前就已经发现，优势半球左半球的外侧裂周围区域参与语言理解和语言产生的过程。

虽然右半球在语言加工中不占优势地位，但不代表它完全没有语言功能。事实上，右半球也会参与语言处理，对左半球有辅助作用。右半球可以理解语法简单的句子，进行简单的语义判断任务，部分证据来自通过手术分离大脑两个半球的病患。这些病人有严重的癫痫症状，割裂两个半球可以缓解该症状。这样，连接左右半球的神经束被切断，左右半球在皮质水平上就不能交流了。20 世纪 60 年代，Michael Gazzaniga 和 Roger Sperry① 研究发现，当视觉信息出现在左边视野中，信息就只能进入右半球，反之亦然，这就为研究右半球的语言区域和语言功能提供了可能。割裂脑人能完成一些简单的语义判断任务，也能阅读呈献给右半球的阅读材料，但对于语法简单的句子才能正确理解。

这是右半球正常的情况，另一个实验描述了右半球损伤后的情况，说明右半球善于加工处理相对疏远的语义联系。右半球损伤的病人一般没有失语症，但有一些不易发现的语言缺陷。Peter Hagoort② 和同事发现，右脑损伤的病人对属于同一类别但不存在联系性相关的单词，如狗和马，没有表现出启动效应。这说明，左脑不善于加工处理相对疏远的语义联系，而据此可以推断，右半球善于加工处理此类语义联系。Christine Chiarello③ 对健康被试的实验研究也证明了这一点。

此外，右半球还会对不太明显的语言活动造成一定影响，如语调、推理和类比等。Schneiderman④ 认为，大脑右半球可以参与感知、记忆和初步理解新的语言刺激等活动。

关于双语人的神经机制，可以说双语人的两种语言可能或多或少有一些神经的差别，至少对一部分双语人是这样。早期的研究有的说明没有区别，有的则显示第二语言有较多的右半球参与。较近的研究表明，第一语言和第二语言的神经解剖结构不完全重叠，第二语言可能有一些特殊的皮层下神经结构，左半球中的一些神经解剖结构可能对第一语言和第二语言有不同的影响。此外，年龄较大开

---

① WOLMAN D. The split brain：A tale of two halves. Nature，2012.

② HAGOORT P. The Neurocognition of Language. Oxford：Oxford University Press，1999.

③ CHIARELLO C，WECOME S E，LEONARD C M. Individual differences in brain organization for language. The Handbook of the Neuropsychology of Language. Wiley Blackwell，2012 (1，2).

④ SCHNEIDERMAN B. Resigning the User Interface：Strategies for Effective Human-computer Interaction. 2nd Edition. Addison-Wesley，1992.

始学习第二语言的人，可能导致一些新的神经功能的发展，这些神经功能会开辟一些新的神经通路，连接旧的语言功能和新的语言形式。

2. 失语症研究

很多发现是通过对脑部损伤的病人研究得来的。17 世纪，Thomas Willis① 是率先将人类特定脑损伤与特定行为缺陷联系起来的科学家之一，提出了脑损伤会影响行为的论断。他的知名度来自一个起死回生的故事。1650 年 12 月 14 日，Anne Green 因为涉嫌谋杀自己的婴儿而被英格兰牛津市法庭处以绞刑，在此之前她宣称自己是无辜的，并唱了一首圣歌。确认死亡后，她的尸体被两位牛津的内科医生 Thomas Willis 和 William Petty 带走，这两位医生得到英国国王查理一世的特许，可以为了医学研究解剖牛津地区一定范围内被处死的罪犯。当他们把尸体带回办公室，听到她喉咙里发出了一阵喃喃之声。他们往她嘴里灌了一些香油，用羽毛轻轻在她的脖子处摆动，揉搓她的手脚，并用香油擦拭她的伤口。经过一整夜的照顾，奇迹发生了，Anne 在第二天早上复活了。她甚至要了一杯啤酒，可以喝下液体了，五天之后，可以正常进食、下地活动。两位医生为 Anne 辩护，称孩子死于流产，与母亲无关；并认为上帝因其无辜而助其生还。最终，Anne 被无罪释放，之后结婚生子。

Willis 后来成了牛津大学的自然哲学教授，他把大部分成就归功于此次起死回生事件给他带来的声誉，有资金使其做研究、传播思想。他成了那个时代最著名的医生之一。他从富有的病人那里收取高昂的费用，但免费给贫困的病人看病。他为病人提供终身治疗，并在病人去世后解剖其尸体，因此能把病人生前的行为同脑组织的关系联系起来。他成了著名的神经病学家。值得一提的是，神经病学的学科名词 neurology 就是由他提出的。

19 世纪，法国医生 Paul Broca 和德国神经学家 Carl Wernicke 支持了脑区对语言这一人类行为有重要影响的观点。通过研究病人，Broca 发现，大脑左半球额叶下回的损伤会影响人的语言产生能力，导致失语症，这一区域后被称为 Broca 区；Wernicke 发现，大脑左半球颞上回的后部三分之一区域的损伤会影响人的语言理解能力，导致另一种类型的失语症，这一区域后被称为 Wernicke 区。可以这样通俗地理解：Broca 失语症是因为控制语言产生的 Broca 区损伤而引起的，Wernicke 失语症是由于控制语言理解的 Wernicke 区损伤而形成的。当时，他们的这一发现可谓惊天动地。

---

① COLTHEAT M. 认知神经心理学简介. 心理科学进展，2008.

失语症，又称语言障碍，包括由神经损伤而导致的语言理解或语言产生方面的缺陷。失语症对于卒中病人很常见。卒中，又称脑卒中，通常叫作中风，卒中后大约40%的病人会产生至少初期几个月的失语。失语症患者失去的语言能力，既包括书面语言也包括口头语言。其他疾病也可能导致失语症。原发性失语症是由语言系统损伤造成的，即由言语加工机制的问题造成的。继发性失语症则是由语言系统以外的问题造成的，如知觉问题、注意障碍和记忆损伤等。因此，一些研究者只把原发性失语症当作研究的内容。

1861年，Broca治疗了一位患有卒中且腿部有感染的男子Leborgne。他转到Broca的诊所几天后去世，他10年前就丧失了右臂的运动能力，20多年前失去了语言能力。他虽然可以理解语言，但是有语言表达障碍，讲话含糊，让人觉得答非所问。比如，他可以说一些单词如tan，当人们问他的名字时，他只能回答"tan，tan"，不断重复这一无意义的单词，因此其他病人都叫他Tan。经过尸体解剖，Broca观察到该病人的左半球额叶下回后部有损伤，他后来又观察了一些脑部损伤有语言障碍的病人，他们一般是右侧躯体轻微偏瘫，如右腿、右臂无力，由于这些人是右利手，而左半球损伤会导致身体右侧感觉和肢体控制缺陷。因此，Broca推断产生口语的区域在左半球，具体来讲是左半球额叶下回，后被称为Broca区。

Broca失语症是人类研究最古老的失语症，这种失语症的变异性很大，有的病人与他人进行交流时，有语言产生的问题，但自主讲话时，有时却似乎游刃有余，可以背诵文章，可以唱歌，也可以数数。一般特征是，他们找到合适单词和短语、发音的能力受到了损害，不能恰当控制发音肌肉，因此，常常表现为口语吃力，缓慢含糊，像电报式的突然爆发，说话支离破碎，缺少虚词，有构音困难，发音衔接上容易出现问题。

后来发现，Broca失语症有的也有理解方面的缺陷，有简单的语法规则，但如果需要一定程度的语言加工也会出错。另外，失语症专家Nina Dronkers①研究发现，有的病人虽然有神经成像定义的Broca区损伤，但并没有患Broca失语症。直到20世纪初，一些科学家指出，Broca区下面的一些结构与Broca失语症有关，如脑岛皮质、基底神经节的壳核及有关神经纤维。Broca起初报告的那个病人的大脑，现在被保存在法国的一家博物馆里，CT扫描发现他的大脑Broca区表面皮质区以下的区域确有损毁。至此，Broca失语症的研究进一步得到完善。

① NINA F，DRONKERS A. The pursuit of brain-language relationships. Languages. 2000（71）：59－61.

与Broca失语症不同的是，Wernicke失语症患者的语言问题主要在于理解，只能部分理解口语或书面语，甚至完全不能理解。他们虽然口语流利，但是表达没有意义，有时还会出现语义错误，如把“电话”说成“电视”，或制造一些原本不存在的表达方式。

与Broca失语症和Broca区的关系一样，不在Wernicke区的损伤也可能导致理解缺陷。而Wernicke失语症患者可能会病情好转而只有轻微的失语症，或命名不能综合征。命名不能综合征的特征是，患者可以完整理解语言，也可以流畅表达，但是不能说出特定的名词或专有名词。他们会描述这些事物的外貌、特征、功能，但是不能叫出名字；如果别人说出这个名字，病人会表示正确或者复述出来。例如，认知神经科学家Kathleen Baynes[①]研究过一个病例，这个病人用物主代词“this”（这个）替代“chair”（椅子），用一般性名词“food”（食物）替代特定下义词“biscuit”（饼干）。他在卒中后，有轻微的右侧偏瘫和面孔识别缺陷，他的左半球有很大损伤，包括后部语言区的广大区域，然而，他的语言功能缺陷是个别的，不能说出使信息量最小化的名词。

当从Wernicke区到Broca区的通路弓形束损坏时，会出现传导性失语症，这是一种离断综合征，病患能理解口头和书面的语言，也能听出自己的口语错误，但不能修正这些错误，在产生自发口语和复述口语时有障碍。因此在用词上会存在问题。而且，脑岛和部分听觉皮质损坏也会出现类似症状。这些可以证明脑部神经对行为影响的复杂性了。

双语人失语症患者的语言恢复情况不同，根据Paradise总结，主要有六种类型，第一，平行型：两种语言同时恢复，恢复的情况大致相同；第二，继时型，在时间方面，一种语言先恢复，最大限度地恢复后另一种语言再恢复；第三，选择型，只有一种语言恢复，而另一种语言不恢复；第四，分化型，在恢复效果方面，一种语言比另一种语言恢复得好；第五，排斥型，在恢复效果方面，一种语言后恢复，但先恢复的语言开始退步；第六，混合型，两种语言在语音、词汇和句型等方面出现系统性的混合。Albert和Obler发现，双语人失语症患者可能一种语言明显丧失，但另一种语言没有什么变化。正式语言和非正式语言的恢复可能不同步。已经忘记的童年时期语言，可能在催眠的情况下得以恢复。还有其他情况，如两种语言的恢复都有反复，如在某一天可以在自发说话时流利使用一种语言，但不能使用另一种语言；在另一天，则正好相反。在某种状态下，两种语

---

① 平克．语言本能：人类语言进化的奥秘．宁波：浙江人民出版社，2015.

言的使用是分离的。最常见的情况是两种语言同时恢复，或者一种语言恢复得比另一种语言好。

关于两种语言恢复的顺序，Ribot 试图找出其中的规律，提出了里伯特定律，即先学会的语言先恢复，受损害的程度较轻。Pitres 提出了皮特雷斯定律，即最熟悉和使用最多的语言先恢复。还有一些其他因素影响恢复，如掌握语言的方式、情感态度、恢复语言环境、社会心理和脑半球侧化等因素。关于学习语言的方式，例如，Wechesler 提出的病例中，患者对母语英语有严重障碍，但对后来少年时期在学校学会的法语的障碍明显小。这是因为掌握语言的方式，母语一般由听觉习得，第二外语一般通过书面视觉习得，患者会先恢复由听觉习得的语言，后恢复由视觉习得的语言。关于情感态度，例如，一个法国作家的第一语言是母语法语，第二语言是土耳其语，但他对土耳其语有很深的感情，在失语症的恢复阶段，他的土耳其语比法语恢复得好，他用土耳其语交谈会更加容易。关于恢复语言环境，有研究发现，治疗期间用什么语言，病人对该语言的恢复就可能更好，同时，这种语言的恢复也会帮助与之有相似语言结构的另一种语言恢复，因为相似语言之间会发生积极迁移，这种情况下，治疗语言的恢复优势可能是有限的。加泰罗尼亚语与西班牙语语言结构类似，Junque 等人对 50 位加泰罗尼亚语-西班牙语双语失语症患者的恢复进行观察，治疗语言是加泰罗尼亚语，两种语言的恢复情况基本一致，只是在用词叫物方面，加泰罗尼亚语的恢复更好。当然，如果两种语言是语言结构相差比较大的语言，如英语和日语，治疗语言可能会恢复得更快、更好。

与单语人相比，双语人有一些特殊的行为，比如，翻译、代码混用、代码转换。有的双语人失语症患者失去了翻译能力；有的保持了翻译能力；有的表现为单向损伤，可以把第二语言翻译为第一语言，但不能把第一语言翻译为第二语言；有的可以流利地说出一种语言，却不能翻译成该语言；有的不能说出某种语言，却可以翻译成那种语言。由此可知，翻译能力独立于说的能力。

与健康双语人相比，双语人失语症患者有一种特殊的行为，即自发翻译。自发翻译指非任务指向的翻译行为，患者没有理由地翻译自己的语言，或在执行语言指令之前就进行翻译。这种自发翻译可能发生于书面语和口语中。

上述失语症的分析多使用神经解剖的方法，是静态分析。现在，用神经成像的方法，几分钟就可以判断活体脑损伤的位置。无论何种失语症，静息状态的 PET 测量都显示颞顶区的新陈代谢水平减少，也就是说葡萄糖利用率较低。随着科学技术的发展，还可以动态分析脑活动的动态信息和神经元的电化活动。

ERP 研究的特点具有动态性和直观性。ERP 通过研究电波认识人的认知活动。电波由数百万个活动的神经元产生，通过放在头皮上的电极监测，与特定的认知活动同时发生，如处理语言输入的活动。研究者操纵变量，引起波形变化，探索认知的过程。运用 ERP 研究语言绝非易事，在一段时间内分析一个事件时，若 ERP 太小，就不能从正在进行的电化活动中分离出来；要想避免背景噪音的干扰，需要多次实验取平均值；要有严谨的设计减少人为信号，通过统计技术把次要波形及其产生的原因分离出来。例如，一项研究从功能结构的角度考察封闭性词类和开放性词类的区别，研究发现，后者的处理比前者的处理与更为积极的 ERP 成分相联系。

五、双语教育与双语教学

教育和教学不尽相同。我们先了解教育与教学的关系、双语教育和双语教学的定义，再重点说明双语教育的类型，通过对比研究探索中外双语教育的区别。

1. 教育与教学

“教育”与“教学”这两个核心概念有差别。教育可以包括家庭教育、学校教育和社会教育，是指按照一定的目的要求，对受教育者的德育、智育和体育等方面进行影响的一种有计划的活动。而教学针对学校教育而言，尤其是课堂内，是教师和学生共同完成的活动。因此，教育的涵盖面更广，教育包含教学，教学是教育的一个重要组成部分。

双语教育有广义和狭义之分。广义上，双语教育指学校使用两种语言进行教育活动，第二外语或外语课程本身也是双语教育的一部分。狭义上，双语教育指学校使用第二语言或外语进行数学、物理、化学、生物、地理、历史等学科内容的教育，第二外语或外语课程本身不在双语教育的范畴内。国外大多采用“双语教育”，汉译英为“bilingual education”或“bilingual schooling”的说法，而很少用“双语教学”的提法。在中国，双语教学指的是狭义的双语教育，汉译英为“bilingual teaching”或“bilingual instruction”。采用“双语教学”这一名词，主要是由于约定俗成，各类文件、论文中常见此名。国际上的双语教育和我国的双语教学是我们接下来要探讨的主要内容。

需要指出的是，在美国等国家和地区，第二外语和外语基本意思相同，第二外语可以是外国的一种语言，也可以是国内的另一种语言。因此，在美国等地，双语教育通常被称为多数民族语言-少数民族语言的双语教育，或者大语种-小语种的双语教育。但是，在英国、加拿大等国家和地区，第二外语和外语意思不同。第二外语不是一个国家的本族语，但可能是常见的交际媒介，被官方或社会普遍接受并使用，如在教育领域，或作为官方语言，从而参与该国的政治、经济生活。外语既不是一个国家的本族语，也不是国内普遍使用的语言，如，汉语在英国被视为外语，因而没有官方地位，其作用只是与外国人进行交流，或阅读外语文献。这样，在英国、加拿大等地，双语教育主要指第一语言-第二语言的双语教育，如加拿大是英语-法语的双语教育。

2. 双语教育的基本类型

关于双语教育的分类有多种方法，按照属性来分，可以分为添加性双语教育和缩减性双语教育。添加性双语教育，指的是为了培养学生掌握两种语言，成为双语人才，而采用第二语言或外语作为教学语言。教学过程中，学生可以使用第一语言，从而形成双元或多元文化，学生对语言的掌握在第一语言的基础上，又添加了第二语言。相反，缩减性双语教育，指的是为了替代第一语言，而采用第二语言或外语作为教学语言。教学过程中，学生不接触第一语言，被同化为第二语言的社会文化。

Colin Baker① 归纳的 10 种基本类型得到了最广泛的认可，分别是包含结构式沉浸的淹没型双语教育、开设补习班的淹没型双语教育、种族隔离主义教育、过渡型双语教育、滴注型双语教育、分离主义教育、沉浸型双语教育、保留型双语教育、双向型双语教育、主流型双语教育。前 6 种属于弱势双语教育，后 4 种属于强势双语教育。弱势双语教育，指的是课堂语言是多数民族语言，学生可能短期内使用少数民族语言，双语教育的目的不是让学生成为熟练掌握两种语言的双语人才，而是让学生成为主流语言单语人才或低水平的双语者。强势双语教育，指的是学校对两种语言一视同仁，双语教育的目的是不仅培养熟练掌握两种语言的双语人才，而且保留少数民族语言，营造多元文化的社会环境。下面我们对这 10 种类型逐一进行解释。

第一种，结构式沉浸的淹没型双语教育，如“淹没”二字折射的隐喻，把语言比作游泳池，把学习语言比作学习游泳，这里的语言指的是非主流教育的第二语言。不是让学生在游泳池中泡一下，而是把学生推入游泳池的最深处，既不提供专门的游泳指导，也不提供任何漂浮物和救生器材，学生在水中下沉、呛水或

① BAKER C，刘岩．反映当代双语研究水平的一部新著——《双语教育和双语现象基础》评介．当代语言学．1999 (4)：56－58.

挣扎，尽可能快地学会游泳。在美国，有一种特殊的淹没型双语教育，即结构式沉浸的淹没型双语教育，允许老师短期内使用多数民族语言（英语）的简单形式，学生可以少量使用家庭语言完成作业。这种双语教育容易使教师和学生都产生很大的压力，教师的教学不能收到预期的良好效果，少数民族语言学生的水平参差不齐会造成课堂管理上的混乱；在缺少上下文的教学环境中，学生既要理解学科内容，又要学习多数民族语言，负担沉重，可能会产生厌学的情绪。同时，对少数民族语言的拒绝和冷落，反映出对少数民族文化的贬损和抵制，会给学生造成情感上的负面影响。如 19 世纪下半叶，为了根除威尔士语，英国威尔士地区的学校使用写有"拒绝威尔士语"的木棍，拴上一根索套，说威尔士语的学生就被绳索套在脖子上，非常极端。

第二种，开设补习班的淹没型双语教育，会为少数民族语言学生开设几周至几年的补习课，这是少数民族语言学生学习主流语言的方式，这些学生往往落后于普通学生，因此补习班的儿童可能被其他学生歧视为"低能学生"。还有一种形式，是保护式的英语淹没式双语教育，教学内容和方法更加符合少数民族语言学生的实际水平：教学内容上有所调整，使用的教材经过简化处理；教学方法上也会改善，如合作学习和小组学习，学生获得了更多的参与机会。但也有一些弊端，与英语为母语的人暂时隔离，缺乏第一语言的示范作用，学生被贴上"较差"的标签，会产生心理阴影。

第三种，种族隔离主义教育，教育语言只能是少数民族语言，这是统治阶级强加给被统治阶级的一种种族隔离政策。出于种族隔离的目的，少数民族语言的人被剥夺了接触统治阶级的语言的机会，缺乏与其他群体的沟通，不能对统治阶级的社会产生影响。

第四种，过渡型双语教育，是美国最普遍的双语教育类型，之所以叫过渡，是因为允许使用少数民族语言，教师会用学生的家庭语言进行一定比例的教学。并随着学生对主流语言的学习掌握情况，逐步降低家庭语言的比例，使学生掌握主流教育的多数民族语言。过渡型双语教育出于政治的目的，不是为了培养双语人才，而是为了实现同化，让少数民族语言学生尽快过渡到主流语言和主流文化，融入主流社会。在美国一些学校中，有权力有威信的人，如校长等，是讲英语的单语人，几乎没有权力地位的人，如门卫、厨师、清洁工等，讲西班牙语等少数民族语言。这种对比包含着隐含的信息，即学生应该学有影响力的语言，忘却受奴役的语言。

第五种，滴注型双语教育，指的是在主流教育中增加专门的第二语言或外语的课程，因此是广义上的双语教育，不属于狭义的双语教育。在一些国家，如美国、英国，滴注型双语教育的效果并不是很好，儿童在 5 至 12 年中每天需要上半个小时的第二语言课或外语课，但很少有人能流利使用这种语言。在加拿大也出现了类似的情况，在接受了 12 年的滴注型双语教育后，很多英语背景的学生也不能用法语同讲法语的加拿大人充分沟通。大部分学生只获得了有限的第二外语或外语，这种情况可能与动机有关，或与经济环境激励贸易语言有关。如在斯堪的纳维亚，学生有很好的语言学习效果，经过滴注型双语教育，可以掌握流利的第二语言英语。

第六种，分离主义教育，又称分离主义少数民族语言教育，是少数民族群体主动的行为，出于政治、宗教或文化的原因，追求少数民族语言的单语化，免受多数民族语言的占领，以实现从多数民族中脱离出来，实现独立。这是一种狭隘的少数民族语言教育观。一般来讲，学校不会正式宣布办学目的是分离主义。实际上，这类学校可能在少数民族语言群体集中的地区实施，虽然不多见，但体现了语言少数民族教育从多元主义目标走向分离主义目标的能力。

第七种，沉浸型双语教育，又称浸没型双语教育、浸润型双语教育、浸入型双语教育、浸泡型双语教育，源于加拿大的教育实验，目的是培养两种有威信的、多数民族语言的双语制度。1965 年，在加拿大蒙特利尔的圣兰伯特，讲英语的中产阶级家长说服教育官员，开设了一个有 26 名儿童的实验班。这是一个雨伞式的术语，包含有几种形式。按照开始学习时间划分，可以分为三类：早期沉浸型双语教育，从幼儿园或学龄前开始；中期沉浸型双语教育，从 9～10 岁开始；晚期沉浸型双语教育，从中学阶段开始。按照语言比例划分，可以分为两类：完全沉浸型双语教育，开始时，学生沉浸于 100%的第二语言，两三年后，减至 80%，再过三四年后，降至 50%；部分沉浸型双语教育，第二语言的比例始终为 50%。加拿大的沉浸型双语教育是自愿的，父母的期望和教师的承诺可能有助于学生形成学习动机。学生绝大多数来源于单语家庭，学生水平的相似性使得自尊心不会因已经有较强语言水平的学生造成威胁，也有利于教学的开展。加拿大沉浸型双语教育的成功，促进了其他国家双语教育的发展，被借鉴到澳大利亚、爱尔兰、芬兰、日本、瑞士、新西兰等国家。

第八种，保留型双语教育，又称保持型双语教育，指的是在多数民族语言的社会中，少数民族儿童在学校接受用本地、种族、家庭或继承语言作为教学语言的教育，目的是保护、保留少数民族语言，同时发展多数民族语言。继承语言，指本土语言、祖传语言、土著语，指向过去而非将来，指向传统而非现代，因此在英国又称社区语言。表面上与过渡型双语教育相似，随着年级的递增，少数民族语言逐渐减少，但二者有本质区别。过渡型双语教育的目的是使学生掌握流利的主流语言，结果是丧失少数民族语言，或刻意避免使用少数民族语言；而保留型双语教育培养和发展主流语言能力，不以牺牲少数民族语言为前提。根据少数民族语言的保护情况，保留型双语教育可以分为两类，即静态的保留型双语教育和发展的保留型双语教育。静态的保留型双语教育仅仅是为了保留入学时的家庭语言能力；而发展的保留型双语教育是为了进一步发展家庭语言能力，成为具有多元文化的双语人。保留型双语教育的优点是：少数民族语言、少数民族文化也受到尊重，学生的自尊心会得到提高。加之学习动机和情感等因素，学生的少数民族语言得以保留或加强，还提高了多数民族语言能力，学生在自然科学领域的学业水平与只接受主流教育的学生不相上下，甚至更加出色。接受保留型双语教育是自愿的，因为学生家长可以选择采取这种教育的学校。这些学校有些是需要付学费的私立学校，学生一般来自较为富裕的工薪阶层或中产阶级。保留型双语教育一般在幼儿园和小学阶段实施。目前的趋势是，对于人文学科，如历史、地理、音乐、美术，教学语言多为少数民族语言，对于自然科学类学科，如数学、物理、化学、生物等，教学语言多为多数民族语言。因为，人文学科常与文化有关，少数民族语言便于教师学生交流；而自然科学学科在国际上往往有着统一的内容，便于学生日后在科技领域参与国际交流。

第九种，双向型双语教育，指的是来自多数民族语言的学生和少数民族语言的学生人数基本相同，课堂语言使用两种语言，而且少数民族语言的比例不少于50%。两种语言享有同样的地位。通常，两种语言交替使用，如每天换一种语言，或每节课换一种语言；但在任意一节课上只使用一种语言。教室门口有标识，说明当天的课程使用何种语言。双向型双语教育的实施一般在幼儿园、小学、中学阶段，目的是培养学生的双语能力和多元文化意识，同时，保障不同语言背景的学生都有受教育的权利。为了实现这一点，学校的教师是双语教师，学校的环境也是双语的，如通告栏、板报、课堂布置、走廊布置、标识等都采用两种语言。双向型双语教育是自愿的，家长送子女就读这类学校，这类学校更受少数民族语言群体的家庭欢迎，可能在招收多数民族语言的学生上会有一些困难，因此更需要社区的支持。实践表明，家长可以成为教师的得力助手。如父母、祖父母可以提供真实生动的故事，向学生介绍本民族的文化民俗、风土人情，也可以形象地展示音乐舞蹈、烹饪技法等，帮助学生树立自我概念，增强民族文化的自豪感，同时积极分享民族遗产，加强对各种文化的理解和欣赏，改善各民族的群体关系，促进各民族和睦相处、和谐共处。

第十种，主流型双语教育，指的是学校同时使用两种语言作为教学语言，培养学生成为两种语言（或多种语言）和双语文化（或多元文化）的人才。有两种特殊形式，国际学校和欧洲学校。国际学校遍布世界各地，多集中在大城市，富有的家庭选择这种私立学校，家长一般在外交机构、国际组织、跨国公司工作，希望子女接受国际教育，这类学校的教学语言一般只有英语或其他有国际威望的多数民族语言。欧洲学校主要是为欧盟培养精英，始于卢森堡，1958 年由官方创办，后遍及比利时、意大利、德国、英国、荷兰、英格兰，使用了多达 11 种语言。一门叫作“欧洲时空”的课程，每周三节课，每班 20 多人，开展制作木偶、体育等活动，为不同语言背景的学生提供合作的机会，强化合作精神，避免偏见，确立了一种跨越国界的欧洲意识。欧洲学校与加拿大沉浸型双语教育的区别是，先将第二外语作为一门课程学习，然后作为教学语言，同时保持第二外语的课程，使学生第二外语达到语法正确、表达流利的较高水平。从欧洲中学毕业考试看，大约 90％的学生都获得了成功，当然不排除家庭和社会的因素，因为学生的家长很多都是双语人或多语人，欧洲社会也有浓厚的多元文化氛围。

3. 中外双语教育比较

了解了双语教育的十种基本形式，我们来继续讨论中外双语教育的区别。第一，在目标方面，国外的双语教育多是出于种族同化、民族和睦、社会稳定、国家统一的考量；我国的双语教育是为了提高英语这一国际通用语的水平，培养双语人才，满足学生出国深造、科研学习、获取信息、国际交流的需求，提高综合国力。第二，在师资方面，国外各国要求双语师资必须由学科教师担任，而且要求是双语人才，在一些发达国家、发展中国家，有很多硕士、博士在中小学任教；我国师资学历层次比较低，教育部希望，小学教师达到大专层次，中学教师达到本科层次并有若干比例硕士。第三，在教学方法方面，国外的双语教育主要是上面介绍的十种类型；我国的双语教育充分考虑国情和地方特色，借鉴不同的方式方法，创立自己的特色。第四，在教材方面，国外如日本、澳大利亚多采用翻译教材，即把母语教材翻译为外语教材；我国教材来源有国外引进、国内出版、教师自编等。第五，在法规方面，国外的双语教育由自发行为逐渐得到政府的支持，有的甚至上升为国家行为，如加拿大联邦政府颁布了《官方语言法》，宣布英语和法语都是官方语言，熟练运用这两种语言的人才享有进入联邦政府部门工作的优先权；我国的双语教育实验起步晚，相关法规尚未配套。

第二节 双语的语言学研究

一、认知语言学

语言学是研究语言的科学，双语研究属于语言学研究范畴。下面我们着重关注一种把认知和语言联系在一起的研究，即认知语言学，简单了解一些认知语言学的理论与应用。

1. 认知语言学的主要概念

西方语言学理论主要经历了如下阶段：传统语文学、比较语言学、结构主义语言学、系统功能语言学、TG（转换生成语法）学派、认知语言学等。认知语言学诞生于 20 世纪 80 年代，由 Langacker、Lakoff、Talmy 等学者创立，是认知科学和语言科学相互交叉、渗透的新型学科，属于当代语言学的一个流派，研究对象是人类认知与语言的关系，研究人的认知规律和语言的普遍原则之间的关系。认知语言学的性质属于解释语言学。语言研究有三种性质：规范、描写、解释。早期的语言学研究是规约性的；结构主义开始描写语言结构，TG 学派注重语法深层结构；认知语言学为了更好地描述语言事实，力求用较少的规则解释较多的现象，提出能独立论证的解释，从而揭示语言事实背后的认知规律。认知语言学的英文名称有两种，一种是大写的 Cognitive Linguistics，指狭义的认知语言学，另一种是小写的 cognitive linguistics，指广义的认知语言学。

认知，可以理解为认识，是人类认识客观事物、获得知识的活动，包括知觉、记忆、学习、言语、思维和问题解决等过程。语言也是一种认知活动，为了便于解释语言现象，我们把语言单列出来，探讨语言与认知的关系。

语言与思维的关系十分复杂，如谁先谁后、相互影响等。有人认为，语言是思维的体现形式，但是，更确切地说，自然语言是人类思维的主要工具。之所以加“主要”二字，因为思维有时候能独立于语言而存在。例如，婴幼儿不会讲话书写，但可以有自己的心理和想法，可能有思维能力。又如，数学家可以用公式思维。人与人进行交流时，会得意忘形，记住别人说的意思和内容，而忘记他的语言表达形式，转述时会用自己熟悉的表达方式描述。这些生活中的例子也可以说明语言和思维不具有等同性。另外，在阅读中会遇到一些术语，如思维、心理、心智、智能等，它们是不同学科不同学者的用语，侧重有所不同，思维与存在相对、心智与身体相对、智能与体能相对，相同点在于都指的是思想过程、心理活动，可以大体理解为相似。

1957年，Chomsky提出了TG理论，被称为语言学领域的一场革命。它反对仅仅对语言作结构性描写的行为主义方法，提倡从心智的角度解释语言的产生。认知语言学虽然是生成语法派的延续，但对于心智的来源、得出的结论等有根本分歧，因此认知语言学被称为是对“乔式革命”的革命。下面我们通过这两种语言在心智方面的对比，进一步加深对认知语言学一些概念的理解。第一，TG学派认为，语言是天赋的，语言能力是先天的；认知语言学认为，语言能力不是天赋，而是通过后天的习得和建构而来，后天的互动体验和认知加工起了重要作用。第二，TG学派认为，语言有普遍性，出生时人的大脑就内嵌有普遍语法，这是一种独立于其他认知能力的语言能力，帮助人生成各种语言表达能力，语言的学习可以用数学上的生成思想来描述；认知语言学认为，普遍语法只是假设，语言的差异性大于共性，Croft指出不可能找到一个跨语言共有的句法范畴或语法构式。第三，TG学派认为，语言有自治性，语言和句法是自治的；认知语言学认为，语言不自治，语言能力是认知能力的一个组成部分，句法也不自治，需要依靠语义和语用来描写和解释。第四，TG学派认为，语言有模块性，语言能力模块可以分为音位、句法、语义三个子模块，尤其强调句法独立于语义语用的作用；认知语言学认为，语言知识不能被分割为几个独立的模块，句法、语义等不能用形式化的方法统一解释，词素、词汇、词法和句法是一个连续体。第五，TG学派认为，语言有形式性，某一种语言合乎语法的句子，都像是数学演算，可以通过一套规则通过形式操作而生成；认知语言学认为，语言和思维非常复杂，语言的例外很多，不可能用一套形式化的符号都框定住。

在认知语言学中，常用到的认知方式有：互动体验、范畴化和概念化意象图示、认知模型隐喻转喻、识解等。研究方法除了内省和理论分析，还有语料库研究、对比研究、跨语言研究、实验研究、个案研究、历时分析和实证研究等。

2. 认知语言学的应用

认知语言学为外语教育提供了新的研究路径。很多学者基于图示、心理空间等核心概念研究二语习得，研究方法从传统的内省为主过渡到实证研究，如语料库、心理实验。认知语言学框架下的力动态模式、（非）范畴化视角、构式认知机制、隐喻等也为二语习得提供了理论与方法指导。例如，英语中的情态动词反映说话者的观点态度，因其主观性而成为英语学习的一个难点。Tyler 等人研究发现，相较于静态的分析情态动词的意义，借助场景和图表的力动态示意图分析情态动词，能使学习者获得更好的认知效果。又如，范畴化指的是按照事物的规律和共性进行分类，语言习得中最先被掌握的部分属于原形范畴，在认识层次上最显著，也较少受到脑损伤的消极作用。讲解词汇时，可以对义项范畴和非范畴化演变进行说明，帮助学生理解语言中的归化和异化现象。

认知语言学揭示的认知规律对翻译也有指导意义。翻译以现实体验为背景，以作者、译者、读者等认知主体参与的互动作用为认知基础，译者同时也是原文的读者和译文的作者，尽力在理解原文的基础上，用目标语表达出原作者的认知世界和描写的现实世界。这就是认知语言学的翻译观，又叫翻译的认知语言学模式，要求处理好认知主体之间的互动关系，联系看待交际程序的三个环节（作者、文本和读者），从而实现解释的合理性和翻译的和谐性。该模式体现了翻译的体验性、互动性、有限创造性、语篇性以及和谐性。第一，翻译具有体验性，是一种基于体验的认知活动，我们有相同的现实世界，从而形成了大致相同的思维，这是用不同语言表达的认知基础。第二，翻译具有互动性，互动是认知语言学的关键词，翻译活动的互动，可以是主体间的互动，也可以是主体与客体之间的互动，如主体与现实的互动、主体与源语言的互动、主体与目标语的互动。第三，翻译具有有限创造性，翻译基于原文或相关知识的体验和认知，可体现译者主体性，对于同一原文，不同译者会呈现不同的译本，同一作者不同时期可能呈现不同的译文。第四，翻译具有语篇性，翻译的认知语言学模式接受了 Beaugrande 的观点，认为翻译的基本单位是语篇，语篇反映整体意义、主旨和风格。第五，翻译具有和谐性，该模式强调对两个世界即客观世界和认知世界的理解，还强调兼顾作者、文本、读者的协调性，以实现语言交际的目的，如这一章开头提到的《圣经》中巴别塔的故事，目的就是实现人与人之间的和谐协作。

二、神经语言学

1. 神经语言学简介

神经语言学这一概念起源于西方。Harry A. Whitaker[①] 认为“我们要想对语言具有适当和足够的认识，就要把来自于语言与大脑的结构和功能相关的各种学

---

① WHITAKER H A. Neurolinguistics. A Survey of Linguistic Science，1971：136－251.

科领域的信息相互联系起来，其中至少要包括神经科学和语言学。”作为现代语言学的一个分支，神经语言学是语言学和神经科学的交叉学科。目前，神经语言学的研究分为两派，一派以语言学理论为主，着眼于语言障碍的研究；另一派以研究大脑的语言形成机制为主，着眼于语言神经机制的形成。作为一门交叉学科，神经语言学所囊括的知识体系较为庞大，不仅包括语言学知识和心理学知识，还涉及神经学和计算机科学的有关内容，因而具有浓厚的自然科学色彩。尤其是其研究方法，不仅注重人文科学的基本论证方式，而且注重借助实验对命题加以论证，因而是人文科学与自然科学的结合体。

2. 神经语言学的研究对象和研究方法

由于神经语言学是一门交叉学科，其研究对象和研究方法也呈现出多样性的特征。就研究对象而言，神经语言学主要关注语言与大脑的关系。具体而言，神经语言学试图探索人脑的语言获得、存储、记忆、表达和习得机制，研究语言障碍的神经系统症结，进而帮助人类更好地认识大脑，认识语言这一抽象概念在大脑中的存在方式。不仅如此，在人工智能如火如荼进行的今天，神经语言学正与计算机科学进一步密切合作，人工智能专家试图通过人类已经掌握的有关大脑-语言知识教会计算机识别、存储和输出人类语言。在这一方面，苹果的 Siri 就是很好的例子。虽然其基本原理是计算机系统的深度学习，但要与人进行对话，神经语言学的知识在这一过程中起着至关重要的作用。

神经语言学是一门还在不断发展的学科，因此其研究方法仍处于继续完善阶段，整体来说可归纳为三种：临床-解剖学方法、心理实验的方法和神经心理、神经电生理和神经影像等技术方法。临床-解剖学方法较为古老，主要通过解剖学的方式对失语症病人大脑样本作解剖，基本原理是将失语症病人的具体症状与其大脑发生病变的区域相联系，进一步发现大脑中特定区域的语言机制。目前，人类已经知道人脑特定的区域缺陷可能导致相应的语言障碍，如：布洛卡区损伤的患者不能说话、威尔尼克区损伤的患者不能听懂话、角回区损伤的患者不能认识词义等。但是，因为人脑是一个异常复杂的器官，很多语言功能并非仅仅依靠某一特定区域就能实现，所以这种方式的弊端就是较难理解复杂的语言机制。

与临床-解剖学方法不同，心理实验的方法不注重病人脑损伤部位的定位。大多数情况下，采用心理实验方法的研究人员通常有深厚的心理语言学功底，他们能够根据失语症病人的具体病症，从语言学的角度详细描写病人语言的基本障碍，对照已经建立的详细的语言心理加工模式，从而推断正常的语言处理过程。

与前两种研究方法相比，神经心理、神经电生理和神经影像更加依赖现代医学技术的进步来探寻人脑的奥秘。例如，通过功能磁共振成像（functional magnetic resonance imaging（fMRI））的方式，研究人员可以观测到人及动物的脑和脊髓在外界刺激下的变化状态，将无形的电信号传播转化为有形的图像，从而进一步了解人脑的内部机制。

3. 神经语言学的应用前景

如上文所说，神经语言学主要研究人脑的语言机制，所以目前的应用主要分为两大领域：一是失语症的诊断和治疗。通过对患者的病情进行分析，确定其语言功能的主要障碍，进而联系神经语言学知识，判断其脑组织的损伤部位和病情。二是用于人工智能的语言开发领域。因为语言能力是人脑的高级功能，所以人脑的语言机制可谓是一个谜团。虽然神经语言学家们在此方面做了大量的研究，但人类目前对于人脑的语言机制仍然有着很大的探索空间，目前人工智能的语言能力主要还是依赖深度学习，并不能像人类一样自由运用语言。不仅如此，因为人类的言语脑机制不完全是天生的，而是机体和社会生活环境共同作用的结果，所以对于人工智能来说，如何有效地与人类互动并完善自身将是更大的挑战。

三、心理语言学

古人云："故言，心声也"[①]；西方也有人认为"语言是打开心智的窗户"。虽然心理语言学是一门较为年轻的学科，但是人类对于语言与思维的关系的理解却有着悠久的历史。古希腊时期，柏拉图认为思想就是话语；亚里士多德则认为语言是思想的符号。孔子云"君子欲讷于言而敏于行"，从人的语言表现观察其品性。哲学作为一门"爱智慧"的学科，也曾经历"语言学转向"阶段，一些哲学家试图从语言的角度回答哲学问题。由此可见，语言与思维的联系十分密切，吸引着古今中外学者不断探索。进入 19 世纪，随着语言学成为一门独立的学科，人类语言与其心理机制的关系再次受到重视，于是心理语言学应运而生。

心理语言学是一门研究人类语言活动中的心理现象及其规律的学科。具体来说，心理语言学的研究话题包括语言理解、语言表达、语言习得和语言交际过程中的心理现象及其科学解释。众所周知，心理语言学是心理学与语言学的交叉学科，因此心理学的研究手段对于心理语言学具有一定的借鉴意义。纵观心理学的发展历程，其研究手段可大致分为两类：定量研究和定性研究，两种研究手段各

---

① 杨雄．诸子集成（册 9）．长沙：岳麓书社，1996．

有优劣，互为补充。定量分析的基本方法是科学实验，包括实验设计、观察和测量、数据记录和数据分析等步骤；而关于定性分析，喻平曾给出一个较为准确的定义："教育科学中的质性研究方法是指研究者以本人作为研究工具，在自然情境下采用多种资料收集方式对教育现象进行整体性探索，使用归纳法分析资料和形成理论，通过与研究对象互动对其行为和意义建构获得解释性理解的一种活动[①]。"同样，定量研究和定性研究也是心理语言学研究的两大手段，需要根据具体的研究问题加以取舍、综合运用。一般来说，如果是对研究对象进行初步探索和性质分析，可以采用定性研究和简单的定量研究；如果研究深度和精确性较高，可采用严密的定量分析以及在此基础上更高层次的定性分析。

值得注意的是，除了与心理学的交叉之外，心理语言学与其他学科也有着或多或少的联系，包括哲学、逻辑学、符号学、计算机科学、信息论、系统论、控制论、人类学和社会学等。虽然心理语言学的历史并不算长，但其与多个学科交叉的事实本身也为心理语言学的研究提供了丰富的视角。

第三节 双语的理论模型

一、抑制控制模型（Inhibitory Control Model，IC）

对于双语者来说，他们总是能够在两种语言中切换，并保证在说一种语言时不受另一种语言的影响。这种现象在生活中或许并不罕见，但是如何从人类语言机制的角度来加以解释却是语言学家一直思考的一个问题。为了给予这一问题一个解释，David W. Green[②] 提出了抑制控制模型。Green 认为，双语者控制语言转换的过程与人们对于动作的控制有很多相似之处，因为语言本身就是一种交流活动。作为解释双语转换最常见的模型之一，抑制控制模型持有三个基本观点：首先，不同的语言任务图示（language task schema）相互竞争控制输出；其次，词汇选择的核心是词元（lemma），词汇选择通过使用语言标签（language tags）

① 喻平．数学教育的质性研究方法及案例分析．中学数学教学参考，2005（6）：17－20.

② GREEN D W. Mental control of the bilingual lexico-semantic system. Bilingualism：Language and Cognition，1998：67－81.

实现；最后，词元层面的控制具有抑制性。

在阐释这三个基本观点之前，我们有必要认识几个概念。第一个概念是图示（schema）。就一般意义而言，图示指某个个体为了完成某个特定的任务而建立或采用的一种体系。如果该个体此前完成过相关的任务，那么当相同的任务再次出现时，对应的图示将会被激活。比如，在生活中，我们经常注意到熟练掌握某种技能的人在做自己拿手的事情时非常熟练，有时这种熟练甚至不需要太多主观意识的控制，这就是因为他们的大脑中已经牢固建立起完成该种技能所需要的图示。当然，当我们遇到一项新任务时，由于大脑中尚未建立相关图示，人脑的监督注意力系统（supervisory attentional system，也称 SAS）将被启用。第二个概念是词元（lemma）。在心理语言学中，词元是说话者在语言产出早期通过一系列过程选定的某个词汇的抽象概念形式。换句话说，词元代表了某个词汇的特定含义，但是并不具备与该含义对应的读音。

抑制控制模型的第一个观点是不同的语言任务图示之间相互独立、彼此竞争，同时又可被组织到一起形成一个控制回路（control circuit）。Green 认为，对于一个特定的刺激，讲话者通常可以产生几种不同的行为，这表明不同的任务图示在相互竞争，以此控制输出。这一观点具有神经心理学依据。在其文章中，Green 以一个失语症患者为例。该患者的两门语言分别为法语和阿拉伯语，在第一天，他不会说法语，可以流利说阿拉伯语，但不能将法语翻译为阿拉伯语；第二天，情况正好相反，即不会说阿拉伯语，可以流利地说法语，但不能将阿拉伯语翻译为法语。该患者的语言能力表现出周期性循环特点。根据这一病例，Green 认为，一个基本的结论是自发用某种语言进行口头表达和将其作为目标语进行翻译是两种基于不同机制的语言活动。此外，Green 还推测，在说话者的大脑中可能存在某种控制回路，以此来控制口语表达和翻译过程。

抑制控制模型的第二个观点是说话者通过词元来选择合适的词汇。Levelt[①] 提出，每个词汇概念都有一个对应的词元。对于人们来说，一个概念的输入表达可能与其输出表达不同，但这些不同的表达所对应的词元是一致的。基于这种观点，Green 猜想，词元通过语言标签得以具体呈现，每个词元在 L1 和 L2 中都有一个语言标签。因此，语言标签也是词汇概念的组成部分。

抑制控制模型的第三个观点解释了该模型的运作过程。当某个词元与活跃的词汇概念相配，说话者的大脑通过抑制不正确的语言标签来实现抑制控制。在双

---

① LEVELT W J M. Speaking：From Intention to Articulation. Cambridge. MA：Bradford，1989.

语转换中，L2 中的一个词汇概念可激活 L1 中的某个词元，从而与 L1 中的特定概念相匹配，如此便完成从 L2 到 L1 的转换过程。

基于以上三个观点，抑制控制模型推测语言转换会产生代价。这一方面是因为语言转换包括对于一个给定任务的语言图示转换，另一方面是因为语言转换本身就要克服对于之前语言标签的抑制状态。此外，抑制控制模型还认为，双语转换代价呈现非对称性的特点。一般而言，L1 因为更为熟练运用，其所需要的抑制程度更深，因此从 L2 转换到 L1 时，双语者需要更长的时间解除 L1 之前的受抑制状态。

二、交互协同模型（Interactive Alignment Model）

交互协同模型这一概念首先由 Martin J. Pickering 和 Simon Garrod① 提出。Pickering 和 Garrod 认为，在人类社会中，语言最自然和最基本的形式是对话。因此，基于对话的双语模型十分重要。然而，长期以来，心理语言学一直基于生成语言学进行相关研究，而生成语言学的研究又以大量独立的、缺乏语境的句子为材料，所以此前关于对话的双语模型并不是很多。为了说明对话与独白的不同，Clark② 曾区分两个概念：语言作为一种产品（language-as-product）和语言作为一种行动（language-as-action）。Clark 指出，将语言作为一种产品和将语言作为一种行动是研究者的两种研究倾向。前者受生成语法的影响，主要着眼于人们处理不同层面的语言（主要是独白）的方式；而后者着重强调话语本身依赖一定的语境存在，而说话者本身在产生话语的过程中带有一定的目的性，因此注重对话研究。

基于前人的研究基础，Pickering 和 Garrod 猜测在对话中，语言产出和语言理解紧密相关。换句话说，对话一方产出的语言是其他对话方进行语言理解的主要材料；而其他对话方对于话语的理解又影响了他们的语言产出。正因如此，对话在进行的过程中会自动在多个层面产生协同，包括词汇和句法等方面。Pickering 和 Garrod 认为，这种协同主要从三个方面大大简化了对话者的语言处理。首先，话语协同帮助对话者使用交互推断机制（interactive inference mechanism），合理推测对方接下来的说话内容，从而更好地把握对话的大体方向；其

---

① PICKERING M J，GARROD S. Toward a mechanistic psychology of dialogue. Behavioral and Brain Sciences，2004：169－190.

② CLARK H H. Using Language. Cambridge：Cambridge University Press，1996.

次，话语协同促使对话者产出和使用特定的语言表达（routine expression），从而减轻了他们的话语产出和理解压力；最后，话语协同帮助对话者对对话内容进行监督，这种监督既包括对对方说话内容的监督，也包括对自己产出语言的监督。监督机制的好处在于对话者在发现谈话内容偏离方向时，及时调整对话使其达到新的协同，这也就是 Pickering 和 Garrod 提出的交互修正机制（interactive repair mechanism）。

在交互协同模型中，Pickering 和 Garrod 提出了几个重要的概念：协同（alignment）、隐性共识（implicit common ground）和自我监督（self-monitoring）。

语言学家 Lewis① 曾提出，对话是一种基于合作的游戏，如果对话者彼此理解对方所说，那么游戏将实现共赢。在 Pickering 和 Garrod 看来，情境模型的协同正是成功对话的基石。这种协同由启动机制（priming mechanism）产生。启动机制是一个心理学术语，指由于之前受某个刺激的影响而使之后对同一刺激的知觉和加工变得容易的心理现象。换句话说，当同一组对话的参与者使用一些特定的语言表达，他们对于这些语言表达的处理（包括理解和产出）就会容易很多，从而大大提高了对话效率。Pickering 和 Garrod 还强调，启动机制是人类本能的（primitive）、不需要任何资源（resource-free）就可以发挥作用的机制。心理学认为，启动机制是人类内隐记忆的一种体现。

隐性共识是交互协同模型的另一个重要术语。Clark 和 Marshall② 曾指出，共识（common ground）指对话者关于对话所共有的背景知识。Pickering 和 Garrod 认为，共识并不是一个静止的概念。他们提出，隐性共识的形成是一个过程。说话者的一方在语言处理的过程中会建立起包含相应信息的情景模型，因为另一方也会接触到这些语言，所以他会理解对方所说的内容。换句话说，对话双方在这个过程中将相同的信息前景化，这可以帮助他们为现有的情境模型补充信息。当然，每一方所建立的模型中必然包括一些另一方不知道的内容，但随着对话的深入，双方共享的信息会越来越多，而只有一方知道的信息会越来越少。此时，隐性共识得以扩展。

自我监督则是对话中语言处理衍生出的副产品。为了更好地理解这种机制，我们假定现有对话双方 A 和 B。当 A 发言时，A 在动用自己的监督机制，使自

① LEWIS D K. Convention：A Philosophical Study. Harvard：Harvard University Press，1969.

② CLARK H H，Marshall C R. Definite knowledge and mutual knowledge. In JOSHI A K，WEBBER B L，SAG I A（eds.），Elements of Discourse Understanding. Cambridge：Cambridge University Press，1981.

己的语言内部保持协同。与此同时，B在倾听A的语言，并使得自己之后产出的语言与A的语言协同。自我监督可在不同的语言层面发生，是交互协同模型的重要组成部分。

三、语言特异性选择模型（Language Specific Selection Model）

长期以来，许多语言学家提出的双语词汇选择理论[①②③④⑤]均认为，在双语者使用语言的过程中，他们的语义系统会同时激活他们所使用的两种语言的心理词典（lexicon）。但问题是，既然双语的心理词典都被激活，那么双语者如何根据实际情况选择所需要使用语言的词汇呢？

针对这个问题，语言学家给予两种假设。第一种假设认为在语言表达的过程中，存在一种词典外部的机制，这种机制会阻碍非使用语言词汇的激活，从而使得非使用语言的词汇活跃程度较低[⑥⑦⑧⑨⑩⑪]。这种观点得到了一些语言学家的支持，并进而演化成为非特定语言假说（language non-specific hypothesis）的原型。非特定语言假说认为，在双语者使用语言的过程中，两种语言的词汇均有被

---

① DE BOT K. A bilingual production model：Levelt's speaking model adapted. Applied Linguistics，1992：1-24.

② GREEN D W. Control，activation，and resource：A framework and a model for the control of speech in bilinguals. Brain and Language，1986：210-223.

③ GREEN D W. Mental control of the bilingual lexico-semantic system. Bilingualism：Language and Cognition，1998：67-81.

④ POULISSE N，BONGAERTS T. First language use in second language production. Applied linguistics，1994：36-57.

⑤ DE BOT K，SCHREUDER R. Word production and the bilingual lexicon. The Bilingual Lexicon，1993：191-214.

⑥ DE BOT K. A bilingual production model：Levelt's speaking model adapted. Applied Linguistics，1992：1-24.

⑦ GREEN D W. Control，activation，and resource：A framework and a model for the control of speech in bilinguals. Brain and Language，1986：210-223.

⑧ GREEN D W. Mental control of the bilingual lexico-semantic system. Bilingualism：Language and Cognition，1998：67-81.

⑨ POULISSE N，BONGAERTS T. First language use in second language production. Applied linguistics，1994：36-57.

⑩ DE BOT K，Schreuder R. Word production and the bilingual lexicon. The Bilingual Lexicon，1993：191-214.

⑪ POULISSE N. Language production in bilinguals. Tutorials in Bilingualism：Psycholinguistic Perspectives，1997：201-224.

选择的可能，但是由于使用语言的词汇活跃程度较高，它们会被最终选择。第二种假设则支持语言特定性假说（language specific hypothesis），即双语的心理词典均被激活，但非使用语言的词汇节点不参与词汇选择的竞争，词汇选择机制只会选择使用语言的词汇节点。

为了验证两种假说的合理性，Costa 和 Caramazza[①] 曾设计相关实验。Costa et al. 的实验基于一个广为接受的原理，即一个语言节点被选择的难易程度取决于有多少语言节点参与竞争[②③④⑤⑥]。在 Costa 的实验中，加泰罗尼亚语和西班牙语的双语者需要根据他们看到的图片，用加泰罗尼亚语说出图片上物体的名称。例如，图片上的物品是桌子，被试需要说 taula（加泰罗尼亚语中的“桌子”）。在此过程中，实验工作人员会用某些词汇分散他们的注意力。基于所使用的干扰词汇的不同，实验分为两组。一组使用与图片物品概念一致的干扰词汇（如 taula，加泰罗尼亚语中的“桌子”或 mesa，西班牙语中的“桌子”），另一组使用与图片物品不相关的干扰词汇（如 dit，加泰罗尼亚语中的“手指”或 dedo，西班牙语中的“手指”）。

基于语言特定性假说，Costa et al. 推测，和使用与图片上物品不相关的干扰词汇相比，使用与图片上物品概念一致的干扰词汇会使被试的反应速度较快。因为如果使用与图片上物品不相关的干扰词汇，图片和干扰词汇所对应的两种概念均被激活，这时将会出现两个活跃程度最高的节点参与竞争（即 taula 和 dit）。而若使用与图片上物品概念一致的干扰词汇，虽然两种语言的心理词典均被激活，但是加泰罗尼亚语的词汇节点（即 taula）是唯一活跃程度最高的节点，因此被试说出正确答案用时更短。

---

① COSTA A，CARAMAZZA A. Is lexical selection in bilingual speech production language-specific? Further evidence from Spanish—English and English—Spanish bilinguals. Bilingualism：Language and Cognition，1999：231－244.

② GLASER W R，GLASER M O. Context effects in stroop-like word and picture processing. Journal of Experimental Psychology：General，1989：13.

③ LEVELT W J M，Schriefers H，Vorberg D，et al. The time course of lexical access in speech production：A study of picture naming. Psychological Review，1991：122.

④ ROELOFS A. A spreading-activation theory of lemma retrieval in speaking. Cognition，1992：107－142.

⑤ STARREVELD P A，LA HEIJ W. Semantic interference，orthographic facilitation，and their interaction in naming tasks. Journal of Experimental Psychology：Learning，Memory，and Cognition，1995：686.

⑥ STARREVELD P A，LA HEIF W. Time-course analysis of semantic and orthographic context effects in picture naming. Journal of Experimental Psychology：Learning，Memory，and Cognition，1996：896.

这一推测得到了实验结果的证实，由此语言特定性假说也获得了相应的实验依据。随后，Costa 和 Caramazza[①]（1999）找到西班牙语和英语的双语者进行相似实验，进一步证实语言特定性假说不受双语的相似程度、双语者双语能力高低和用何种语言作出反应的影响。由此，语言特定性假说得到进一步证明。

四、序列难度效应模型（Sequential Difficulty Model）

序列难度效应模型是一种基于人脑认知所提出的模型。该模型认为从困难的任务转换到容易的任务（或相反）不仅是一种任务的转换，而且是一种难度的转换[②③]。根据序列难度效应模型，在其他条件不变的情况下，被试在处理相同难度任务时，若上一个任务难度较大，则该任务的较大难度会在某种程度上延续至下一任务中，导致被试即使处理相同难度的任务，也需要付出更大精力。

序列难度效应模型有一定的实验基础。Uittenhove 和 Lemaire[④] 通过实验发现，若被试在使用某一策略之前使用过难度较大的策略，那么他们的策略使用速度会降低。换言之，之前策略的难度会在某种程度上延续至之后策略的使用中。在实验中，他们利用三种模式排列测试题目的顺序：难度递减（rounding down 或 RD）、难度递增（rounding up 或 RU）和混合难度（mixed rounding 或 MR）。结果发现，当之前的测试题目难度较大，被试在处理下一题时反应速度更慢，错误率更高。这一实验结果直观地表明了序列难度效应模型在现实中的体现。

为了进一步研究序列难度效应模型具体发生的阶段，Kim Uittenhove 等人[⑤] 借助 ERP 技术设计相关实验，试图对序列难度效应模型在刺激编码阶段（stimulus-encoding phases）、中途执行阶段（central execution processes）和执行后期（post-execution processes）的体现作进一步解释。基于实验结果，Kim Uittenhive 等人首次发现了序列难度效应模型的电生理证据。他们发现，若被试之前处

① COSTA A，MIOZZO M，CARAMAZZA A. Lexical selection in bilinguals：Do words in the bilingual's two lexicons compete for selection. Journal of Memory and Language，1999：365 - 397.

② SCHNEIDER D W，ANDERSON J R. Asymmetric switch costs as sequential difficulty effects. The Quarterly Journal of Experimental Psychology，2010：1873 - 1894.

③ Vittenhove K，Poletti C，Dufau S，et al. The time course of strategy sequential difficulty effects：An ERP study in arithmetic. Experimental Brain Research，2013：1 - 8.

④ UITTENHOVE K，LEMAIRE P. Sequential difficulty effects during strategy execution. Experimental Psychology，2012：259 - 301.

⑤ Uittenhove K，Poletti C，Dufau S，et al. The time course of strategy sequential difficulty effects：An ERP study in arithmetic. Experimental Brain Research，2013：1 - 8.

理过难度大的任务，那么他们的大脑活动更为活跃，表明难度大的任务导致紧随其后的任务处理速度降低，这为序列难度效应模型提供了生理学依据。

应用到双语转换中，序列难度效应模型认为，对于非熟练双语者来说，从非熟练语言转换到熟练语言的转换代价大于从熟练语言转换到非熟练语言的转换代价，即 L1 的转换代价大于 L2 的转换代价。而对于熟练双语者来说，两种语言的转换基本不存在难度的转换，因此，L1 的转换代价基本等于 L2 的转换代价，即 L1 与 L2 的转换代价具有对称性。

但序列难度效应模型的不足之处在于，其不能解释 L2 重复优势效应（L2-repeat-benefit effect）。在用图片命名实验进行语言模型验证时，语言学家发现，若被试一直使用弱势语言，那么用该语言命名图片所用时间更短、错误率更低，这一现象对于熟练双语者和非熟练双语者同样适用，被称为 L2 重复优势效应。但根据序列难度效应模型，难度较大的语言（即弱势语言）的难度会延续到之后语言的处理，所以，即使是重复使用 L2，那么用 L2 命名图片所用时间应该更长、错误率应该更高。这与实验观察不符，所以是序列难度效应模型的不足之处。

五、双语交互激活模型（Bilingual Interactive Active Model，BIA）

双语交互激活模型由 Dijkstra 和 Van Heuven[①] 提出，该模型主要用于解释双语者的词汇-语义识别系统。长期以来，语言学家认为单语言语域中的视觉识别词语可认为是从心理词语映像到字形认知的回退，而心理词语映像来自于通过视觉输入的字符串[②]。将该观点类比至双语领域，语言学家提出两个问题：一是在双语识别中，非使用语在另一种语言使用的过程中是否也被激活，二是双语者的两种语言是被存储到一个整合的词汇表中，还是分开存储到不同的词汇表中。针对第一个问题，语言学家提出了两种假说，一种认为非使用语在另一种语言使用的过程中没有被激活，即语言选择性假说；另一种非使用语在另一种语言使用的过程中也被激活，即语言非选择性假说。针对第二个问题，语言学家也提出了

---

① DIJKSTRA A，VAN HEUVEN W J B. The BIA model and bilingual word recognition. In GRAINGER J，JACOBS A（eds.），Localist Connectionist Approaches to Human Cognition. Hillsdale，NJ：Lawrence Erlbaum，1998.

② GRAINGER J，DIJKSTRA A.（Ton）Visual word recognition［A］. In（TOP）DIJKSTRA A，DE SMEDT K（eds.），Computational Psycholinguistics：AI and Connectionist Models of Human Language Processing. London：Taylor & Francis，1996.

两种假说：一种认为两种语言被存储到一个整合的词汇表中；另一种则认为两种语言是被分开存储到两个独立的词汇表中的。

双语交互激活模型基于语言非选择性假说提出，认为双语的心理词典是整合存储的，双语的处理过程会相互影响。双语交互激活模型既保留了单语互动激活模型的基本框架，又引入了“整合的心理词典”这一概念。该模型认为，双语者的语言处理系统包含两种语言对应的语言节点，这些语言节点与双语的词汇节点（word nodes）相互联系。因此，当一种语言通过视觉传入人脑，与之对应的字形特点会将双语者的语言系统中所有与这一特点一致的词汇节点激活，同时抑制不具备这些特点的词汇节点。被激活的词汇节点进而激活其所对应的语言节点，这样双语者就完成了语言的词汇-语义识别过程。

实际应用中，双语交互激活模型可主要解释语言内和语言间的邻近密集效应（neighborhood density effects）。语言学上将字形或语音特点相似的两个或多个词语称为“邻近词语”，month 和 mouth 便为其中一例。长期以来，语言学家发现单语的词汇识别受到其邻近词语的个数和出现频率的影响[①②③④]。不仅如此，Van Heuven 等人[⑤]也曾设计实验验证语言间的邻近密集效应。在这个实验中，他们发现英语某个单词的荷兰语邻近词语会影响此单词的识别与表达，因此语言间的邻近密集效应得以证实。该实验结果验证为双语交互激活模型所代表的语言非特异性选择假说和双语心理词典整合存储提供了实证依据。

Green[⑥] 和 Dijkstra[⑦] 指出，抑制控制模型主要关注任务图示和双语语言产出，双语交互激活模型主要关注双语的词汇-语义系统与理解，因而两者具有很

---

① ANDREWS S. Frequency and neighborhood effects on lexical access：Activation or search?. Journal of Experimental Psychology：Learning，Memory，and Cognition，1989：802.

② GRAINGER J，et al. On the role of competing word units in visual word recognition：The neighborhood frequency effect. Perception & Psychophysics，1989：189－195.

③ GRAINGER J，SEGUI J. Neighborhood frequency effects in visual word recognition：A comparison of lexical decision and masked identification latencies. Perception & Psychophysics，1990：191－198.

④ SNODGRASS J G，MINTZER M. Neighborhood effects in visual word recognition：Facilitatory or inhibitory? . Memory & Cognition，1993：247－266.

⑤ VAN HEUVEN W J，et al. Orthographic neighborhood effects in bilingual word recognition. Journal of Memory and Language，1998：458－483.

⑥ GREEN D W. Mental control of the bilingual lexico-semantic system. Bilingualism：Language and Cognition，1998：67－81.

⑦ DIJKSTRA A，VAN HEUVEN W J B. The BIA model and bilingual word recognition. In GRAINGER J，JACOBS A（eds.），Localist Connectionist Approaches to Human Cognition. Hillsdale，NJ：Lawrence Erlbaum，1998.

强的互补性。

与双语研究其他模型一样，双语交互激活模型也存在不足之处。首先，双语交互激活模型只是从字形的角度解释了双语的词汇-语义理解机制，并未从语音和语义的角度加以说明；其次，该模型主要用于解释正字法较为接近的双语现象（如英语和法语），但对于正字法差距较大的两种语言（如英语和汉语）用途有限[①]。

六、BIA⁺模型

BIA⁺模型是 Dijkstra 和 Van Heuven[②] 基于双语交互激活模型（即 BIA 模型）提出的。与双语交互激活模型一样，BIA⁺模型支持语言非特异性选择模型，认为双语词汇存储于一个整合的心理词典中。作为对双语交互激活模型的补充，BIA⁺模型从语音学和语义学的角度对于双语认知加以解释，认为当双语者接收到语言的视觉信号，其大脑中词汇的字形符号首先得以激活。这些激活的字形符号进而激活与之对应的语音和语义符号，这样就构成一个完整的双语认知过程。在这种情况下，语音和语义符号就比字形符号需要更多的激活时间，Dijkstra 和 Van Heuven 将这种现象称为“暂时性延迟假说”（temporal delay assumption）。

BIA⁺模型对于词语识别系统（word identification system）和任务/需要系统（task/demand system）进行了区分。Dijkstra 和 Van Heuven 认为，词语识别系统主要包括一系列的语言表现形式，包括字形和语音等，而任务/需要系统则包括非语言的任务图示。此外，该模型还提出了语言语境效应（linguistic context effects）和非语言语境效应（non-linguistic context effects）的不同。具体而言，语言语境效应主要指词汇、句法或语义层面产生的效应；而非语言语境效应则指指令、任务需要或参与者的经验产生的效应。

BIA⁺模型认为，词语识别系统是一个互动的体系，语言语境（尤其是句法和语义语境）可以通过词语识别系统直接影响双语词语的激活。BIA⁺模型认为，在完成一项语言处理任务时，早期人们先意识到的、自动的语言处理之后会是一

① 王震，范琳．双语语码转换加工理论及理论模型研究述评．北京航空航天大学学报，2014，27(6)：82－87.

② DIJKSTRA T，VAN HEUVEN W J. The architecture of the bilingual word recognition system：From identification to decision. Bilingualism：Language and Cognition，2002：175－197.

段注意力相对集中的时间。在这段时间中，人们会根据不同的语境因素产生不同的认知，进而根据具体的任务需要作出反应。根据 BIA$^+$ 模型，词语识别系统和任务/需要系统之间相互联系，同时相互独立存在。词语识别系统向任务/需要系统提供源源不断的语言信息，任务/需要系统基于这些信息并结合具体环境因素作出反应。

当然，除了通过视觉系统识别双语，双语者有时也通过听觉系统识别语言。关于双语听觉识别，McClelland 和 Elman 曾提出 TRACE 模型①。该模型认为，双语听觉识别系统和视觉识别系统并无二异。然而 Dijkstra 和 Van Heuven 认为，在双语听觉识别系统中，由于同音异义字的存在，双语者最初可能并不能确定听到的词汇。在这种情况下，两个甚至多个词汇都得以激活，这些词汇彼此竞争。最终双语者根据进一步得到的信息对这些词汇进行筛选，完成识别过程。

总的来说，虽然 BIA$^+$ 模型与双语交互激活模型相关，但 BIA$^+$ 模型在双语识别过程和不同层面的语言表示（如字形、语音和语义等）等方面提供的解释更加完善。此外，BIA$^+$ 模型还就语言语境和非语言语境进行区分，认为语言语境直接影响词语识别系统，而非语言语境主要影响任务/需要系统。

---

① MCCLELLAND J L，ELMAN J L. Interactive processes in speech perception：The TRACE model. Parallel Distributed Processing，1986：121.

第二章 认知神经科学的行为研究

2010年，英国38岁的Sarah Colwill在一次猛烈的偏头痛后失去了知觉。当她在急诊室醒过来后，看着床边的丈夫，张口说话。可是这一张口，把她的丈夫和她自己都吓了一大跳。因为这位从未去过亚洲的、土生土长的英国女性口里冒出来的居然是听起来很像是中国人说的蹩脚的英语。二人惊恐万状，以为被鬼魂附体了。"我18岁搬到普利茅斯，到现在我说的都是当地方言。可是上次偏头痛过后，前来送我入院的救护人员说我说的绝对是中国话，" Sarah Colwill说道。"自从口音转变之后，我打过去的电话总被朋友们误以为是'恶作剧电话'而被挂掉。现在我说话的声调变高了，可是我确实从来没去过中国呀。" Sarah Colwill正在上一门语言治疗课程，希望能尽快恢复她的英国德文郡口音。她解释说，虽然一开始感觉自己能说"中国话"还挺有趣的，可到后来越来越失落，她想找回自己原来的口音。

外国语口音综合征是一种很罕见的疾病，病人会突然出现奇怪地带着外国人口音的发音。但是外国人口音综合征的病患者说话会非常流畅，旁听者不会觉得他或她会有语言障碍，只是听起来很像是一个外国人在说非母语的语言，口音浓重。1907年，法国的神经科医生Pierre Marie第一次对此进行了描述。1947年，神经学家Monrad-Krohn第一次在学术杂志上描述了这种现象，从此将此种现象命名为"外国语口音综合征"。

那么究竟怎么确定病人是外国语口音综合征，而不是其他可能因素呢？首先，为确定病人并未获得外语能力，需要检查阅读、写作及语言理解能力；其次，还需要排除影响语言的精神障碍。甚至，为了排除病人伪装的可能性，比如故意在病后装出外国口音以获得同情和关注，或者干脆就是假装新的身份，研究者们跟踪病人数周，隔三岔五让他们录下同一段话，或者录下他们说一些有相似发音的不同的段落。结果发现，真的有外国口音综合征的人会有连贯的发音模式，比如重音的部位、言语的抑扬顿挫，都会有固定的模式。而模仿的人则几乎一定会出现前后不连贯。所以，他们才确定外国语口音综合征是一个生理问题，而不是心理问题。

外国语口音综合征通常出现在中风之后，也可能因大脑创伤、多发性脑部疾病、偏头痛、过敏反应和其他的发育性障碍等导致。除此之外，通过对患者大脑进行 CT、核磁共振等影像学扫描检查、脑电图检查等，发现外国语口音综合征可能与小脑的运动控制机能出问题有关。

这就是为了验证因果关系的认知神经科学实验通常采用的研究方法，即操作自变量、观测因变量、控制无关变量。根据外国语口音综合征的一系列研究，可以排除外语能力提高、其他精神障碍、伪装等可能性；通过前后重复的方法，保证观测到的是稳定的、一致的症状；通过认知神经科学技术的方法，确定这一病症来自于脑部损伤。

第一节 认知神经科学研究方法简介

认知神经科学（cognitive neuroscience）这一术语由著名认知心理学家 George Miller 和神经科学家 Michael Gazzaniga 提出，两位研究者试图合作探讨大脑如何产生意识。从这一学科的名称就能看出，它既有认知心理学的成分，又有神经科学的部分。认知心理学自诞生起，就试图揭示大脑黑箱究竟是如何活动的。而与神经科学的结合，能够有助于我们直观地观测无形的认知活动有怎样的脑部活动基础，或者反过来说，有形的大脑结构会产生怎样的认知功能。为了更有效地了解双语的认知神经科学研究技术，我们首先介绍认知神经科学研究的研究方法，再了解双语行为实验的设计，最后说明如何在常用心理学行为研究软件 e-prime 中实现行为研究。

一、认知心理学研究方法简介

认知心理学自诞生起就深受计算机科学的影响。其基本假设认为，人的大脑就像计算机一样，是一个信息处理系统：我们通过感觉器官接收信息的输入（如计算机接受键盘或鼠标输入信息），在大脑中对信息进行各种操作（像中央处理器一样），然后再将处理过的信息通过动作、语言等方式进行输出（如显示器展示图像文字等）。由于我们的大脑和计算机一样，感知能力有限、记忆能力有限、分析能力有限、处理信息能力有限，因此，通常来说，人脑对信息进行序列加工，即一个任务完成之后再完成下一个任务。但是，不排除这样一种可能性：人在信息加工过程中经常会进行平行加工，即同时完成好几个任务，尤其是人们在解决复杂问题的信息加工过程中，有一个或多个非常熟练的任务时会发生。

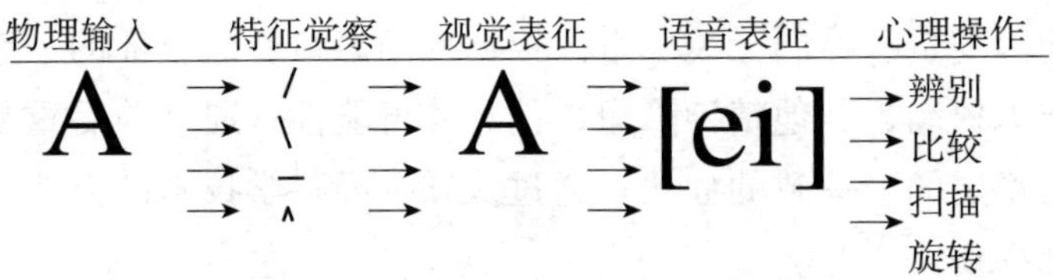

图 2-1　认知涉及的表征与操作

这一过程中，人脑能够操作的是内部（心理）表征（representation），因此接受感觉信息输入的时候，就需要对信息的形式进行转换。比如，看到字母 A 的时候，结合各个部位的特征后（如“/”、“\”、“-”和尖角等），形成了视觉表征 A，在此基础上激活了语音表征［ei］。形成表征后，人脑即可对表征进行各种心理操作，包括编码、比较、扫描、旋转等，然后可根据任务要求进行决策和反应。

为了有效探索快速信息加工过程，测量在复杂反应中的辨别、比较、扫描、旋转、选择等心理操作所需时间，认知心理学研究者通常会使用反应时测量法进行研究。所谓反应时，是指从刺激作用于感觉器官，到被试作出某一反应的时间。这一指标最早来自于天文学研究中对同一星体中不同天文学家的观察差异（即人差方程式），这一观察差异不是由于粗心或者细心导致的，而是因为不同个体的基本神经活动过程不同，导致反应速度不同，因此反应时可精确反映在相同任务上不同个体的不同表现。尽管反应时数据比正确率更能说明个体信息加工，但是只有正确反应的时间进程才能反映任务的内部操作，其反应时数据才是有意义的，因此速度-正确率权衡也是研究者需要考虑的问题。

最典型的反应时测量法为减法法（减法反应时）。减法法由荷兰生理学家Donders（1968）提出，这一研究方法的基本逻辑是：如果有两个不同任务，其中一种任务包含另一种任务没有的某一信息加工过程，那么两种任务反应时之差就是该信息加工过程所需的时间。最典型的例子是Posner（1986）的短时记忆两个编码阶段实验，其假设为：短时记忆信息如字母是以听觉形式表征的，即有听觉编码；除此之外，也可以有视觉编码。如果同时呈现AA与Aa对，要求被试判断是否是同一字母，发现AA对反应速度快于Aa对，说明存在视觉编码。如果相继呈现字母对，即呈现A后间隔一段时间再呈现A或a，发现AA对的反应时逐渐延长，Aa对的反应时逐渐缩短，说明视觉编码作用逐渐消失，而听觉编码作用逐渐增大。

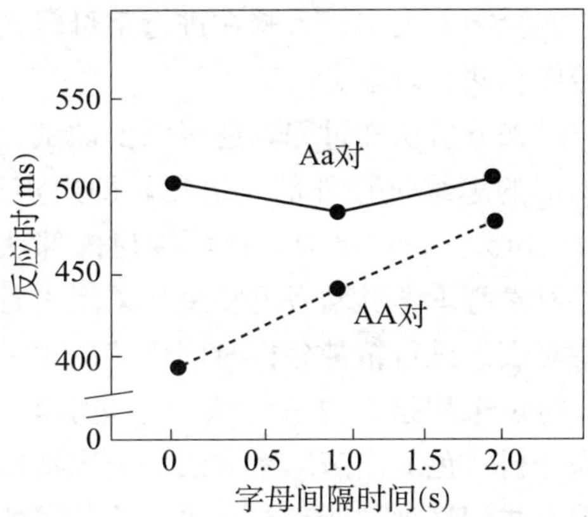

图2-2 Posner短时记忆编码实验结果

在减法法的基础上，Sternberg[①]提出了加法法（相加因素法），对减法法进行了发展和延伸。其基本逻辑是：如果两个因素（自变量）的效应相互作用，即一个因素的效应可以改变另一个因素的效应，那么这两个因素（自变量）只作用于同一个信息加工阶段；如果两个因素的效应是分别独立的，即可以相加的，那么这两个因素各自作用于某一特定的加工阶段。据此，Sternberg设计了短时记忆提取任务：先给被试看1～4个字母，然后看一个字母并同时开始计时，要求被试判定此测试字母是否是刚才识记过的，按键作出是或否的反应，计时也随即停止，由此确定被试能否提取以及提取所需反应时。在此基础上，Sternberg确

① 斯滕伯格．认知心理学（第三版）．杨炳钧等，译．北京：中国轻工业出版社，2006.

定短时记忆的提取是序列扫描的，并可区分出编码、比较、决策和反应四个阶段。

图 2-3 Sternberg 短时记忆提取实验结果

除了间接地要求被试在不同任务上作反应，从而推断出在各个任务中被试经历的几个阶段外，研究者还可以通过开窗实验，直接测量大脑进行的各个信息加工阶段及其所使用时间。字母转换实验就是一种比较典型的“开窗”实验方法。它可以较清晰地反映在进行字母转换的信息加工过程中，信息加工所经历的各个阶段，而且计算出该过程所需要的时间。这一任务向被试出示一个字母加一个数字的卡片，如“D+3”，要求被试说出该字母后数字表示的字母，应该说“F”，然后翻看下一张卡片。实验结果表明，大脑在进行字母转换加工时，通常经历三个加工阶段：编码、转换和储存阶段。

除了通过测量反应时来分析认知过程，还可以由被试大声报告自己在进行某项操作时的想法，使内部的思维过程外部言语化，即出声思考法（think-loud），也称口语报告分析法（protocol analysis），从而探讨内部认知过程的方法。这一方法有其深厚的背景，科学心理学奠基者冯特最早采用内省法要求被试尽可能汇报所有想法，弗洛伊德对病人进行精神分析时同样使用这一方法，发展心理学家皮亚杰对儿童进行研究时也采用这一方法。认知心理学家 Newell 和 Simon 采用了一种以问题行为图为分析特色的出声思考方法，要求被试使用外部的言语进行思维，主试通过录音的方式记忆被试所有的言语，使被试的内隐信息加工过程转变为外显的过程。这种方法一般适用于分析慢速、复杂的信息加工过程，如问题解决、决策等过程。

由于认知心理学的基本假设基于人脑是类似于计算机的信息处理系统，因此认知心理学家同样采用计算机模拟（computer simulation）把某种认知理论表现为计算机程序。最早的计算机模拟是 Newell 和 Simon 提出的“第一代信息加工语言”（Information Processing Language I），围棋人工智能 AlphaGo 均是计算机模拟的代表。计算机模拟通常根据某一认知理论，通过对心理过程的模拟来认识人的心理活动过程，即对人的内部信息加工过程进行逻辑分析；再根据分析编制相应的计算机程序，然后比较计算机处理结果与人脑加工结果的异同来验证理论，或者进行修改；也可以根据人类思维的特点，编制一定的计算机程序来对信息进行加工，以帮助人脑对信息进行处理。因此，计算机表征和信息加工方式是事先规范好的，但是计算机的操作不是完全可预测的。模拟的结果通常可产生新的预期，并在真正的大脑中对其进行检验。

二、认知神经科学研究方法简介

为观测认知或行为与脑部活动之间的因果关系，认知神经科学研究通常有两种途径：一种以干涉脑的局部或整体（如局部破坏脑、电刺激、化学刺激、控制血液中激素水平等）作为自变量，以认知或行为的变化作为因变量。CT 和 MRI 等神经成像技术的成熟，有助于精确地活体定位脑损伤，而脑功能障碍的研究可以帮助确认正常认知活动中潜在的加工成分。另一种以控制认知或行为（如剥夺、隔离和训练某种技能）作为自变量，以脑内或体内的物质变化（包括神经组织的物质代谢、电信号和体内激素水平的变化等）作为因变量。

为了有效分离信息加工过程，认知神经科学的实验通常涉及至少两种任务：实验任务和控制任务。实验任务通常包含研究者关注的、核心的认知过程；控制任务通常类似于实验任务，不同之处在于不包含核心的认知过程。实验任务与控制任务的表现差异，是由核心认知过程导致的。如 Warrington 和同事开展的大脑中概念知识组织研究。通过对语义痴呆患者的研究，Warrington 发现，语义问题仅局限在特定的语义范畴，如动物与物体。语义痴呆患者很难指出或者命名食物或生命物体的图片，但是在人造物体如工具中的表现好很多。而另一类语义痴呆患者表现相反，即在指出或命名人造物体时表现困难，但识别食物和生物的能力表现良好。这一研究说明人造物和生物范畴的概念知识似乎是存储在不同脑部区域的。由于被试选择性地在实验任务中表现出受损，研究者观察到了单分离现象，在两项任务中进行测试，被试只在一项任务上表现出了明显的组间差异。由于研究中可能会观测正常人与病人的差异，单分离的实验操作可能对病人更难，比如要求很多认知资源或者很高的注意力，因此单分离现象不一定能够准确反映核心的认知过程差异。

为了避免单分离现象的问题，我们可以采用双分离来对认知过程进行操作。在实验任务与控制任务的基础上，我们可以增加实验组（如脑损伤病人）和控制组（正常人）。这样不同类型的被试表现可相互比较，如果第一组脑损伤病人在任务一上受损，第二组脑损伤病人在任务二上受损，由此可说明患者在特定认知上存在选择性的缺陷。如 Damasio 和同事（1996）对大批脑损伤病人的概念范畴研究。病人被要求完成三种命名任务：名人面孔、动物和工具。为了区分被试概念表征损伤和病人提取名称障碍，他们界定如果被试能描述图片特征却不能命名，则视为命名错误。他们发现，左颞极脑损伤与提取人名困难有关，左下颞叶前部损伤与提取动物名称困难有关，左下颞叶后外侧以及颞顶联合区外侧损伤与提取工具困难有关。他们的研究说明了单词水平的组织方式，至少大脑对单词知识有三个水平的表征。双分离的研究逻辑不仅适用于病人研究，也适用于正常被试，从而更有效地分离不同认知操作。

认知神经科学的研究方法从时间分辨率和空间分辨率两个角度进行划分。时间和空间分辨率最高的方法集中在生物化学的研究方法中，包括单细胞记录、多细胞记录、膜片钳等直接侵入脑部组织的方法，适用于动物研究中。动物研究还可使用分子遗传学、基因组学和蛋白质组学等方法探索基因及其表达对认知功能的影响。另外，动物研究可采用射频、电解、神经化学、冷冻法等永久或暂时损伤动物脑部区域，观测其对脑功能的影响。由于语言是人类所特有的功能，语言的研究未采用动物作为研究对象，因此不赘述这一部分的研究技术。

单细胞记录和多细胞记录同样也可在病人，尤其是癫痫病患者的治疗中使用。为了进行癫痫手术，通常需要植入电极对病灶区域进行精确定位。将单个或多个微电极植入病人脑内神经元细胞外，可观测记录神经元的电位变化。此外，手术前还需要确定病灶区域是否在重要脑功能区，因此可使用微电流刺激对脑区功能进行检测。通过脑刺激，加拿大神经生理学家 Penfield 发现，刺激双侧半球控制嘴部唇部的运动皮层，会导致言语中断，刺激 Broca 区会导致命名障碍，刺激后顶叶和颞叶会引起单词混淆和言语中断。Ojemann 最早使用电刺激技术研究双语，他们发现两种语言既有相同又有不同的代表区，集中于额叶和顶叶，并受到双语的熟练程度影响。

无论是微电极记录还是微电流刺激，都具有侵入性，而脑电图（electroencephalogram，EEG）不具有侵入性，因此不仅可用来进行疾病检查，也可用于正常人群的实验研究。EEG 同样具有精确到毫秒级的时间分辨率，但是由于大脑作为导体会影响电信号的传递，因此 EEG 空间分辨率较低，即不能准确定位到脑区。大脑神经元自行放电产生了突触后电位的节律性变化，EEG 与个体的行为状态有关，如清醒状态表现出高频、低振幅的脑波震荡，睡眠状态下表现为慢波、高振幅的震荡。EEG 还与大脑功能有关，如癫痫患者发作时会出现剧烈放电，因此头皮表面 EEG 可说明癫痫症状。如果向被试呈现一定刺激，通过放大、叠加和平均，可记录刺激对脑电信号的影响，即事件相关电位（event-related potential，ERP)。ERP 技术被广泛应用于探索大脑活动，可准确反映大脑内部神经活动，被认为是更精确的反应时，本书将在第三章详细介绍该技术。

神经元的活动产生电信号，电信号进一步产生磁场，相关的技术即为脑磁图(magnetoencephalography，MEG)。该技术使用磁强计来检测脑电活动产生的磁场，同样使用叠加平均得到事件相关磁场（event-related field，ERF)。MEG 的时间分辨率同样可达毫秒级，并且由于磁场不像电信号会被大脑扭曲，因此相对于 EEG 技术，MEG 的信号定位会更准确。但是 MEG 只记录位于脑沟中的锥体神经元树突顶端细胞内电流，因此 MEG 能记录的信号只能与颅骨表面平行的电流方向。此外，相对而言 MEG 设备过于高昂，更少用于研究中。

除了直接记录神经活动产生的电信号外，还可以通过记录其他信号变化来分析脑部活动。计算机轴断层描技术（computerized axial tomography，CT）是很常用的、用来检测脑部损伤的医学工具。这一技术投射 X 射线穿过头部，其中一些放射物会被介质组织吸收，其他则穿过头部被射线探测器接收。重复投射和探测部分，将探测器记录传输至计算机重构图像。由于神经组织对射线的吸收能力介于高密度物质如颅骨、与低密度物质如空气或血液之间，因此 CT 结果提供了不同吸收能力的图像，并区分出脑组织。但是由于大脑白质和灰质密度相似，而且 CT 的空间分辨率接近 0.5 到 1.0 厘米，因此 CT 可用于观察脑损伤的组织病变，或者结构性成像，在认知神经科学研究中的应用有限。

相对空间分辨率更精确的、记录脑部新陈代谢的技术包括正电子发射断层扫描（positron emission tomography，PET）和磁共振成像（magnetic resonance imaging，MRI)。大脑即使在静息状态下就会消耗 20%的能量，在活跃状态下大脑供血量与静息状态也差异不大，因此某一脑区活动时会局部增加供血量，从而为活动提供足够的氧和葡萄糖。PET 通过示踪剂，如服用葡萄糖中的同位素 150，检测局部脑血流变化。由于同位素快速衰变，从原子核中发射正电子；正电子与电子撞击产生光子，即伽马射线，可被探测器检测出碰撞发射的位置。因此，PET 记录了活动状态下比静息状态下更活跃的局部脑血流量（regional cerebral blood flow，rCBF）的变化。PET 扫描仪可分辨 5 到 10 立方毫米的区域或体素的脑部组织活动，因此可以得到某些活性物质代谢速率的机能动态图像。但是由于要服用示踪剂，具有一定损伤性，而且设备费用高昂，PET 相对来说也较少用于认知神经科学研究。

目前认知神经科学研究广泛使用的是 MRI 以及功能性磁共振成像（functional magnetic resonance imaging，fMRI)，因为该技术能提供精确的结构性成像、脑部连接以及静息和任务状态下的脑部活动。MRI 扫描仪制造了强磁场，当一个射频脉冲通过时，原子核发生磁能级的共振，被脑部周围探测器接收。MRI 扫描可分辨小于 1 毫米的结构，能清晰呈现大脑皮质沟回以及皮质下结构。除了脑部结构性成像，MRI 还能够研究白质中轴突束成像，即弥散张量成像（diffusion tensor imaging，DTI）。DTI 实际测量的是轴突中水的密度和运动信息。通常水是自由扩散的，但是轴突细胞膜限制了水的扩散，水更可能沿着轴突方向运动。据此可对白质中轴突束的朝向进行成像。类似地，fMRI 记录了脑部活动的血红蛋白的变化。血红蛋白为脑组织提供氧之后变成脱氧血红蛋白，fMRI 探测器测量了两者的比率，即血氧水平依赖效应（blood oxygenation level-dependent effect，BOLD）信号。通过不同任务可分析不同认知功能下的脑部活动。如果记录处于安静状态下的自发神经活动，即静息态功能性磁共振成像（resting-state fMRI），则可分析大脑各个区域的同步连接。fMRI 技术空间分辨率精确至 2 毫米，时间分辨率好于 PET，且无须服用示踪剂，因此比 PET 应用更广泛。

功能性近红外光谱技术（functional near-infrared spectroscopy，fNIRS）同样检测 BOLD 信号。血液中的血红蛋白和脱氧血红蛋白对 600～900 纳米的近红外光吸收率不同，据此 fNIRS 投射近红外波至头部，光子通过组织后散射回来，然后通过感受器检测光子。由于活动的脑区比不活动的脑区散射更多光线，因此该方法可测量神经活动。fNIRS 空间分辨率与 fMRI 相当，时间分辨率好于 fMRI，造价低、便携性高、无噪声、无创伤、对被试动作不敏感，因此也被广泛引用至科研和临床中，尤其适用于婴幼儿和老年群体。尽管如此，fNIRS 只局限于皮质表面附近的结构，不能深入皮质下结构的功能，存在一定局限性。

除了以上技术，对脑损伤病人研究也有助于脑和意识的研究，如 Broca 的发现直接揭示了语言在脑部的定位。但是对人的研究不能像动物研究一样，对脑部组织进行直接的损毁，而经颅磁刺激（transcranial magnetic stimulation，TMS）可以无创地、暂时性虚拟损伤脑组织，从而被用于理解被干扰组织的正常功能。除此之外，TMS 还能无创地在大脑产生局部刺激，通过电容线圈产生磁场，产生生理电流引起神经元放电，从而局部激活脑组织活动。但是 TMS 效应短暂，更适用于大脑皮质表层的感觉或运动功能。

以上大致介绍了当前认知神经科学研究的相关技术，但是究竟选择哪种研究技术，取决于研究的目的和假设。因此，对双语的研究还需要进一步了解相关的实验设计内容。

第二节　心理实验的设计

实验是在观察和调查的基础上，对研究的某些变量进行操纵或控制，创设一定的情境，以探求心理的原因、发展规律的研究方法。双语的认知神经机制研究，无论是ERP还是fMRI研究，都是基于行为实验来进行，以研究并揭示变量间的因果关系为目的，即要回答“为什么”的问题。因此，我们首先要理解并设计双语的行为实验，以此为基础来进一步理解双语的认知神经机制研究。心理学实验具有几个特点，首先遵循随机化原则，要求随机取样和随机安排；其次，对实验情境和实验条件进行严密的控制；然后，对实验结果记录客观、准确，结果可以定量分析；最后，在行为实验的基础上，使用仪器以呈现刺激和记录实验结果，如ERP和fMRI技术，从而提高刺激呈现和结果记录与分析的准确性和效率。行为实验需要考虑研究目的与研究假设，并选取恰当的研究变量与指标，并控制无关变量，采用恰当的研究范式进行研究，并对结果进行统计分析。

一、研究目的与假设检验

无论是行为实验还是ERP或fMRI实验，其最终研究目的都是进行因果推论，即揭示因果关系。进行因果推论，要满足三个条件：①事件的共变：如果一个事件是产生另一个事件的原因，那么这两个事件必定同时发生变化。②时序关系：推测原因必须发生在假定结果之前。如“双语者与单语者相比，认知控制能力更强”这一假设，描述了双语习得与认知控制能力的共变，但是无法确定是双语习得导致了认知控制能力的提高，还是认知控制能力更强导致更易习得双语，因此不是准确的因果推论。③排除其他貌似真实的可能原因：排除了貌似真实的可能原因，才能认可对原因的解释。因此，因果关系必须控制第三变量。如果“社会经济地位决定了双语的习得，以及认知控制能力”假设成立，那么无论是双语习得，还是认知控制能力，都受到社会经济地位的影响，那么就不能推论双语习得和认知控制能力之间存在因果关系。

实验如何满足这三个条件，从而进行因果推论呢？首先，利用实验组与控制组的对比来观察变量的共变关系，以此排除可能的成熟、疲劳、练习等效应。其次，利用前测与后测了解实验前后的情况，以决定变量发生变化的时间顺序，原因总是在结果之前。最后，利用各种控制手段排除无关因素的干扰，以确保自变量的影响作用。为此，实验中必须操纵一个变量，测量另一个变量，同时控制其他变量。总的来说，一项研究仅仅证明两变量之间存在关联是不够的，还必须确定这种关联的性质，必须说明一个变量的变化是否引起了另一个变量的变化。为了证明一个特定变量的变化能引起另一个变量的变化，实验必须排除其他变量引起这种变化的可能性。比如，为了验证“双语者与单语者相比，认知控制能力更强”这一假设，我们可以操纵双语习得程度高低，来观测认知控制能力，从而确定两个变量间的因果关系。同时为了排除社会经济地位的影响，对这一无关变量进行匹配或平衡，从而控制其引起变化的可能性。

研究最开始，我们根据个人兴趣、灵感、日常观察、社会需要、理论发展、文献研究、研究过程、科技进展等各方面可能的原因，选取了某个课题，在此基础上提出相应的假设。假设是关于两个（或多个）变量间关系的陈述，是对某件事的尝试性解释，通常试图回答“怎么”和“为什么”的问题。从对结果统计进行假设检验的角度来说，可分成备择假设和虚无假设：备择假设陈述变量间所期望的关系，通常是研究者期望证实的假设；虚无假设则陈述变量间没有关系或差异，是根据样本统计量所决定予以拒绝的或接受的假设。从假设是否表述因果关系的角度可分成实验假设和非实验假设：实验假设对变量间因果关系的猜测性陈述，非实验假设则对变量间相关关系的猜测性陈述。

通过归纳法（个别到一般）和演绎法（一般到个别）可提出实验的假设。提出的假设首先应当是有一定依据，且符合逻辑的。其次，假设是可检验的，一个假设对变量的关系进行肯定性陈述，涉及的所有变量、事件或人是真实的，因此可以被限定和观察。如果假设是不可检验的，如未恰当定义概念，或者循环假设，以及不被科学承认的观念和信仰，那么就不是正确的实验假设，从而无法通过实验进行验证。如“所有人类活动都是反射”这一论断中涉及的反射概念未能恰当定义，因此是不可检验的。再次，假设是可被拒绝的，即可被证明为错误的假设，并且该假设能接受结果与预测存在差异的可能性。如“所有人类活动都是基于性本能”，这一假设很难证伪，因此不是好的假设。最后，假设应当简单、明了。

通常来说，实验是一个假设检验的过程：提出抽象的假设后，对假设中涉及的概念进行操作，明确地预测变量间的关系后，设计研究并选择研究方法，通过研究收集数据，对数据分析来对变量关系进行判断。这也是实验的基本流程，由此来验证提出的假设，并实现进行因果推论的目的。

二、自变量、因变量和无关变量

所谓变量，是指在性质或数量上可以变化、可以取两个或以上值的事物的特征。

变量可以根据来源划分为：①刺激变量，即已知的对有机体的反应发生影响的刺激条件。②机体变量，是被试本身对行为反应有影响的特征。③反应变量，是由刺激引起的有机体行为的变化。

根据实验设计，可将变量划分为：①自变量，即在实验中被实验者加以操纵的变量。②因变量，即在实验中被试对刺激作出的反应，实验者观测和记录下随着自变量变化而变化的被试行为反应值。③控制变量，是实验中实验者需要通过保持恒定等方法使其中立化的潜在变量。实验本身是操纵自变量，观测因变量，同时控制无关变量的过程，目的是确定自变量和因变量之间的因果关系。

首先，我们要操纵自变量。自变量又称因素，既可以是刺激变量，也可以是被试变量。对自变量的操作，需要选取两个或以上的值，因此要将自变量划分成水平，即选取因素的特定值。如双语的熟练程度，可以划分成熟练和不熟练两个水平。如果有两个或以上的自变量，那么因素与因素之间的水平会两两结合，形成处理。如语义一致性和双语熟练程度两个自变量交互，形成了“语义一致—熟练”、“语义一致—不熟练”、“语义不一致—熟练”和“语义不一致—不熟练”四个处理。

根据被试是否接受所有处理，可以将实验设计分成：①被试内设计，每个或每组被试接受所有自变量水平的实验处理，如只有语义一致性一个自变量，所有被试都接受“语义一致”和“语义不一致”两个水平的任务。②被试间设计，每个被试只接受一种自变量水平或多个自变量水平组合中的一种实验处理，即不同的被试接受不同的自变量水平或自变量水平组合的实验处理。如只有双语熟练程度这一自变量，则被试本身被划分成熟练和不熟练两种类型。③混合设计，一般设计两个以上自变量的处理，其中每个自变量的实验设计是不相同的，例如其中一个用被试间设计，另一个用被试内设计。如存在语义一致性和双语熟练程度两个自变量，那么语义一致性为被试内设计，双语熟练程度为被试间设计，则整个实验为混合设计。

其次，我们要观测因变量的变化。好的因变量需具有有效性、敏感性和可信性，并且观测方式要适当。具体的因变量选择，可参考前人研究，同时考虑实验中被试情况、自变量、程序、任务和仪器，并运用新的因变量测试形式。认知神经机制研究本质是为心理学实验提供更多的因变量，如ERP成分或者脑部活动。

无论是自变量还是因变量，都需要转换成具体的研究指标。研究指标是指用可感知、可度量的事物、事件、现象和方法，对变量或指标作出具体的界定和说明。研究指标根据其能够进行的运算和统计方式，可划分为：①定名变量，根据定性原则将总体划分成不同类别的变量，如性别、出生地等。这类指标可进行归类和计数，适用的统计方法包括众数、次数、百分比、品质相关和卡方检验。②定序变量，是指同一类别中按照次序排列高低或大小的变量，如喜好程度、排名等。这类指标可进行比较和排名，适用的统计方法包括中位数、等级相关、秩次分析和非参数检验。③定距变量，是区分同一类别中等级次序及其距离的变量，如温度、高考成绩等。这一指标能够测量数值的距离，因此可进行加减计算，使用的统计方法包括平均数、标准差、相关、t检验和F检验。④比率变量，不仅能区别同一类别中的等级次序和距离，还具有一个真正的零点，能进行乘除计算，如长度、重量、时间等。该变量适用定距变量的统计方法外，还能进行几何均值和差异系数的计算。

从变量转换成具体的研究指标，需要以一定的理论假设为指导，所设计的研究指标应当具有完整性、简明、可行，而且研究指标必须有明确的操作性定义，对于定量指标还应该有统一的计分或计算方法。所谓的操作性定义，是用可感知、可度量的事物、事件、现象和方法对变量或指标作出具体的界定和说明。具体而言，可采用以下过程对变量进行操作性定义：①方法与程序描述法，按照特定方法或程序去操作，可以保证某种拟研究现象或状态的产生或存在。如早期双语者和晚期双语者的区分，通过双语者开始学习二语的时间进行界定，如果小学一年级开始学习二语，视为早期双语者，如果初一开始学习二语，视为晚期双语者。②动态特征描述法，通过描述课题或事物所具有的动态特征来给变量下操作定义的一种方法。如界定二语阅读能力，以被试完成二语阅读题的正确率和速度进行定义。③静态特征描述法，通过描述课题或事物所具有的静态特征来给变量下操作性定义的一种方法。如对双语熟练程度这一变量进行定义，以专业英语八级考试成绩作为区分，合格为熟练者，不合格为不熟练者。

除了操纵自变量和观测因变量外，实验还要求控制额外变量。额外变量是研究中除自变量和因变量之后的所有其他变量。类似的概念还有混淆变量，即与两个研究变量同时发生系统性变化的第三变量。混淆变量和自变量本质上一样，都会影响因变量。而且混淆变量会与自变量同时发生系统性变化，而自变量和混淆变量的区分仅取决于研究假设。实验控制的基本目的就是要防止额外变量成为混淆变量。可能的额外变量包括：①被试变量：性别、年龄、智力、教育背景、兄弟姐妹的人数等。②主试变量：研究者的年龄、外表、言谈举止、态度、暗示、实验者效应等。③环境变量：在一天的不同时段、不同房间、不同天气情况、不同温度等。④研究设计变量：研究方法不完善；测量仪器、设备的安排、布置、调整不当；测量工具不完善；被试选取、研究时间和环境选取存在不足；研究程序安排不当等。⑤数据处理变量：分类不合理、评分出现过失错误或标准不统一、统计方法使用不当等。

对额外变量的控制一旦欠佳，将会造成随机误差和系统误差，从而影响实验结果。因此，我们需要对额外变量进行控制，可采取的方法包括：①消除法，通过采取一定措施，将影响研究结果的各种额外变量消除。如使用双盲程序，主试和被试都不知道实验的真实目的，就可以尽量消除被试和主试的额外变量。②恒定法与平衡法，采取一定措施，使某些无关变量在整个研究过程中保持恒定不变。如采用对比组法或循环法，可排除环境和仪器、设备、工具等额外变量。③匹配法，将不同处理情况下的值进行匹配。如匹配实验组和控制组的性别、年龄、受教育程度等。④随机化，采用不可预测的、无偏的方法来分配每个额外变量的不同值，能同时控制许多变量，而不需要对每个变量都给予特别关注。可用于被试的随机分组，也可用于环境的控制。⑤统计控制法，当无关变量的影响无法消除或未能加以控制，而其影响已经测定且已知时，可用统计的矫正或调整将这些影响从研究结果中排除，如协方差分析。

三、双语的启动范式

范式（paradigm），是指经典的、已被反复验证的、可有效考查研究目的的任务。心理学研究不同领域存在的不同研究范式，方便研究者进行改进验证某一研究假设，因此通常被约定俗成地被用来进行该领域的研究。因此，通常我们根据假设，将各个变量操作化为研究范式的各个影响因素。为方便进行双语的认知神经研究，在此介绍当前最典型的研究范式——启动范式。启动范式是指即使没有意识或意图，前一刺激都会影响对后续相同或相关刺激的反应。例如，前一刺激“医生”会促进对“护士”的反应，但是“面包”不会促进对“护士”的反应。前一刺激被称为启动刺激，后一刺激被称为目标刺激。启动可以是形式相似的（如字音或字形），也可以是重复的，或语义相关的。启动效应根据其结果可分为正启动和负启动，正启动是启动刺激促进了对目标刺激的反应，负启动则是启动刺激延缓了对目标刺激的反应。

在词语水平上，启动范式根据启动刺激和目标刺激的类型和关系，可划分为：①重复启动（repetition priming）：是指目标刺激重复了启动刺激，如 green—green。该效应在所有启动效应中最明显，可长达 50 到 60 毫秒，基本与启动刺激呈现时间长短相当。②语义启动（semantic priming）：是指目标刺激与启动刺激语义相关，如 green—red，绿—green。语义启动来自于启动刺激与目标刺激之间的语义联系，其中来自两种语言的启动又称为翻译启动（translation priming）。语义关系的强度决定了语义启动效应的强度，差异较大。③形式启动（form priming）：是指启动刺激与目标刺激存在一定形式上的联系，如 green—agree，或 green—GNREE 等。该效应通常在 20 到 30 毫秒之间，其中的 green—GNREE 因为是置换字母位置产生的，因此通常被称为字母转置效应（transposed letter priming）。相关研究显示，字形和字音相似性均产生启动效应，但字音启动效应更大。

针对词语的启动效应，通常要求被试对启动刺激和/或对目标刺激进行一定反应，从而完成相关任务。常见的任务有：①词汇判断任务（lexical decision task）：判断启动刺激和/或目标刺激是否为真词。②语义一致性任务（semantic similarity task）：判断启动刺激与目标刺激语义是否一致。③命名任务（naming task）：对刺激进行命名，如图片或颜色。④诵读任务（reading task）：读出刺激词。⑤归类（categorizing task）：说出刺激词属于哪一类别。⑥字母搜索任务（letter searching task）：在刺激词中搜寻某一任务。

研究表明，任务不同会引起加工策略不同，从而导致不同的启动效应。如对启动刺激进行字母搜索或命名，不会产生启动效应，如对启动刺激进行分类会引起很大的启动效应。因此，对启动刺激进行的意义加工越强，启动效应就越强。不同类型的启动和目标刺激也会影响启动效应，如图、词或色块等，并受到任务的影响。已有研究显示：图与词均会导致语义启动效应，说明两者都与语义加工有关，图比词更容易激活语义表象。图与词的启动效应受到任务的影响，图更容易进行语义加工，词更容易进行语音加工。

在句子水平上同样存在句法启动（syntactic priming），即理解和产生句子时，个体倾向于重复使用先前加工过的句法结构。类似的概念还有结构启动

(structural priming)，包括所有抽象的语言启动。句法启动可使用的材料包括：①双宾句和介词宾语结构句子，如 The boy gave the dog a bone 或者 The boy gave a bone to the dog，如被试首先听到双宾句或介词宾语句，随后被试更可能产生相同结构的目标句。即使启动句和目标句没有词汇重复，启动句的句法结构会显著影响目标句的信息选择和加工过程。②主动句和被动句：如果首先向被试呈现被动句式的启动句，那么被试在随后会更倾向使用被动句式，甚至会影响被试对图片刺激的注视轨迹。③不同修饰成分的名词短语结构，向被试呈现包含复杂名词短语的启动句后（如 the circle that's blue），被试更倾向产生相似句法的名词短语（如 the sheep that's black）。这一效应不受语音相同而语义不同的名词影响，并且启动句开头的名词短语比句子末尾的名词短语影响更大，可能是首因效应导致的。④补语成分标志缺失的句子，包含补语标志如 that 的启动句会显著增加目标句中 that 的使用概率，如 The teacher suggested（that）the student could give the answer，但是词汇相似或名词补语的启动句不会显著增加 that 的使用概率，因此句法启动效应不能简单地用词汇因素进行解释。⑤主句、完整和缩减的关系从句：如 The woman sent by the family arrived late last night 和 The woman sent the book to the family late last night。结果表明，即使存在相同词汇，缩减的关系从句和主句中句法不同，导致阅读理解中启动效应降低。

句法启动采用了相应的实验范式对句法启动效应进行研究，包括：①句子复述-图片描述范式：首先以听觉形式呈现特定句法结构的句子（主动句 VS 被动句，双宾句 VS 介词宾语句），然后呈现一幅图片，要求被试对图片进行描述。针对跨语言的句法启动研究，该范式与同盟者脚本技术相结合，要求被试相继用描述集合和选择集合中动词卡片来描述图片事件，结果也显示了较强的句法启动效应。②句子补全范式：向被试呈现不完整的句子作为启动句，并只使用双宾句和介词宾语句，再呈现只包含主语和动词的目标句，要求被试补全目标句。结果显示，在补全启动句后，启动句句法结构影响了后续目标句的补全。但是如果启动句和目标句插入无关句法结构的句子片段，句法启动效应就会消失。③句子回忆范式：相继快速呈现目标句的组成词，然后阅读启动句，接着要求被试回忆目标句，最后回忆启动句。结果显示被试倾向采用启动句的句法结构来回忆目标句。句子回忆范式受到工作记忆容量的限制，因此适合简单句子的句法启动效应。④视觉情境眼动范式：首先要求被试大声阅读启动句，然后向被试呈现听觉形式的目标句，同时呈现描述两种事件的图片。结果发现，启动句的句子成分顺序影响被试注视图片的视觉轨迹。该范式任务比较自然，生态效度高，实时监控和测量语言理解过程。

启动效应可用多种理论进行解释，其中最广为接受的是 Collins 和 Loftus（1975）提出的激活扩散模型。他们认为语义系统由节点和节点之间的联结，根据语义关系构成网络。当其中某一节点或联结被激活时，该激活会向周围相关节点和联结扩散，引起附近节点和联结不同程度的激活。激活扩散模型认为启动效应是因为，启动刺激的节点激活（如 green）通过联结扩散到相关的目标刺激节点（如 black、red），使得后者在刺激呈现前就有一定激活，从而改变目标刺激的加工速度。

当启动刺激呈现很短时间、同时又有掩蔽刺激干扰时，被试通常不能识别是否存在启动刺激，但是依然会呈现启动效应，即掩蔽启动范式。掩蔽启动范式的基本结构包括掩蔽项—启动刺激—目标刺激。掩蔽项通常由黑白或彩色符号组成，可以是无意义的符号，也可以是启动和目标刺激符号，掩蔽刺激密度可疏可密，可作用于视野中心或边缘，可双眼或单眼呈现，但是掩蔽项实际宽度要完全遮蔽启动刺激。其次，启动刺激呈现极其短暂，大致为 50 到 60 毫秒，掩蔽项和目标刺激均呈现 500 毫秒。此外，启动刺激和目标刺激分别用小写和大写字母，或者改换字体的方式呈现，以避免融合效应。有时根据实验设计需要，还有研究在三级结构基础上增加后掩蔽项，构成了前掩蔽项—启动刺激—后掩蔽项—目标刺激的结构。在这种结构中，后掩蔽项通常是与其他项不同的其他刺激，如果后掩蔽项采用前掩蔽项相同的材料，有可能发生融合效应，不能起掩蔽作用。

双语存在掩蔽启动效应，采用一种语言的词汇作为启动词，另一种语言的对应翻译词作为目标词，发现了掩蔽启动效应，包括希伯来语和英语、汉语和英语等。这一掩蔽启动效应说明，掩蔽启动效应不是由字形加工导致的词前效应，而发生在词汇或更高层面。此外，真词和假词的掩蔽启动效应说明词前效应强度可能持续仅 8 毫秒，但真词的掩蔽启动效应在 30 到 60 毫秒间。掩蔽启动效应的脑成像和 ERP 研究显示，掩蔽词语激活强度远小于可视词语，可视词语激活了额叶、顶叶、扣带回等脑区。

激活类模型认为掩蔽启动效应来自激活的延续，即启动词呈现时，由于词汇间的交互激活作用，导致字形相近或完全相同的目标词激活，因此呈现目标词后，原有激活一致延续下去。但是有时重复启动和形式启动不受干扰刺激影响。搜索类模型则认为掩蔽启动是节省效应，即启动词呈现开始，词汇系统收集语音拼写等基本信息，然后打开词条、识别启动词这一阶段。由于这一阶段不能在启动词呈现的时间段完成，因此目标词出现时，刚刚收集到的启动词信息称为重复信息，从而节省了目标词的加工时间。节省效应成功地解释了掩蔽启动实验中的很多典型效应，但是还需更多数据支持。

第三节　心理学实验编程

多款心理学实验软件，如 presentation、E-prime、stim、DirectRT、Psychopy、DMDX、inquisit、SuperLab、matlab 的 psychotoolbox 等，都能帮助研究者实现心理学实验编程。其中 E-prime 功能强大，操作界面可视化，可实现多种任务类型，操作方便简易，具有良好扩展性，即使不具备任何编程知识的人都能使用它顺利地生成标准的实验范式，因此是最为常用的一款软件。因此，在本节中将首先说明心理学实验设计的基本方法，再介绍 E-prime 软件及其对象，并说明如何使用 E-prime 进行编程以及基本数据处理。

一、实验程序设计简介

心理实验程序设计是将心理学的研究方案转换为计算机程序的过程。为此，在心理实验程序设计前，要画出实验流程，包括核心实验过程和全过程。然后明确实验过程各个组成成分及其属性，使实验程序结构化、流程化、模式化，实现实验设计的操作化。

以双语的启动效应为例。为探索母语和二语之间的语义联系，采用翻译启动范式，要求被试判断启动词与目标词的语义是否一致，如 house—屋子，桌子—desk。根据这一简单设计，可确定核心实验过程的结构，包括组成成分：注视点（fixation）→启动界面（priming）→刺激间隔（interstimulus interval，ISI）→目标界面（probe）→实验缓冲（bufferInterval）。除了核心实验过程外，全过程还包括：指导语（Instruction）、结束语（Expend），如果还需要被试进行练习，则另外增加练习区组，并设置相应的反馈界面（feedback）。具体如图 2-4：

为了实现实验设计，需要对心理实验程序各个组成成分进行有效控制。实验程序控制包括五个要素：呈现时间（duration）、呈现方式（mode）、呈现格式（format）、反应方式（response）和数据收集（data logging）。不同组成成分要

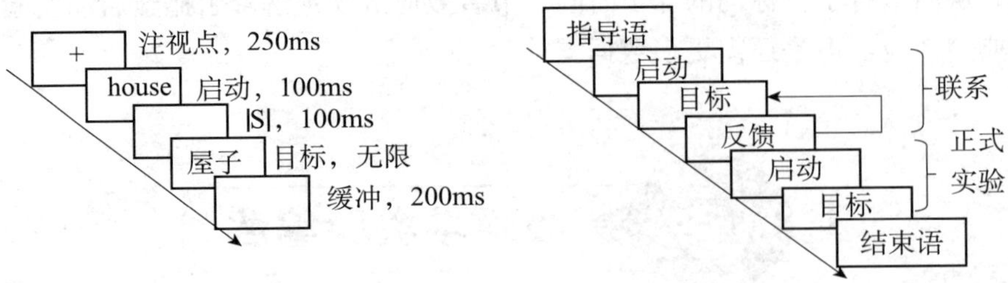

图 2-4　翻译启动的核心实验过程和全过程

分别对这五个要素进行设置。

呈现时间是指一个组成成分向被试呈现的时间，包括：①固定时间，如注视点恒定为 250 毫秒。②变化时间形式，如 ISI，启动效应中会考察 SOA（刺激呈现差异，stimulus onset asynchrony）或者 ISI 的影响，分别要求被试对启动刺激和目标刺激的反应，从而对 ISI 进行调整。③无限时间，如目标界面一直呈现在屏幕中，直到被试作出反应才消失。

呈现方式用来描述一个界面在被试面前呈现完毕将怎样消失。界面消失的方式包括：①自动消失，如注视点、启动界面、ISI、实验缓冲都是在呈现时间结束后自行消失的。②按键消失：如目标界面在被试按键之后才消失，为实现这一目的，该界面需要设置为无限时间，同时设置按键和答案，并记录反应数据。③反应消失：如果为了保证被试能够正确识别刺激，可设置反应消失方式，与按键消失类似，但是不一定记录反应数据。④自动＋反应：如规定被试在 2 000 毫秒内，对目标界面作出反应，界面消失；超出 2 000 毫秒，自动消失。这一方式同样需要设置按键、答案和反应记录。

呈现格式是指界面各种信息应设置成什么格式，包括：①刺激的大小、颜色等物理属性。如启动词的字体、大小、前景色、背景色、粗斜体、下划线等。如使用图片材料，图片的尺寸、大小、分辨率、背景色、灰度、对比度等。如听觉材料的声音频率、振幅、波形、时间长短、声道数、采样率等。②刺激的位置：如屏幕正中，X 轴和 Y 轴的位置。③边框：图片是否存在边框、粗细和颜色等。

反应方式是在目标或探测界面被试如何对刺激进行反应。常见反应方式包括：①键盘反应：如目标词与启动词语义一致，设置按键 f，不一致则按键 j。为了控制利手的影响，通常要平衡按键，即一半被试按键设置为 fj，另一半被试按键设置为 jf。②语音反应：通过麦克风记录被试口头反应时间和报告内容。③外接按键反应：通过特定的外接键盘按键反应，如 E-prime 配备的语音响应盒 SR-

BOX。④脚踏板反应：实验配备的脚踏板进行反应。

数据收集是指在被试反应后需要设置收集哪些数据。研究者通常需要收集被试的反应时（RT：response time）、正确率（ACC：accuracy）和真实反应（RESP：response）三项行为数据。

以上为核心实验过程组成成分的五个要素设置，除此之外，全过程还需要增加指导语和结束语两个部分。指导语内容应当简洁明了地告诉被试先出现什么，再出现什么，要求他们在哪里作什么反应。如翻译启动效应的研究："欢迎参加本实验。实验开始时会出现一个十字，请注视这一点，然后快速出现一个英文或中文单词后迅速消失，接着出现一个翻译的中文或英文单词，请你判断这个翻译是否准确。如果正确，请按 f 键；如果错误，请按 j 键。如果明白了实验是怎么做的，请按任意键开始练习。"指导语呈现时间为"无限时间（infinite）"，呈现方式为"按键消失"，呈现格式为图片或文字形式，反应方式为按任意键开始练习或正式实验，数据收集为无。在实验结束后使用结束语告知被试实验结束，并感谢被试的参与，可以用文字或图片呈现，一般为"实验结束，感谢您的参与！"呈现时间可设置为 1 000 毫秒，也可设置为无限时间。

在练习部分，还需要对被试反应进行正确或错误的反馈，以此保证被试正确理解实验目的，并按要求作出反应。反馈界面包括了被试正确与错误、反应时间和累计正确率，有时也会告诉被试反应太快或太慢等信息。通常反馈界面需要设置关联的探测/目标界面，设置相应的反馈信息，呈现时间可设置为 1 000 到 2 000 毫秒，呈现方式为自动消失，呈现格式可以用蓝色表示正确反馈、红色为错误反馈，反应方式和数据收集均无须设置。

二、E-prime 模块简介

E-prime 是 Experimenter's Prime（best）的简称，是美国 Pittsburgh 大学学习研究与发展中心和美国 PST（psychology software tools）联合开发的计算机化行为研究的实验生成系统。E-prime 目前包括 1.0、2.0 和 3.0 三个版本。新版本通常会升级某些功能，如 2.0 版本升级了视频播放，3.0 版本可支持触屏等功能。

E-prime 有五个模块，如图 2－5：①E-Studio：可视化实验设计环境，只需简单地拖拉图片、声音、视频等标准化模块并设置其属性即可方便地设计实验。②E-Run：可将 E-Studio 编译为 E-Basic 脚本语言并运行。③E-Merge：可融合多任务或多个被试数据。④E-Recovery：用于恢复程序非正常终止时的数据。⑤E-DataAid：数据管理器，用于数据的筛选、编辑和导出。

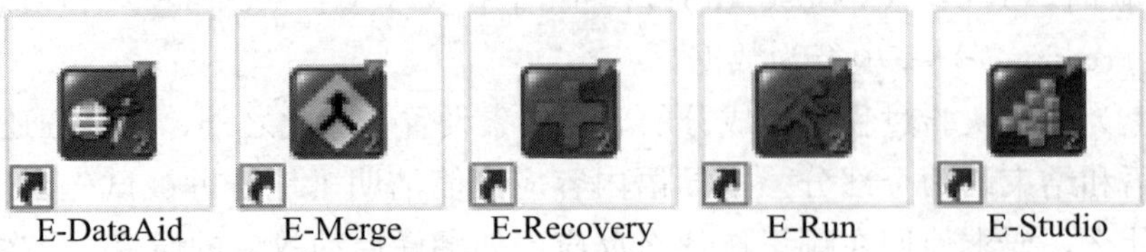

图 2-5　E-prime 2.0 中的五个模块

E-studio 为主要的编程工具，界面如图 2-6，首先是标题栏，用来显示程序名称，保存程序路径和程序命名尽量不带中文字符，因为 E-prime 对中文字符识别存在问题。然后是下拉菜单栏，包括：①文件（file）包含生成新程序、打开和保存；②编辑（edit）包括撤销、重做、复制、剪切、粘贴、删除、实验对象属性（experiment object properties）和项目属性（sessionProc）；③查看（view）：分别调用相应的窗口，如归属（attributes）、浏览（browser）、输出（output）、属性（properties）、脚本（script）、结构（structure）、工具（toolbox）、工具栏（tool bar）和状态栏（status bar），还可选择全屏呈现（full screen）。④E-Run：包括生成（generate）和运行（run）。⑤工具（tools）：用来

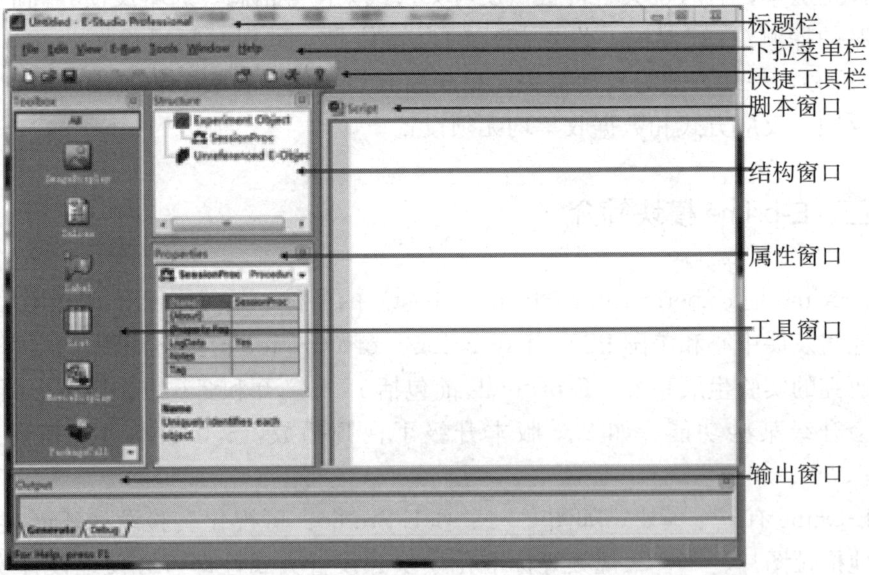

图 2-6　E-studio 界面组成

调用各个模块。⑥窗口（window）：设置各个窗口排列方式。⑦帮助（help）：可查询 E-prime 相关内容。快捷工具栏中呈现了常用工具，包括新建、打开和保存，以及复制、剪切和粘贴，以及删除、撤销和重做，以及属性、生成和运行，以及帮助。

从左侧开始，是编程时最重要的两个窗口。首先是工具窗口，包括 E-studio 可调用的各个对象或控件。从上到下依次为：a）ImageDisplay：用来呈现单个图片型刺激的刺激控件。b）Inline：用来进行编程控制实验的过程控件。c）Lable：用来编程时设置位置的过程控件。d）List：用来生成核心实验过程、存放实验材料、设置刺激呈现格式等过程和材料控件。e）MovieDisplay：用来呈现单个视频的刺激控件。f）PackageCall：用来打包调用子程序的过程控件。g）Procedure：用来生成实验过程的过程控件。h）Slide：用来呈现文本、图片、视频、语音等各类刺激的刺激控件。i）FeedbackDisplay：反馈被试反应信息的刺激控件。j）SoundIn：用来录制语音的刺激控件。k）SoundOut：用来播放声音的刺激控件。l）TextDisplay：用来呈现文本信息的刺激控件。m）Wait：用来等待被试反应的过程控件。

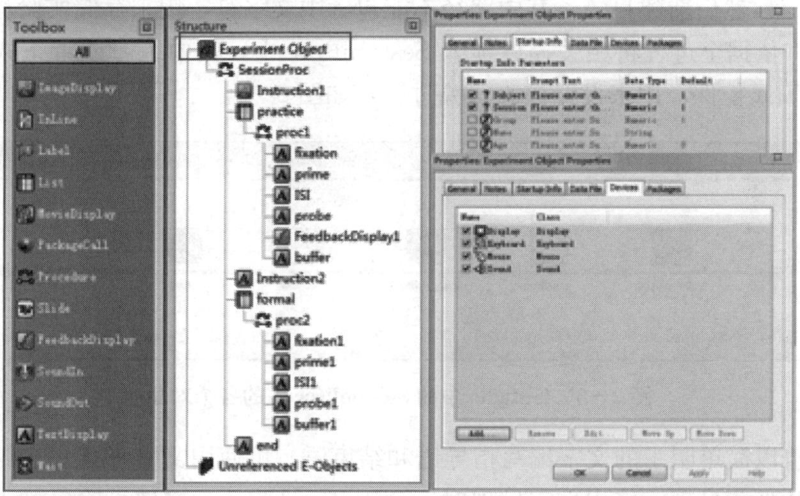

图 2－7　E-studio 中的工具和结构窗口，以及实验对象属性窗口

结构窗口呈现了实验设计时建立的实验程序的流程结构，包括从指导语到结束语的全过程 SessionProc，以及在练习（practice）和正式实验（formal）表格中的核心实验过程 Proc1 和 Proc2。结构窗口中的实验对象（experiment object）同样也属于过程控件，可设置实验开始呈现的初始信息，包括被试编号、组别、名字和年龄等，以及设置设备信息，如图片分辨率、声音通道和分辨率等。

结构窗口下方的属性窗口，可显示结构窗口中各个控件的各种属性，这些属性须在实验设计时进行设定，保证实验设计能够实现。结构窗口和属性窗口旁的脚本窗口，可进行 E-basic 语句编程，并在生成脚本文件后对脚本文件进行修改。生成脚本文件时，如果发生错误，输出窗口会呈现错误及其位置。

三、E-prime 编程

E-prime 编程的过程本身是将实验分解为一系列对象，通过设置对象的各个属性来控制实验，从而达到实验实现的目的。由于复杂的实验控制或过程面向对象的设计方式，即通过设置对象的属性来完成，这样就避免了使用 VB、VC 等编程语言编写程序代码，操作简易方便。而且在全过程 SessionProc 中将实验运行的各个部分按前后顺序连接起来，实验组成成分、程序模块一目了然，使得编程者和非编程者能简单理解实验流程，更容易设计和控制实验。

在进行 E-prime 设计前需要画出实验流程图，包括核心实验过程和全过程，如图 2－4。然后新建目录，其中路径不能包含中文字符，用来存储实验程序的相关文件。依据全过程将相关控件拖入 SessionProc 中，其中练习或者正式实验分别使用 List 控件，用来设置核心实验过程，如图 2－8。

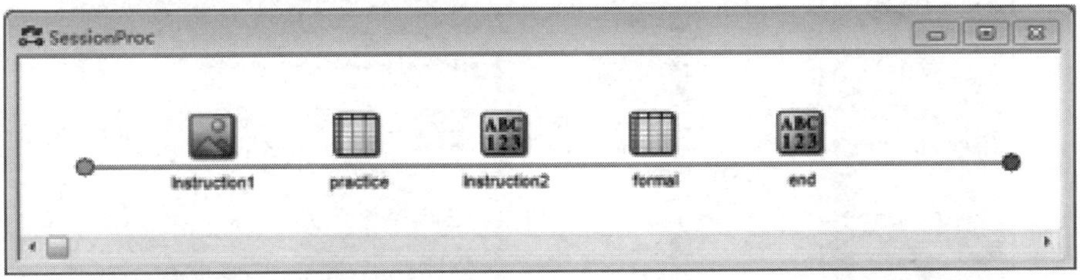

图 2－8　E-studio 中的 SessionProc 中的各个对象

接着以简单明了的文字编写指导语和结束语，可使用文字形式呈现，也可以使用图片形式呈现。使用文字呈现时，调用 TextDisplay 控件，输入标点符号应为半角/英文标点，全角/中文标点容易出错。使用图片形式呈现时，调用 ImageDisplay 或 Slide 控件，载入相关图片，如 instruction. bmp，处理图片时确保图片大小合适，防止图片显示不全，设置呈现时间为“infinite”，增加键盘（Keyboard）作为反应方式，保证按键后指导语消失。具体设置如图 2－9。类似地，练习和正式实验间插入 Instruction2，保证被试正确理解实验目的和反应方式后，再进入正式实验。并在实验结束时，增加结束语提醒被试任务完成并致谢。

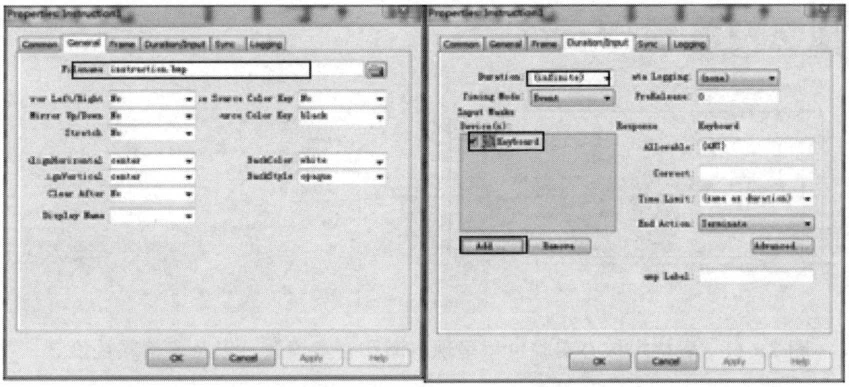

图 2 - 9　指导语属性设置

然后是程序中最关键的核心实验过程的生成与设置。在核心实验过程中，可以呈现刺激，收集被试反应。核心实验过程由 List 控件实现。双击打开练习表格 Practice，选中 Procedure 下的空格，输入核心实验过程名称 proc1，如图 2 - 10。跳出窗口“The Procedure proc1 does not exist. Do you want to create it?”选择“是”，在 Practice 下方自动生成以 proc1 命名的核心实验过程。在核心实验过程中拖入各个组成成分，包括注视点、启动界面、ISI、探测界面、反馈界面和实验缓冲，再分别设置相应的属性，如图 2 - 10。

图 2 - 10　核心实验过程中各个组成成分

回到练习表格 Practice，新建三个字段，即试次中操纵的各个变量，包括 prime、probe 和 answer，具体如图 2 - 11。新建字段可单个生成，也可一次性生成三列再分别命名。接着新建试次，同样也可单个生成或多个生成，每个试次的 procedure 均设置为 proc1，再分别输入相应的启动词、探测词和答案。然后再选中属性窗口，对表格属性进行设置。其中在 selection 标签下对试次顺序 order 进行设置，如为序列呈现，选择 sequential，如为随机呈现，选择 Random。接着对表格样本和循环进行设置，如对所有样本中 N 个样本循环呈现 M 次，则最终将呈现 N×M 个试次。

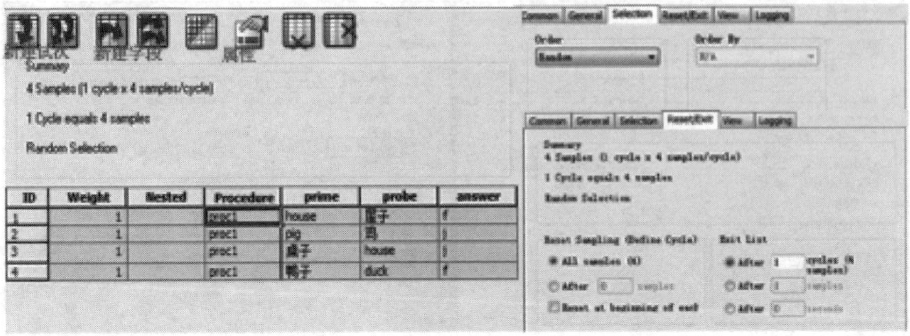

图 2-11 表格中核心实验过程呈现刺激和答案设置，以及表格属性设置

此后，对核心实验过程中各个控件进行属性设置。从注视点开始，到实验缓冲为止，均要设置呈现时间、呈现方式、呈现格式、反应方式和数据收集。如注视点设置，双击打开 Fixation，再单击打开左上角的属性窗口。首先在 General 标签中设置呈现的 Text，注视点通常显示十字或星号，然后修改显示位置，包括纵向位置（AlignHorizontal）和横向位置（AlignVertical），以及设置显示颜色，包括字符本身的前景色（ForeColor）和背景色（BackColor）。背景色设置为 grey 或 silver 为佳，以此防止黑白颜色色差过大导致被试视疲劳。其次，在 Frame 中可设置显示字符的尺寸、位置和边框，在此保持不变。然后，在 Font 中设置字体和字体大小，可将 Point Size 改成 34，保证被试能清晰地看到文字。最后，在 Duration/Input 中，设置呈现时间，将 Duration 修改为 250，表示注视点呈现 250 毫秒。最后，点击 OK 或者 Apply 表示设置完成。此外，刺激间隔 ISI 界面和实验缓冲 buffer 界面的设置相似，仅在 Text 部分不同，在 Text 中不需要输入任何内容，并根据核心实验过程设置 Duration 为 100 毫秒和 200 毫秒。

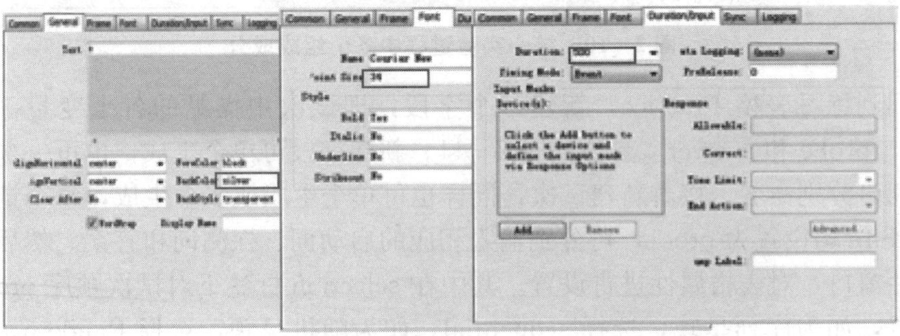

图 2-12 核心实验过程中注视点 Fixation 的属性设置

接着，对启动界面进行设置。启动界面与注视点的设置相似，仅呈现内容 Text 不同，须引用练习表格 Practice 中的 prime 字段，引用方式为［prime］。这一引用方式可用来设置不同试次中不同的内容，包括变化的刺激、反应时间和答案。然后设置字体大小 Point Size 为 34，持续时间 Duration 为 100 毫秒，反应方式为无。

探测界面的设置类似，呈现内容 Text 引用练习表格 Practice 中的 probe 字段，引用方式为［probe］。字体大小 Point Size 为 34，持续时间 Duration 为 100 毫秒。不同之处在于反应方式中，在 Devices 下方点击 Add…，选择 Keyboard，增加了键盘反应。然后在右侧 Keyboard 中，Allowable 右侧输入允许的按键 fj，在 Correct 右侧输入［answer］。点击 Apply 之后，跳出一个窗口询问："You have specified a value in Correct Input，but have not turned on Data Logging. We recommend setting Data Logging to Standard，which records response and timing data. Would you like Data Logging set to Standard?" 选择"是"之后，Data Logging 自动变成 Standard 模式，在 Logging 标签下 ACC、CRESP、RESP、RT、RTTime、DurationError、OnsetDelay 和 OnsetTime 自动勾选成功。如果选择 Response Only 模式，则仅记录 ACC、CRESP、RESP、RT 和 RTTime。如选择 Time Audit Only 模式，则记录 DurationError、OnsetDelay 和 OnsetTime。如选择 Custom，则记录数据由用户自行定义。

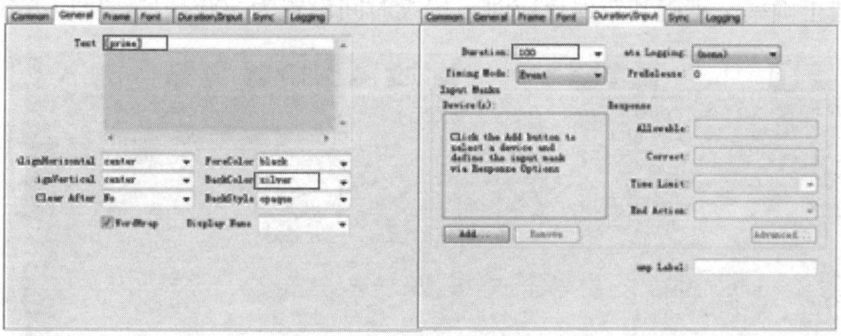

图 2－13 核心实验过程中启动界面的属性设置

与其他刺激界面稍有不同的是反馈界面。反馈界面与 Slide 控件相似，上方从左到右均为属性界面（properties pages），子控件下拉窗口，子对象属性界面（sub-object property pages），各类 slide 可插入的子控件，包括 SlideText、SlideImage、SlideMovie、SlideSoundOut、SlideSoundIn，以及窗口显示的操作。反馈界面与 Slide 不同的地方首先在于下方存在四个标签，包括 Correct、Incorrect、NoResponse 和 Pending。由于翻译启动的核心实验过程中探测界面设置为

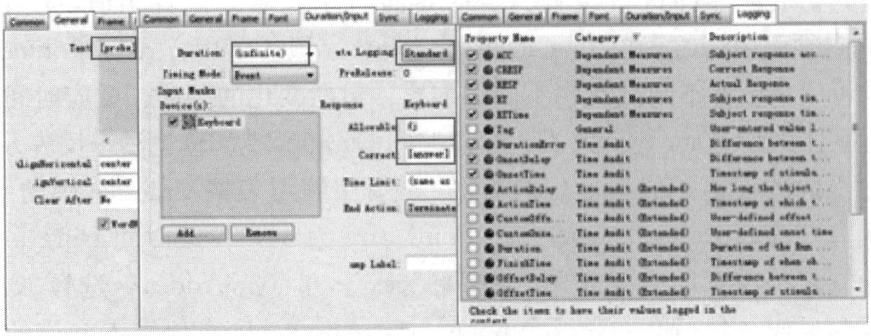

图 2-14　核心实验过程中探测界面的属性设置

无限，因此只需要对 Correct 和 Incorrect 标签分别设置。点击对应标签，再点击子对象属性界面，设置背景色为 silver，保证被试从实验开始到结束，不会因为背景色发生变化而出现视疲劳。

反馈界面与 Slide 不同的第二个地方在于，需要输入某一反馈对象，从而针对这一对象的反应来进行反馈。双击属性界面，在 General 标签下 Input Object Name 的下拉窗口中选择 probe，表示针对被试在 Probe 探测界面的反应来进行反馈。下方方框中表示收集 probe 界面中的各类数据，包括正确率、无反应正确率、正确和错误反应时。由于翻译启动的核心实验过程中探测界面设置为无限，因此仅勾选正确率、正确和错误反应时。持续时间设置为 500 毫秒，反应方式为无。

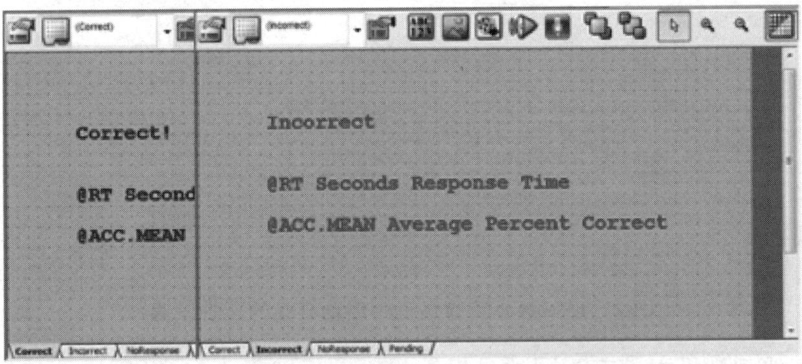

图 2-15　核心实验过程中反馈界面的标签设置

以上为练习部分的设置，正式实验的设置与之相似，不同之处在于没有反馈。我们可通过 Browser 窗口进行复制粘贴。在查看（View）中勾选 Browser，然后选择某一对象，如 Buffer，点击右键选择 copy 再 paste，或者按快捷键 Ctrl+C 再 Ctrl+V，成功生成 Buffer1。成功复制对象后，将复制后的对象拖入

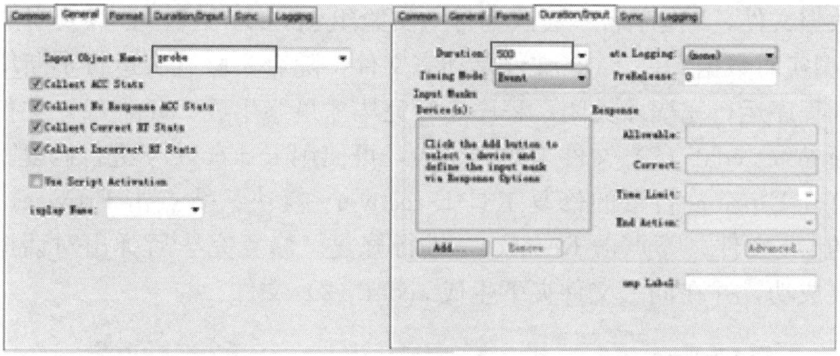

图 2-16 核心实验过程中反馈界面的属性设置

正式实验 formal 表格下的核心实验过程 proc2 中。按顺序排列好各个对象，各个对象的属性与练习表格 Practice 中的相同，无须再进行设置。

操作完成以上部分，完成了翻译启动的程序。运行、调试和修改实验程序，直到符合实验要求，并编译程序生成脚本文件，程序即可用来收集数据。邀请恰当样本容量的被试，样本容量应由总体标准误决定，总体标准差不变的情况下，要减少取样误差，就必须增大样本容量。被试取样尽量遵循随机原则，但是也要考虑经费、经验、时间和精力等主客观条件。通常约定俗成的是 30 名被试构成大样本，如果为认知神经机制的研究，一般 20 名被试或以上为佳。如果是数据驱动的研究，如静息态 fMRI 研究，则样本容量越大越好。

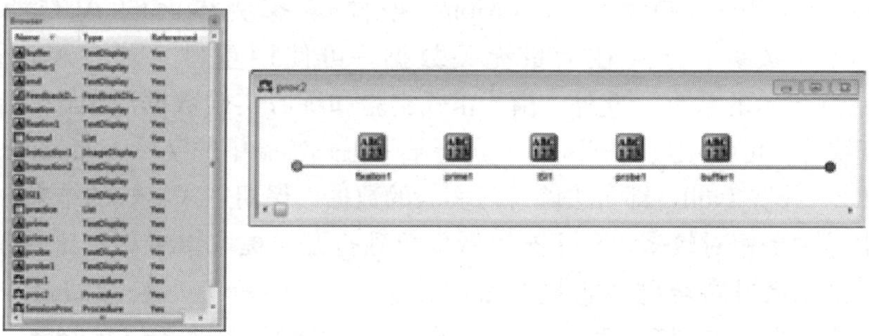

图 2-17 正式实验中对象生成和排列

四、E-prime 数据处理

点击 E-prime 程序运行，输入被试编号（Subject Number）和实验组别（Session Number）后开始正式实验。实验结束生成了基于被试编号和实验组别的唯一数据文件，“程序名—被试编号—实验组别 . edat（2）”，以及对应名称的 txt 文本型实时数据文件。txt 文件是动态文件，随着实验试次运行不断增多而增大，直到程序运行完毕才关闭。程序运行完毕才最终生成 . edat（2）文件。如果实验中断导致 . edat（2）文件未顺利生成，可使用 E-recovery 进行修复。修复如下：①打开 E-prime 自带的修复工具 E-recovery 模块；②点击 Browse，找到对应名称的 txt 文件；③点击 Recover，进行修复。修复完毕后弹出对话框，表示数据修复成功，并在同一文件夹下生成 . edat（2）文件。

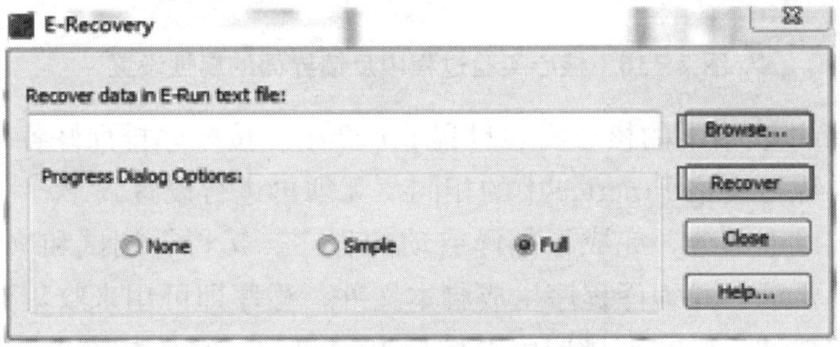

图 2－18　E-Recovery 模块的应用

双击最终生成的数据文件，E-prime 自带的数据处理软件 E-DataAid 自动打开文件。打开后文件类似于 Excel 表格，每一行表示每个试次的数据，每一列表示收集的数据。如图 2－19。其中这些数据中有必须使用的数据，如 subject（被试编号）、stimulus（刺激）、condition（条件）、探测界面的 ACC、CRESP、RESP、RT 等数据。还存在大量无关数据，可使用重排字段（Arrange Columns）筛选显示的数据。此外，由于正式实验和练习实验数据混杂在一起，统计时须分开统计，可使用过滤（Filter）选择某一正式实验中的字段，如 condition，再选择 1 和 2，排除 Null，即可去除练习实验的数据，保留正式实验的结果。

由于样本量相对较多，每个被试数据单独打开再提取结果相对比较繁杂，可将所有被试结果进行合并，再提取有用数据。打开 E-prime 自带的合并软件 E-Merge 模块，界面如图 2－20。合并如下：①在左侧文件夹数（Folder Tree）中打开数据存放的文件夹，文件夹中所有文件会呈现在右侧的文件列表（File List）中。②选择未合并的数据文件，点击 Selected Unmerged 快捷键，所有未合并的数据文件自动被选中。③点击 Merge... 快捷键，跳出“Select the Merge Operation”窗口，显示 Standard Merge 和 Recursive Merge 两个选项，前者用于未合并的数据，后者用于多次合并的数据。根据数据合并情况，选中相应的选项后自动生成合并的结果。如是第一次合并，则出现提示，告知不存在合并结果文件，询问是否生成，点击“是”之后，再跳出窗口告知合并结果。具体如图 2－21。

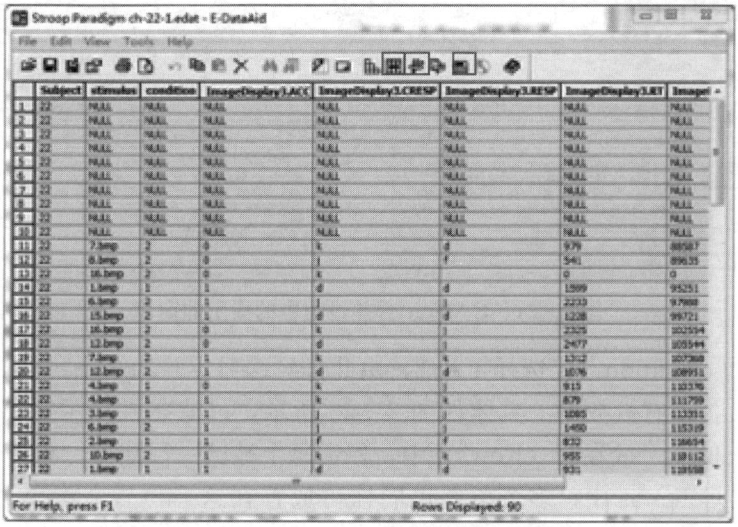

图 2－19 E-DataAid 打开的数据文件

图 2－20 E-Merge 模块的界面

所有被试结果合并后，双击打开 .emrg（2）合并文件后，须对所有被试结果进行初步处理。可使用只有正式实验中出现的字段，筛选出正式实验的结果，

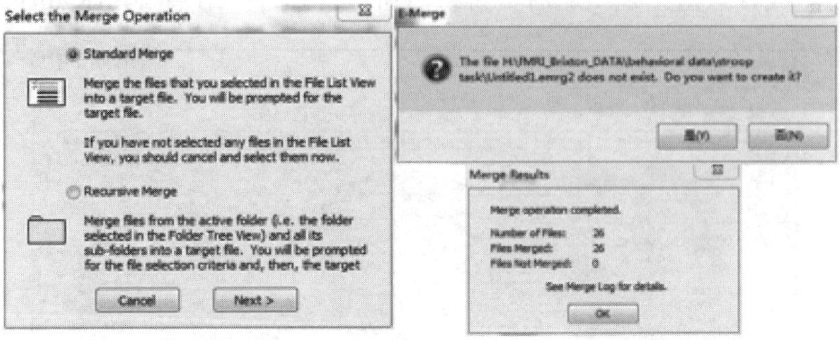

图 2-21 E-Merge 合并过程中的提示的窗口

如前所述的 condition，仅选择 1 和 2，由此排除练习实验的结果。然后点击分析（Analyze）提取有效数据。具体如图 2-22 所示，过滤条件显示在 Filter 下方。将被试（subject）放在行（Rows）中，保证每个被试一行数据。将条件（condition）放在 Columns 中，多个条件也同样可放置在这一位置。将单个因变量指标，如探测界面正确率（ImageDisplay3. ACC）放在 Data 中，自动显示计算平均值（Mean），双击该结果也可调整为其他统计值，如计数、中位数等。点击 Run 运行后，生成结果。

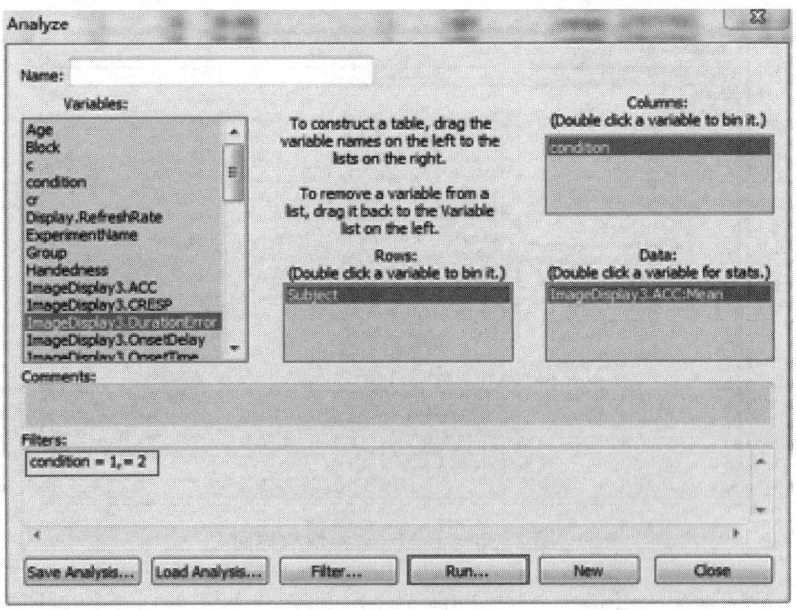

图 2-22 E-DataAid 中 Analyze 窗口的使用

经过数据分析后生成结果如图 2－23，该结果每一行表示一名被试，1 和 2 列表示对应条件的正确率。该结果可直接复制到 Excel 和 SPSS 软件中进行数据统计和检验，也可点击 Export 导出文本文件或者 Excel 文件格式的结果进行后续分析。

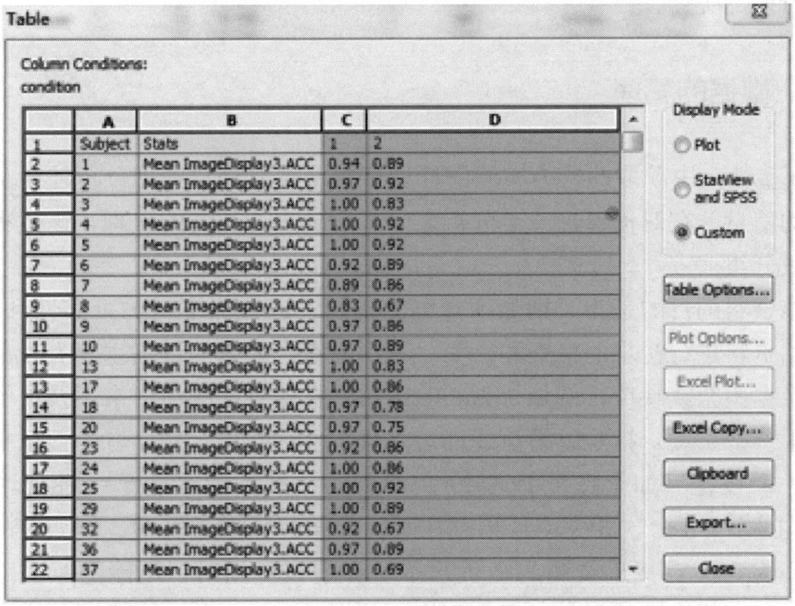

图 2－23 E-DataAid 中 Analyze 分析的结果

第四节 行为实验的 SPSS 数据统计

通过 E-prime 收集到了各种原始数据，如果没有进行统计，无法反映实验研究目的，不能验证研究假设。从对结果统计进行假设检验的角度来说，假设分成备择假设（H1）和虚无假设（H0）。备择假设通常是研究者期望证实的假设，陈述了变量间所期望的关系，如“双语能力强的被试抑制控制能力强，Stroop 效应更强”。而虚无假设则陈述变量间没有关系或差异，是根据样本统计量所决定予以拒绝的或接受的假设，如“双语能力与抑制控制能力无关，即双语能力强和弱的被试 Stroop 效应不存在差异”。在概率理论的基础上，小概率事件在一次抽样中不可能发生。如果检验发现概率小于 0.05 或者 0.01 的事件没有发生，则 H0 被拒绝，因此可接受 H1，即承认双语能力强的被试抑制控制能力强。为了验证两种假设究竟哪种成立，需要对数据进行整理和描述，再通过常用的 SPSS 软件进行推论统计。

一、数据的整理

从 E-prime 中获取的行为实验的原始资料，需要经过整理分析才能从中提取出有用的信息。在对资料进一步分析之前，需要进行认真的整理，该过程包括了审核以及分组。

审核资料的目的是为了剔除不合格的资料，以确保资料的可靠性和可信性，是对原始资料进行初步的审查和核实。其中不符合要求的数据主要有三种：①缺失：指数据不全或缺项，例如行为实验中被试在较难的题项中来不及按键反应在 10%以上。②可疑：指难以辨认或怀疑其真实性的数据，例如有的被试按键反应全部按一个按键（如全按 F 或全按 J）；有的被试按键可能是一种规则的按键（如 F F J J F F J J）。③失误：指存在明确差错的数据或答案，例如有的被试平均正确率为 50%，接近猜测的随机水平。在审核数据时，不能随意去除一些不符合自己主观假设的数据。对于个别极端数据是否该剔除，应遵循三个标准差法则。在平均值的基础上，计算加减三个标准差后，被试的结果超出了三个标准差，才能剔除该数据。

数据的分组以被研究对象的本质特性为基础。分类标志应当明确，所有的数据均应当增加分类标志。可根据性质类别对被试进行分类，如通过双语者开始学习二语的时间进行界定早期双语者和晚期双语者，如果小学一年级开始学习二语，视为早期双语者，如果初一开始学习二语，视为晚期双语者。也可按被试特征的数值变化进行分类，如界定二语阅读能力，以被试完成二语阅读题的速度区分成高、中和低阅读能力者。

二、t 检验

t 检验是用 t 分布理论来推论差异发生的概率，从而比较两个平均数的差异是否显著。使用该检验的前提是：①来自正态分布总体；②随机样本；③均数比较时，两个总体方差相等，即具有方差齐性。该检验适用于检验一个样本平均数与一已知的总体平均数的差异是否显著（单样本 t 检验），或者检验两个样本平均数与其各自所代表的总体的差异是否显著（双样本 t 检验）。

单样本 t 检验使用 SPSS 中的单样本 T 检验，如图 2-24，选中检验变量后，输入检验值即可完成。双样本 t 检验又分为独立样本和配对样本 t 检验，独立样本 t 检验适用于不同被试之间的比较，双语经验多和少的被试的 stroop 任务效应量；配对样本 t 检验适用于同一组被试之间的比较，如同一组被试训练前后的成绩差异。根据数据类型，选取恰当的 t 检验方式，选择检验变量和/或分组变量，点击确定即可完成检验。

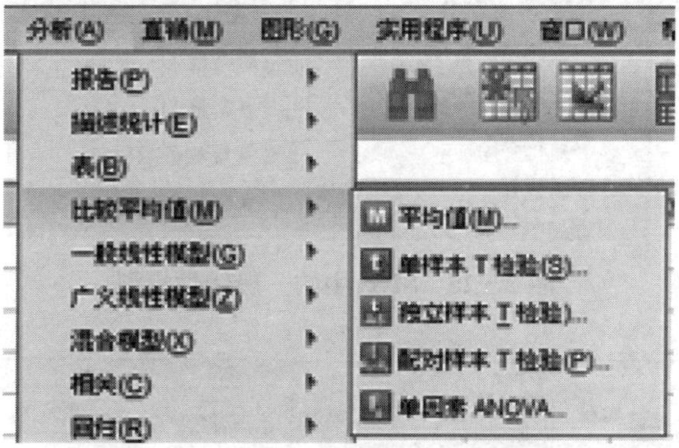

图 2-24 SPSS 中的 t 检验方式

三、F 检验

F 检验通常用来分析用了超过一个参数的统计模型，以判断该模型中的全部或一部分参数是否适合用来估计总体。此外，F 检验适用于分离各有关因素并估计其对变异的贡献，分析因素间的交互作用，以及方差齐性检验。使用该检验的前提是：①各个因素每一水平所得到样本都是随机样本；②各随机样本相互独立；③各个因素每一水平的重复被试数据都服从正态分布，且各个子集的方差齐性。

单因素方差分析和多因素方差分析统称一元方差分析，即针对一个因变量的分析，是针对两个及以上分类变量或可能出现的协变量与一个连续变量之间的相关分析。根据实验设计划分为完全随机设计和随机区组设计，分别适用于不同的方差分析（ANOVA）。随机区组设计是根据实验要求划分的，考虑到被试差异或环境因素的影响，以控制其对因变量的影响，如城乡差异、教育背景等。如果未进行这一划分，则是完全随机设计。完全随机设计方差分析使用图 2-24 中的单因素 ANOVA 来进行分析，选择自变量输入因子，选择因变量输入因变量列表，点击确定即可完成分析。随机区组设计方差分析使用图 2-25 中的一般线性模型下的单变量（如图 2-26 中的单变量），选择要研究的自变量输入固定因子，区组变量输入随机因子，因变量输入因变量空格中，点击确定完成分析。

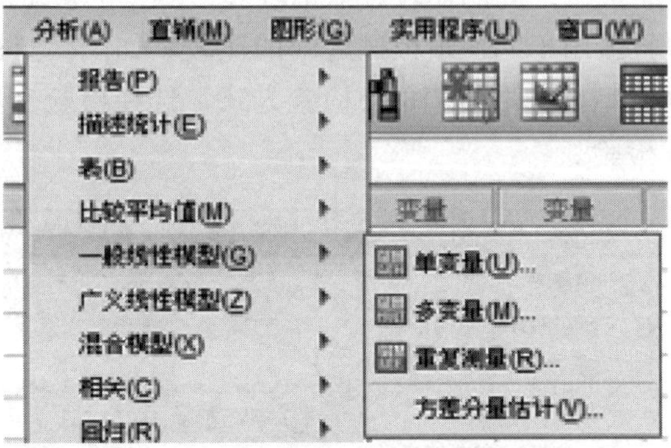

图 2-25　SPSS 中的一般线性模型

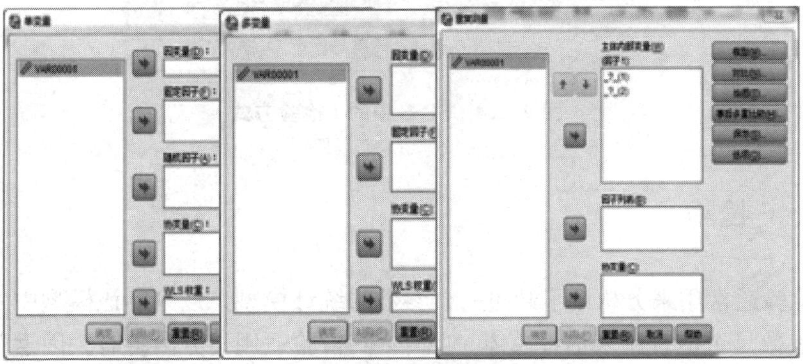

图 2-26　SPSS 中的方差分析

如果因变量不止一个，且因变量之间又不是相互独立时，进行的方差分析称为多元方差分析。基本原理仍然是通过检验两个或多个样本之间差异是否显著，以对综合结论的作出提供依据。如果实验为被试间设计，选取一般线性模型下的多变量（如图 2-26 中的多变量），选择要研究的自变量输入固定因子，区组变量输入随机因子，将多个因变量输入因变量空格中，点击确定完成分析。如果实验为被试内设计或混合设计，选择一般线性模型下的重复测量（如图 2-26 中的重复测量），跳出窗口“重复测量定义因子”，逐个添加各个被试内因子名称和级别数（即被试内变量的水平数），添加完毕后点击确定。然后选择各个因变量输入主体内部变量中，被试间变量输入因子列表中，点击确定完成分析。

四、结果的表达

心理学研究中的原始数据需经过统计处理后得出结果，须对结果进行汇报。正文描述、插图和表格是数据统计结果的三种主要呈现方式。

在正文中对结果进行描述，即汇报统计结果。常见的统计数据不需要进行解释，这对于期刊文章中所使用的绝大多数统计方法来说都是适用的。不过，在下面两种情况下必须加以解释：①不常用的统计方法的结果，尤其是那些虽然在期刊中出现过但是还没有列入统计教材中的方法；②有争议的统计数据。③当统计本身就是文章的重点时，也要提供支持性解释。报告推论统计数据（如 t 检验、F 检验、χ^2 检验）时要提供充分的信息，以确保读者能明白作者的分析。当然，充分的信息是以所选择的统计检验和分析为基础的。

统计图表用来表达研究变量与被说明的事物之间数量关系的表达方式。统计图表可以将大量数据的分类结果清晰、概括、一目了然地表达出来，并直观、形象地表达出事物的全貌及数据的分布特征，便于理解和记忆，使人印象深刻。无论是行为实验还是 ERP 或者 fMRI 实验，均会采用统计图表，便于作者表述结果。

统计表通常包括表号和标题，以及三线表。顾名思义，三线表只有顶线、表线和底线三条横线，没有纵向线条，左上角为横标目的总表目，表线上为纵标目，第一列为横标目，具体如表 2－1。三线表根据统计表的分组类别可分成：①简单表，是只按变量名称、地点或时序等列出数据的统计表，如表 2－1 只保留组别和年龄。②分组表，是只按一个标志分组的统计表，如表 2－1。③复合表，按两个或两个以上标志进行分组的统计表，如表 2－1 再增加早期和晚期双语者这一分组标志，即为复合表。

表 2－1　两组被试的 stroop 任务正确率（平均值±标准差）

组别	年龄	Stroop 任务正确率	Stroop 任务效应量
双语经验较多组	23.60±1.36	0.99±0.04	62.81±61.09
双语经验较少组	20.6±0.63	0.98±0.04	90.57±55.61

统计图一般由图号、标题、标目、图形、图注等几部分构成。统计图中的标目由基线和尺度线构成。对于有纵、横轴的统计图，一般以基线表示被观察的现象，

而尺度线则表示数量。统计图包括：①条形图，即用直条的长短来表示统计项目数值大小的图形，主要是用来比较性质相似的分类或等级数据。②圆形图，即是用于表示间断型资料比例的图形。圆形的面积表示一组数据的整体，圆中扇形的面积表示各组成部分所占的比例。各部分的比例一般用百分比表示。③折线图，即随时间（根据常用比例设置）而变化的连续数据，适用于显示在相等时间间隔下数据的趋势。如图 2-2 和图 2-3，均为统计图。统计图可使用 Excel 或者 SPSS 绘制。

第三章 ERP 技术及其应用

孩子们开始学习外语的年龄越来越早，有很多家长甚至在孩子还没有掌握母语的情况下，就送孩子去外语兴趣班，以期能够让孩子早日接触到第二门语言，认为这样可以提高孩子日后的外语学习成绩。但是这样做真的有用吗？是不是越早学习外语，就能越快地掌握呢？

为了给这个问题一个科学的回答，日本心理学家对 7 所小学的 350 名儿童进行了长达 3 年的跟踪调查①。

他们通过问卷、家庭访谈、电话访谈等方式了解了这些小学生初次接触英语时的年龄，调查显示这些小学生初次接触英语的年龄集中在 0～7 岁之间（最晚接触英语的小学生的年龄是 11 岁）。同时，这些心理学家还以问卷的形式对这些小学生接触外语的时间长度进行了统计，其中包括学习英语的频率（一周上几节英语课）、每节英语课的时间等。

在获得这些必需的数据之后，心理学家们开始了对这 350 名小学生长达三年的英语能力的测验，他们采用的是图片-单词配对测试法。在实验中，首先在屏幕上出现一张图片，在图片消失之后，小学生会听到一个单词的音频，这个单词有可能是和图片相同的（例如出现苹果的图片后听到"apple"），也有可能和图片不同（例如出现苹果的图片后听到"dog"）。小学生需要对声音和图片是否一

① OJIMA S，MATSUBA-KURITA H，NAKAMURA N，et al. Age and amount of exposure to a foreign language during childhood：Behavioral and ERP data on the semantic comprehension of spoken English by Japanese children. Neuroscience Research，2011：197 - 205.

致进行判断，以此来记录他们的分数。但是仅仅通过他们获得的分数来进行判断是不够的，因为分数的结果可能会受到个体差异以及策略选择的影响。因此这些心理学家们选用了能够记录我们大脑实时神经反应的 ERP（event-related potential）技术，给出了最直接、最客观的证据。

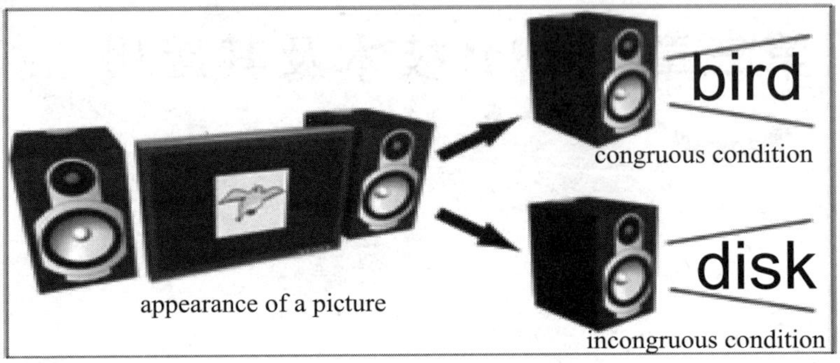

图 3-1 实验流程示意图

在采用 ERP 技术进行的研究中，N400 是 ERP 技术中一个非常重要的成分，它与我们的语义加工有关，能够充分地反映出语义加工的敏感性。当出现语义不一致的现象时，就可以观察到 N400 成分。在长达三年的跟踪研究之后，通过对这 350 名日本小学生的分数以及 ERP 数据的记录与分析，心理学家得出了一个科学但出乎我们意料的结论：外语学习成绩确实在某种程度上会受到接触外语时间早晚的影响，但是对外语成绩更直接的影响来自于接触外语的时间。因为心理学家通过对 ERP 数据中的 N400 波幅分析发现，接触外语时间越长，对外语中的语义不一致现象会越敏感，而这种敏感性的改变并不会受到接触英语时间早晚的影响。因此，并不是越早接触外语，就能够越快地掌握。

第一节 ERP 技术简介

ERP（event-related potential）事件相关电位技术已经应用了长达了几十年的时间，但其在研究中受欢迎的程度依旧与日俱增，以其无可替代的精确的时间分辨率，成为认知神经科学研究中的一把利器。ERP 技术可以帮助我们无损地对大脑认知加工的过程进行观察，通过一些经典的脑电成分带我们进入大脑这一

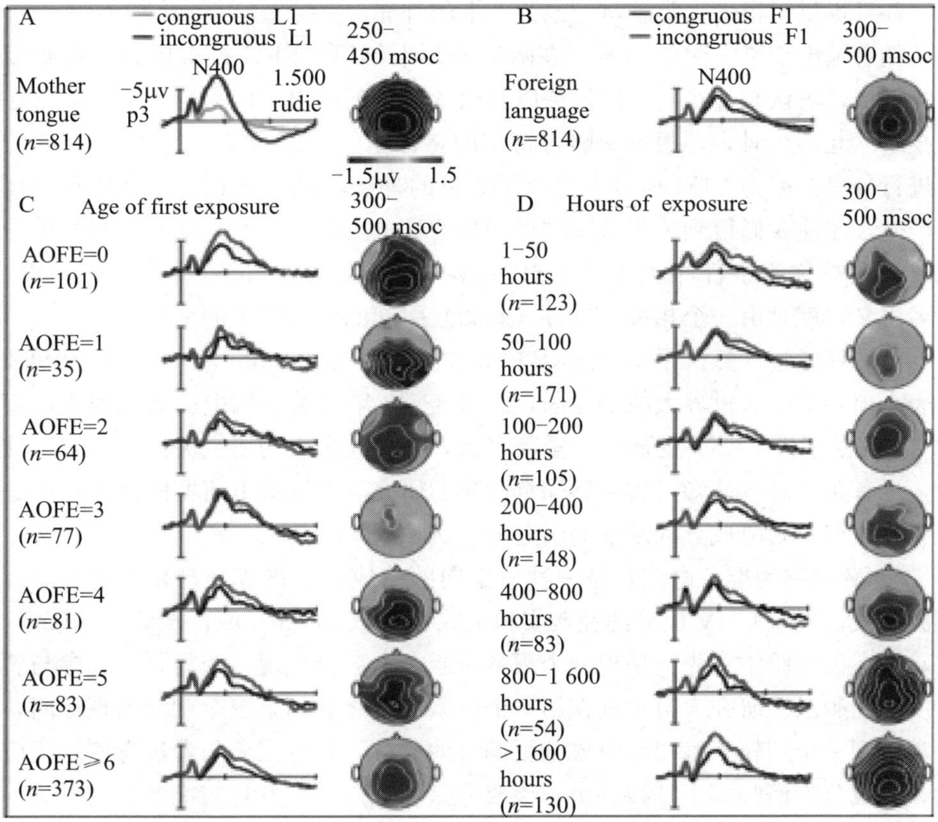

图 3－2　实验结果示意图

黑箱之中，对人脑的奥秘进行探寻。

本章将先对 ERP 技术的发展历史进行梳理，再对 ERP 技术的原理进行简介，最后着重介绍 ERP 实验设计的要求和特点，以及 ERP 数据的采集和分析。

一、ERP 发展简史

脑电活动——EEG 在早期被很多人认为只是一种伪迹，并不是大脑真实活动的反映。这项争议的起源来自于 1929 年 Hans Berger 所做的一项具有突破性的实验，他将电极置于人类头皮之上，发现了电极点记录的电压值随时间而变化，认为这些测量到的电压值的变化就是我们的脑电波。但是在那时人们认为记录到的只是动作电位，也有可能是像肌肤电等这样的伪迹，直到五年之后，Adrian与其他研究者同样观察到了人类的脑电活动，确定了 Hans Berger 的发现，并且提供了很多人类脑电记录细节上的补充。

随着脑电记录方法的确定，在随后的几十年里，EEG 被应用到了科研以及医学领域，对认知神经科学的发展以及医学的发展做出了巨大的贡献。但是在脑电技术兴起不久时，还很难能够将特定的感知觉活动以及认知过程从 EEG 信号中进行分离，因为 EEG 信号中混合了大量的神经活动。直到后来叠加平均技术的产生，才使我们得到了与认知过程相关的脑电成分，这些与认知过程相关的脑电成分就被称为事件相关电位 ERP（event-related potential）。事件相关电位，顾名思义，就是由一个相关的事件（刺激）引起的大脑电位的变化。

第一篇通过计算机平均的 ERP 的相关文章由 Galambos 和 Sheatz 于 1962 年发表。由于第二次世界大战的原因，20 世纪 40 年代关于脑电的研究很少，直到 20 世纪 50 年代，ERP 的研究才重新兴起，其中大多数的研究关注与感知觉的讨论，也有关于高级认知过程对感知觉影响的研究。最近脑电研究的高峰期都是由于一些经典的脑电成分的发现而引起的，例如 CNV、P300 等。

CNV 也称为准备电位，是一种负走向的波成分，该成分与相继呈现的两个刺激有关。发现 CNV 成分的经典实验范式称为 constant-foreperiod reaction time 实验，在该实验中首先会呈现一个预备刺激，之后会呈现一个需要实验参与者进行反应的刺激。研究人员发现在第一个刺激出现之后到第二个刺激出现之间，可以观察到一个相较于基线脑电成分更偏负的成分，并且当参与者进行按键反应之后，该成分就回归到了基线。由于该成分是负偏向的，并且与准备活动有关，因此将它称为准备负电位 CNV。在 CNV 成分被发现之后，人们看到了采用 ERP 技术研究人类认知过程的可能性，一时间激起了一股 ERP 实验的热潮。

在这股热潮的推动下，人们发现了更多反映人类认知的重要的脑电成分，例如 P3 成分。P3 是 Sutton 等人经过一系列研究发现的一个反映认知过程的脑电成分，通过 P3 成分波幅的大小，可以了解被试是否成功地对接下来所要出现的实验刺激类型进行预期[①][②]。假设在实验中向被试呈现音调刺激和亮光刺激，假设每个亮光刺激之后都会出现一个音调刺激，那么被试就会在亮光刺激出现之后，形成对于接下来出现声音刺激的预期，这样的情况下引起的 P3 波幅的成分就会较小。反之，假设实验中向被试呈现的亮光刺激以及音调刺激的出现并没有

① RUCHKIN D S，MUNSON R，SUTTON S. P300 and slow wave in a message consisting of two events. Psychophysiology，1982：629 - 642.

② RUCHKIN D S，JOHNSON Jr.，R，MAHAFFEY D，et al. Toward a functional categorization of slow waves. Psychophysiology，1988：339 - 353.

一定的规律，是杂乱的，那么被试就无法对下一个刺激的类型进行预测，这种情况出现的 P3 成分的波幅就会较大。这个代表着被试预期的 P3 成分，发生在刺激出现的 300 毫秒附近，因此也称为 P300。Sutton 将实验发现的这个结果与信息理论结合起来，一时间成为了认知心理学的热门研究对象。如果现在通过一些专业的学术引擎进行“P300 Component”搜索，会得到令人惊叹的搜索结果。自 Sutton 公布了关于 P3 成分的研究结果之后，出现大约十万项与这个成分有关的研究，并且这一数字还在不断增长着，Sutton 在 1965 年所做的这项研究已经被各个研究者引用了多达 2 500 次。

还有一些经典的成分，例如和语言相关的 N400 成分（如图 3 - 3 所示），它是在刺激呈现 400 毫秒之后发现的一个脑电成分。关于 N400 成分的第一项报告可以追溯到约 40 年前，由 Kutas 和 Hillyard 首先提出的（Kutas & Hillyard，1980），自那之后，许多的研究都开始将 N400 作为实验中所使用的因变量①。N400 的参考范围非常广，但是主要还是集中于与语言相关的研究之中。在 Kutas 关于 N400 的研究之中，其所探讨的重点是哪些行为或者认知过程会引起 N400 成分，以及会对波幅产生怎样的影响。通过句子研究范式，Kutas 作了一系列和 N400 相关的研究，他们发现句子中最后一个单词字符大小的改变并不会产生 N400 成分，例如“我喜欢喝咖啡”，和“我喜欢喝咖啡”。同时，他们还发现 N400 不会由一些语法的改变而引起，例如英语中单复数的变化，“All cat have four leg”，“All cat have four legs”，这样的单复数的变化也不会引起 N400 成分的产生。经过研究，N400 成分的出现主要与句子加工中的语义相关，实验证明当句子最后一个词语与整个句子的语义不一致时，就会引起 N400 成分。例如：“这栋高楼真的好吃”与“这栋高楼真的好高”相比，前者会引起 N400 成分。然而也有一些研究，通过控制刺激呈现的概率，认为 N400 反映的不仅仅是语义的不一致性，它还反映了预期破坏的过程②③。

在这些经典的脑电成分被发现后的十几年里，大量的研究者都开始从事 ERP 技术，不断对于人类认知相关的脑电成分进行挖掘，这一现象与核磁共振以及经颅磁刺激刚刚出现时很相似，研究者都想通过这些技术来观察人类大脑究

---

① KUTAS M，HILLYARD S A. Reading senseless sentences：Brain potentials reflect semantic incongruity. Science，1980：203 - 205.

② POLICH J. N400s from Sentences，Semantic Categories，Number and Letter Strings?. Bulletin of the Psychonomic Society，1985：361 - 364.

③ XIAO F，CHEN Q F，LONG C Q，et al. The rule expectancy effect on the electrophysiological correlates underlying numerical rule acquisition. Neuroscience Letters，2018：252 - 256.

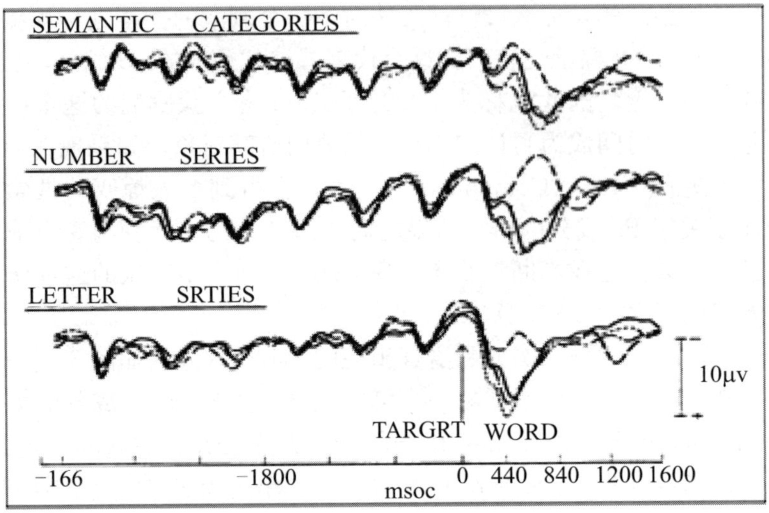

图 3-3 N400 成分示意图

竟是如何实现信息加工的。虽然常规的研究思路应当是以研究人类的认知过程为重点，ERP 成分只是一个可供参考的因变量，但是该时期人们对于 ERP 成分的热情，在一定程度上推动了认知心理学的发展。

上文是关于 ERP 技术的一些简史，虽然其历史最早可以追溯到 1929 年，然而直至今天，ERP 技术在认知心理学中应用仍然非常广泛，原因在于 ERP 技术有着其他研究技术所不可比拟的时间分辨率。最新的认知神经科学研究技术往往通过将具有不同优势的研究技术相结合来更好地实现自己的研究目的，例如将空间分辨率非常高的功能性磁共振成像（fMRI）和时间分辨率极高的事件相关电位技术（ERP）相结合以实现最高的时空分辨率。这种技术的结合为认知神经科学的发展提供了巨大的动力。

近年来，随着人类大脑计划的兴起，神经科学开始受到世界各国研究者的重视，我国也已经开始了脑研究计划的推行和脑研究基地的建立，因此，对于我国认知神经科学研究者的培养工作也需要给予一定的重视。工欲善其事，必先利其器。学习 ERP 研究技术，可以帮助我们更好地进行认知神经科学的相关研究，而想要真正地掌握好一门研究技术，必须从其原理开始了解。

二、ERP 技术生理基础

自古以来，人类对于研究意识的兴趣都是非常浓厚的。在正式将意识与大脑联系起来之前，人们普遍认为意识来自于心灵。后来随着解剖学和神经学的发展，人们才逐渐发现了脑与意识的关系。

人类大脑是最精密的器官，大脑中最关键的两类细胞是神经元细胞和神经胶质细胞。神经元细胞在大脑内的数量大约有 1 000 亿个，虽然神经胶质细胞的数量是神经元细胞的 10 倍，它却只是用来给神经元提供营养和支持的。大脑活动中最关键的细胞还是神经元，毫不夸张地说，我们的一切感知觉和高级的思维过程都与神经元之间的信息传递有关。

神经元细胞有很多类型，大脑中的神经元细胞主要为椎体细胞。锥体神经元细胞的构造主要有三个部分，分别为树突、胞体以及轴突（如图 3－4 所示）。树突用来接收其他神经元所传来的信息，信息经过胞体之后再传出到轴突，这种信息的传递方式形成了突触后电位。神经元的电活动主要有两种形式，即动作电位和突触后电位。动作电位的传播由轴突初始处到轴突的末端，并在轴突的末端释放神经递质，而突触后电位是神经递质与突触后膜结合时产生的一种电位。两种电位都可以在神经元内插入电极时记录到，然而想要区分出活体记录到的单个神经元活动的突触后电位是不可能的，因此需要通过对多个活体神经元活动同时进行记录，才有可能从这些神经元的集群活动中记录到集群场电位。

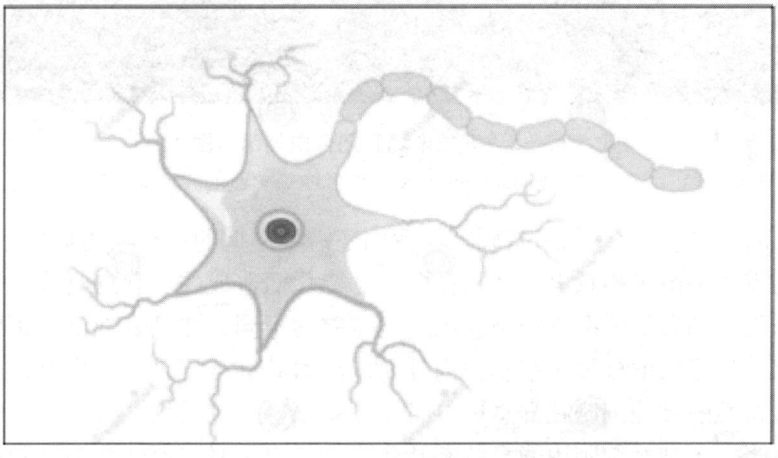

图 3－4 神经元细胞示意图

然而，并不是所有的神经元集群活动都可以形成集群场电位，这其中还对神经元的排列方式有着特殊的要求。大脑中锥体神经元的排列方式有两种，分别为闭合电场以及开放电场（如图 3－5 所示）。在开放电场中，所有锥体神经元的排列方向一致，因此当信息在开放电场中的神经元进行传递时，电位变化的总和等于各个神经元电位变化相加。而在闭合电场中，神经元的排列方式没有规则，且方向不一，因此信息在闭合电场神经元中进行传递时，会发生互相抵消的现象，不能够形成我们想要记录下的脑电变化。

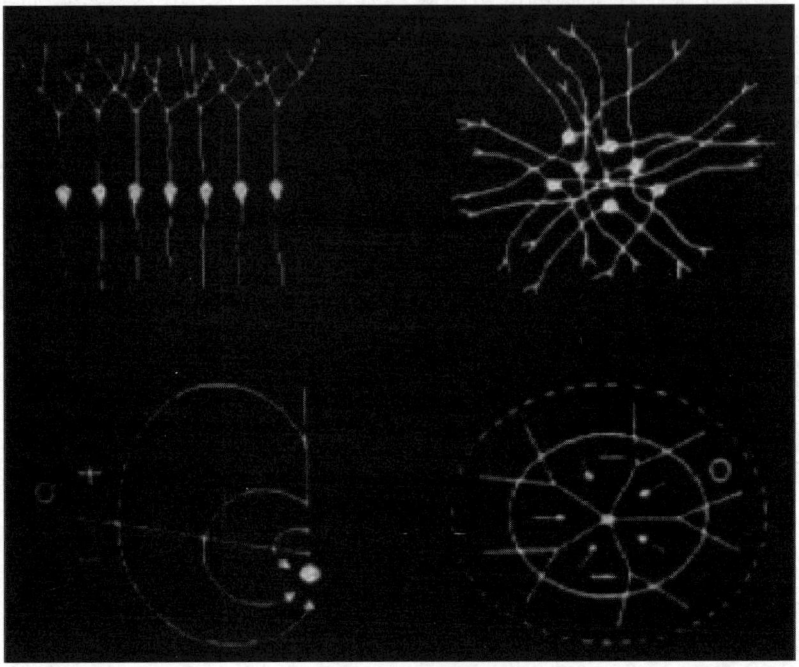

图 3-5 开放电场和闭合电场示意图

（图片来源：https：//wenku. baidu. com/view/cf40567fee06eff9aef807cb. html）

在 ERP 产生的生理物理基础上，我们还需要掌握的一个名为偶极子的概念。偶极子的变化是由于静息电位和动作电位的变化而造成的。静息电位是指在神经细胞并未受到刺激的情况下细胞膜内外电位差的不同，并且表现出外正内负的现象，可以通过将微电极置于细胞膜内外而成功对其进行记录。动作电位的概念指的是可兴奋性的神经细胞在静息电位时受到刺激，并且发生了可扩布的电位变化的过程。当一个神经细胞由静息状态转变为动作电位时，伴随着细胞膜内外极性的变化，表现为由外正内负向外负内正的转变。因此，在锥体细胞释放神经递质时，顶树突区域会带负电，而基树突会带正电，如此一来就形成了一个电流的环路。偶极子的概念就是指这一对拉开了一定距离的正负电位。类似于突触后电位，对于一个偶极子我们很难进行监测和记录，但是由于开放电场的原因，集群场电位也会形成大量的偶极子，通过这些偶极子的叠加，我们就可以对偶极子的数据进行收集。

三、ERP 技术信号基础

1. 干净数据的重要性

上文介绍了 ERP 信号产生的生理基础，即我们在进行感知觉加工以及认知加工的过程中，可兴奋的神经元由静息电位转化为动作电位，在神经元细胞间进行传导时，产生了突触后电位。由于单个神经元的突触后电位是非常微弱的，因此对于 ERP 而言，数据记录的是封闭电场中方向一致的神经元共同放电活动。然而，即使是一个场群的共同放电，其信号还是非常微弱的，需要通过放大器将信号放大上千倍才能够对其成功进行记录。不过，想要获得纯净 ERP 数据，仅仅依靠信号的放大是不够的。ERP 数据会受到很多外在因素的影响，这其中既包括环境的影响，也包括实验参与者的影响。

虽然有时候收集到的质量不佳的 ERP 数据可以通过后期的软件来进行一些处理，但是其效度却是比较小的，因此对于干净纯净数据的获得才是至关重要的。Hillyard 就曾经提出了“好数据是无法替代”的理论，认为在后期的数据分析中虽然可以通过伪迹校正等一些方式来对数据进行处理，但是如果在实验的过程中存在着周围环境噪声的持续影响，以及被试经常的眨眼活动，将对实验数据产生不可逆转的影响，并且这种影响是无法通过后期数据处理来进行修正的。那么在实验的过程之中，如何才能保证数据的纯净性呢？首先要从如何选择参考电极开始。

2. 参考

只要掌握基本的电学知识，我们就可以了解到电压值取决于两个电极点之间的电压差。以电池为例，电池分为正负两极，只有在同时接入正极和负极的情况下才能测到电压值，仅仅只有一个电极点的话，无法进行电压值的测量。因此，记录电反应的 ERP 技术也是如此，需要通过两个电极点之间的电压差值来对脑电数据进行记录。假设一个实验研究的是与推理相关的认知过程，因此研究的重点脑区集中在前额部分，那么前额部分的电极点的数值就显得非常重要了。要想记录到的电压值能够真实地反映其前额部分的神经元活动，需要寻找一个电压值接近于零的电极点，我们称这个接近于零电压值的电极点为参考电极点。那么前额部分电极点的电压值与参考电极点的差值就是前额区域神经元活动的电压值。因此，衍生出一个重要的问题：该选择哪里作为参考点才能记录出最符合神经元活动的实际电压值呢？关于参考电极点的选择有以下几个原则：

(1) 舒适性原则

参考电极可以安放在人体不同的部位，例如下巴、鼻尖、脖子，甚至是脚尖。虽然这些不同的部位都可以作为很好的中性参考点，然而想象一下，将一个电极点放置在你的鼻子上，这在实验过程中是一件多么痛苦的事情？所以，既然有很多的部位可以当作参考电极位置的备选项，那么在选择时要尽量以被试舒适为主，这对降低被试在长时间的实验过程中可能出现的烦躁有很好的效果。

(2) 平衡原则

鼻尖参考可以作为中性参考点的一个重要原因还在于它刚好位于大脑两半球分界线的位置，这样的参考位置不会偏右或者偏左。因此对于其他参考电极点位置的选择也应当遵循这样左右平衡的原则，这样可以避免因为电极点位置偏左半球或者偏右半球而带来的电压值不同的现象。

(3) 一致性原则

虽然带有中性电位的各个参考点的位置其电压值也应当是相似的，不过不同的部位还是存在着一定的差异。因此，在实验中应当固定参考点位置的选择，这样通过实验得出的结果将更加具有一致性。并且，也可以通过参考前人所采用的电极点的位置来进行电极点的选择，这样一来便于与其他研究者进行对比。

以上是进行参考电极选择时最重要的三个原则。目前，在认知神经科学的研究中，研究者大多使用双耳乳突作为参考电极。当然也有研究者选用夹式电极点在被试的双耳耳垂进行参考电位的记录，然而夹式的电极点并不符合我们刚刚所列举的第一点原则，因为研究者们发现，采用夹式电极会在一定程度上影响被试的表现，因为被试会感受到耳朵的不适。选取双耳乳突作为参考电极最重要的一点是符合上述的第三个原则，即一致性原则。目前生产电极帽（脑电数据记录仪器）的公司所生产的电极帽均以双耳乳突作为参考，因为它既不会在实验过程中造成对被试的影响，同时也符合了一致性的原则，而之所以选择双耳乳突也是基于平衡原则，左右耳乳突之间通过导线进行连接，就不会使得电压值偏向于某一方向。

除了使用双耳乳突作为参考电极以外，还有很多研究者使用电极帽中所有电极点的平均值作为参考。这种计算的方法是先将所有电极点的电压值进行计算之后，得出一个平均值。再用每一个电极点的电压值减去平均值，就是这一电极点的实际电压值。虽然这个方法听起来比较简便且便于理解，但在记录的过程之中可能会存在很多的误差。因为电极帽所覆盖的我们的头部并不是一个完整的球形，我们的面部以及颈部都没有电极点覆盖，因此记录的电压值也会受到影响。如果采用全脑的平均电压值作为参考的话，有时甚至会造成各个电极点之间极性相反的现象出现。因此，全脑平均电压值作为参考的这种方式需要慎用。

3. 电子噪声

如上所述，ERP 数据记录的是神经元之间信息传递时所产生的微弱的突触后电位的变化。由于这种变化是非常微弱的，还需要配合放大器来进行信号的采集，因此非常容易受到噪声的干扰，尤其是电噪声。电噪声的来源主要有两个，一个是我们常用的电器所带来的电活动，另一个就是实验室中所使用的视频显示器。

在一般的实验室中，有很多的电器活动会对所需要记录的电压值产生影响。虽然这些电压值的影响也可以通过后期的数据处理来进行一定程度的消减，但是根据好数据是不可替代的原则，应在实验的源头上就将这些电活动的影响进行排除。对于一些电器活动所产生的电压可以通过放大器中所带的滤波器来消除其影响，同时，可以尽量减少实验室中电器及移动电子设备的数量。

而对于视频显示器而言，由于需要向被试呈现实验程序的必要性，视频显示器是必不可少的，但是同样可以采用一些其他的方式来减少视频显示器对于电压值的影响。例如法拉第笼，将视频显示器放置在一个由玻璃制成的屏蔽室之中，通过这样的方式可以有效地减少由视频显示器所引起的电活动对实际要记录的电压值的影响。

4. 电极点

ERP 数据是通过电极帽上的电极点来进行记录的，根据电极帽上电极点数量的不同可以把电极帽分为 32 导、64 导、128 导以及 256 导电极帽，这些电极点均匀地分布在头部的前中后，左中右。当然，导数越多，覆盖的位置就越精细，记录的数据就会越精确，然而使用多电极点的电极帽也存在着一定的问题。

首先是在进行实验之前，需要将与每个电极点接触的皮肤进行阻抗的降低，才能保证记录数据的准确性。因此，电极点越多的话，工作量就会越大，实验准备的时间越长，被试可能会感受到烦闷，可能会对正式的实验造成影响。并且，由于需要使用电极膏来进行阻抗的降低，倘若两个电极点之间的距离过近，很容易造成它们之间的短路，就会对数据的记录造成很大的影响。所以，如果没有特殊的需要，不需要采用电极点过多类似 128 和 256 导的电极帽。现在发表的 ERP 研究之中，大多使用 64 导电极帽，电极帽的电极点位置布置遵循着国际 10－20

系统原则（如图 3－6 所示）。

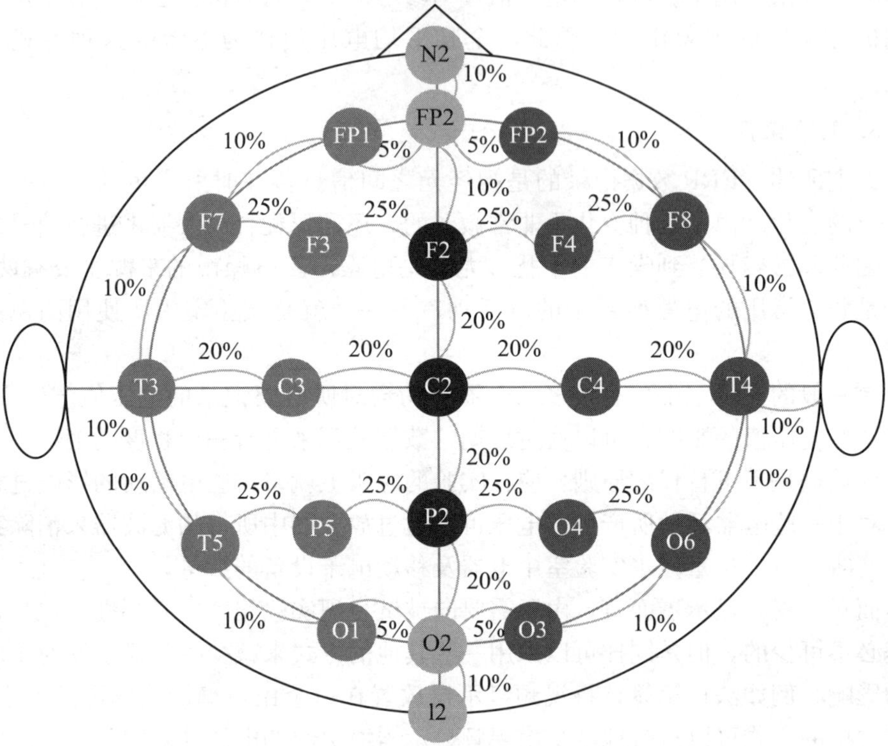

图 3－6　电极帽 10－20 系统示意图

（图片来源：http：//www.diytdcs.cn/PageDetail.aspx？id＝8）

5. 头皮电阻的降低

要对 ERP 的数据进行记录，需要通过电极点、电极膏以及头皮的充分接触来监测神经元的活动。然而，我们每个人的皮肤表皮都会存在一定的死细胞，头皮也不例外，如果这些头皮上的死细胞较厚，就会在数据记录的过程中造成很大的阻抗，而阻抗的存在会削弱电信号的传导。因此，在进行实验之前需要降低头皮表面的电阻来增强电信号。

目前，通过电极点来记录头皮电信号的方式有两种，一种是粘贴式的电极点，使用这种方式时，可以先将需要记录的头皮部位通过酒精擦拭等来保持记录部位的清洁，再将电极点粘贴在该部位之上。另一种就是我们常说的电极帽，通过电极帽的方式来记录头皮的电信号时，首先需要将电极帽正确地佩戴在被试的头部，然后将电极膏注入电极帽中的电极孔内，使电极膏充分与头皮接触。然后通过一些工具，例如一次性棉签（棉签确实是一种很管用的工具）和粗针头等，在被试的头皮表面慢慢研磨，通过研磨的方式来去除头皮表面上的死细胞。在使用粗针头时需要做到为每一位被试清除死细胞之后，都要及时进行消毒。并且在使用粗针头的过程中要谨慎，不能给被试造成疼痛感。有些实验室会采用细针头，认为细针头在研磨的过程中可以更加细致。但是以笔者亲身体验的感受而言，细针头使作为被试的我满头冷汗，所以在我们实验室均采用粗针头来注入电极膏。

6. 高通滤波器

在ERP数据的记录之中，需要特别注意的一点是，需要对采集的信号进行一定的放大，并且由于ERP信号特别容易受到伪迹的影响，因此还需要对所记录的信号进行一定的筛选和过滤，并通过一种特殊的装置，将电信号转化为电脑可以记录分析的数字信号。

将电信号转化为数字信号的装置称为模数转换器（analog-to-digital converter），简称为ADC，这个装置可以将记录下的电压值转化为数字。ADC记录的范围非常重要，因为如果ADC所能转换的范围较小的话，会使得一些信号得不到有效的记录。一般ADC的记录范围为±12，这代表其可以编码大约4 096个不同的电压值。在对电压记录的时候，如果电压的范围是±10V，那么－10V就会被ADC转换为数字0，而＋10V会被ADC转换为4 096。倘若ADC的转换范围只有±10，而实际的电压值却超过了这个范围，达到了±12V的话，就会导致－10V以下，以及10V以上的电压值得不到记录。

通过设置放大器的增益可以保证所记录的信号不会超过ADC所记录的范围，但是增益值大小设定得过高或过低，都会导致EEG可能超出ADC所记录的范围。除了增益的设置会影响ADC对信号的记录转换外，高通滤波器也是一个重要的因素。高通滤波器的作用是削弱一些低频信号的影响，例如肌肤电等。举个例子，假设将高通滤波器的数值设定为0.1Hz，那么低于0.1Hz的信号将不会被记录下来。但是在研究的认知过程中，可能会经常出现0.1Hz的信号，那么就应当将高通滤波器的数值进行降低，例如降低到0.01Hz，这样就可以保证想要记录的信号得以保存，目前大多数实验室在进行实验时一般也是选取0.01Hz作为高通滤波器的数值。如果实验对象是特殊的群体时，高通滤波器设定的值也应当相应地改变，例如在以儿童为研究对象时，就需要适当地将高通滤波器的值进行一定的放大。

另一种方式是通过没有高通滤波器的放大器直接进行记录，这种记录的方式称为（direct-couple），简称为 DC，DC 放大器可以直接对信号进行记录，无须借助于高通滤波器。一些系统舍去了高通滤波器而采用具有 16 位的 ADC，它多出的 4 位分辨率可以弥补降低的 4 位 ADC，还可以事后采用数字化的高通滤波，适用于希望记录那些未被高通滤波的 EEG。因此，最好的方式是既采用 DC 的方式，同时又使用高通滤波器来对极低频率的信号进行拒绝。

7. 低通滤波器

在对 EEG 的数据信号进行记录的过程中，不仅需要通过高通滤波器来对低频的信号进行过滤，还需要通过低通滤波器进行数值的设置，来对高频的信号进行过滤。EEG 放大器本身也包含低通滤波器，在对低通滤波器进行参数的设置时，要以实验所需要的截止频率为主，一般选取至少为所研究的截止频率的三倍为低通滤波频率。

然而，对于截止频率的选择是一件非常困难的事情，对于高频和低频信号的过滤，本身就会造成数据的失真。这其实是一种矛盾的状态，高通滤波频率越低，数据失真越少。低通频率越高，数据的失真也会越少，然而受到伪迹的影响的可能性就会越大。因此，在设定高低通滤波参数时，不仅需要结合自己的实验设计来进行设置，还可以根据各个认知实验室的经验来进行参考，例如，很多认知科学实验室都将高低通滤波参数频率设置为 30Hz～100Hz，采样率设置为 100Hz～300Hz。

8. EEG 采样率

由于实验收集的 EEG 信号为离散信号，而对于离散信号的记录均采用周期性的测量方式，采样周期指标在 EEG 信号记录时也非常重要。假设采样周期为 10ms，就代表每 10ms 进行一次测量。虽然不同电极点对于 EEG 信号的测量的开始时间不一样，但是如此短的采样周期，可以将全部电极点上的测量视为同时开始的。除了采样周期率之外，采样率指标也同样重要。采样率指的是每秒中采集的样本数目。对于采样率指标参数的设置，可以参考尼奎思定理。该定理指出，当采样率大于信号最高频率的二倍以上时，就不会出现信号的丢失，并且采用过低的采样率，还会记录到很多的低频伪迹。

四、ERP 技术统计基础

在对 ERP 的生理基础进行简介的时候，我们已经提到过，ERP 记录的是神经元之间信息传递时所产生的电信号的传导，并且单个神经元的活动非常微弱，需要对大量的神经元同时进行记录才能够得到一个理想的结果。而 ERP 信号除了具备以上的特点外，它还淹没在 EEG 信号之中。EEG 信号指的是我们的自发脑电，它的电压值也会随着时间的变化而发生变化。根据电极点对 EEG 信号的记录，EEG 信号可以分为四种状态（如图 3-7 所示）。

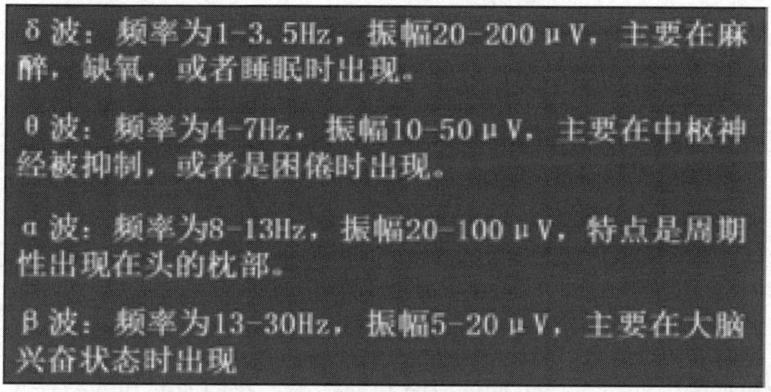

图 3-7 EEG 自发脑电类型

EEG 信号和 ERP 信号相比，最大的特点在于它的振幅非常大，因而 ERP 波幅只能被淹没在 EEG 之中。那么，如何才能够从 EEG 中提取出我们想要的 ERP 成分呢？主要是利用叠加平均的方法，能够使用叠加平均技术来将 ERP 信号进行提取主要是因为 EEG 和 ERP 不同的特性。

EEG 自发脑电以及噪声所具有的共性是二者都有高有低，有负有正，并且它们的潜伏期是无序的，因此如果将 EEG 或者噪声进行叠加时，它们的信号就互相抵消了，但叠加的 ERP 信号却不会抵消，是因为 ERP 具有两个恒定的特点：第一，波形恒定。相同刺激所引发的 ERP 的波形是相同的，因此叠加时不会抵消；第二，潜伏期恒定。固定的潜伏期使得 ERP 的波幅不会出现正负叠加的情况，从而不会被抵消到。这就是 ERP 信号的统计基础。

通过叠加平均技术，对相同的刺激所引起的 ERP 进行一定次数的叠加之后，再除以叠加次数，就可以得到一幅清晰的 ERP 波形图，因此 ERP 也可以称作平均诱发电位。这些过程都可以使用计算机软件来将记录到的刺激类型进行归类，同时将相同类型的刺激所引起的脑电波幅进行叠加和平均。

以上内容是关于 ERP 技术的生理、数据处理与分析以及统计的基础。在掌握了一定的 ERP 技术的原理之后，后面的章节中将介绍有关 ERP 实验的具体设计和操作。

第二节 ERP实验设计

一、ERP实验的目的和优势

心理学研究的重点在于对人类认知过程的探索，这些认知过程包括感知觉的加工、注意、想象、推理以及问题解决等。ERP实验的目的与心理学研究的目的是一致的，不过ERP技术可以带我们了解这些认知过程发生的具体时间进程。

在ERP技术产生之前，心理学家在研究人的认知过程时，只能通过行为数据来进行统计和分析，以此来发现人在进行任务时可能存在的不同认知加工阶段。行为数据的因变量主要包括反应时和准确率，我们所熟知的减法反应时就是将不同认知过程的反应时进行相减，来证明其中不同的加工阶段。例如在实验中有两个任务，第一个任务中需要被试对刺激出现的位置进行按键反应，刺激出现在左按F键，出现在右按J键，通过对他们的反应时进行记录就可以知道被试的选择反应时。在第二个任务中，同样需要被试对刺激出现的位置进行按键反应的同时，还需要判断如果刺激的颜色是红色则不进行按键反应，当出现蓝色的时候才进行按键反应。按键同样为刺激出现在左按F键，出现在右按J键，通过对第二个任务中被试反应时的记录，我们就可以得到被试在进行选择和辨别时的反应时，理论上任务二的反应时是大于任务一的，因为任务二不仅包含了任务一中进行选择的过程，还包含了辨别的过程，那么通过任务二减去任务一的反应时，我们就可以得到辨别反应的时间。

然而，虽然通过减法反应时，我们似乎分离出了不同的认知过程，但是我们仍然不能确定，通过减法反应时法分离出的认知过程是纯净的。例如，我们无法确定上述实验中任务二减去任务一所得的反应时是全部为辨别反应时，还是被试需要进行一定的认知转换？这些疑惑无法通过行为数据的结果得到解答，直到ERP技术出现之后，大脑黑箱的奥秘才得以揭晓。因为ERP技术拥有非常高的时间分辨率，达到毫秒级别，所以相对于传统的行为数据，ERP可以让我们更加清晰地看到各个认知过程以及它们的开始与截止时间，这也是ERP技术最具有优势的地方。本节内容将详细的介绍ERP实验设计中需要遵循的原则，以及经典 ERP 成分和实验范式等，在对这些内容进行阐述之前，有必要对 ERP 成分作一些初步的了解。

二、ERP 成分

ERP 成分这个词语在 ERP 技术的研究中非常重要，我们可以将与 ERP 成分相关的数据看作是实验的一个因变量。就像通过反应时和准确率来对认知过程进行分离一样，ERP 研究可以通过 ERP 成分的波幅，潜伏期以及头皮分布等来对不同的认知过程进行区分。对于各个 ERP 成分之间的区分也是通过波幅，潜伏期，以及头皮分布来定义的。

ERP 成分的波幅指的是当一个刺激呈现时，记录的脑电数据在电压值上的变化。这种电压的变化既包括波峰的电压值变化，也包括平均的电压值变化。因为 ERP 数据是由一系列的峰和谷组成的，峰和谷上的电压值是最大的，而平均电压值变化指的是一段时间窗口之内电压值的波动幅度。例如被试在选择一个刺激时引起了 8 微伏的平均电压值，而在辨别任务中引起的电压值为 5 微伏，通过对平均电压值的大小差异的分析，可以区分两个不同的认知过程。而潜伏期指的是刺激呈现之后的多少毫秒内（一般 ERP 数据时间单位为毫秒，1 秒=1 000 毫秒），脑电的电压值开始出现变化。关于潜伏期最好的例子就是研究最为广泛的 P3 成分，P3 成分的潜伏期和被试的反应时是一致的。头皮分布，又可称为地形分布，是指刺激在哪个脑区引起的反应最强烈。上文我们提到过电极帽上的电极点会覆盖我们的大脑，并且大多数实验室采用的都是 64 导电极帽，电极帽上的这 64 个电极点均匀分布在我们大脑的前中后以及左中右位置，因此在进行 ERP 数据记录时，可以记录到哪些头皮位置上的电极点的电压值比较活跃。

当我们定义某一个 ERP 成分反映了某个认知过程时，必须综合考虑以上三个指标。例如 ERP 中的 N2 成分，前人的研究曾经发现 N2 成分的出现代表着知觉失匹配（知觉特征发生变化），也有研究发现 N2 成分反映的是对冲突的控制。结果发现二者虽然潜伏期是相似的，但是在地形分布上却存在着差异。前部的 N2 更多由冲突控制引起，而后部的 N2 则是由知觉失匹配引起。也就是说当我们在 ERP 数据分析时，发现了潜伏期在 200 毫秒左右的一个负波，但并不能据此就将它定义为知觉失匹配负波或者冲突控制负波，要想准确地进行描述，就必须同时考虑到它的地形分布。

三、ERP 成分命名方式

相信正在阅读本书的你一定产生过这样的疑惑：前面提到过的 N2 或者 P3 究竟是什么意思？其实这些都是 ERP 成分的名称。最基本的例如 N 代表着 negative，也就是负波，而 P 指的是 positive，也就是正波。ERP 成分极性的正负通过纵坐标所代表的正负表示，目前而言，在大多数已发表的文章之中，纵坐标一般都为上负下正，如果 ERP 成分的极性向负极发生偏转，就为负波，向正极发生偏转就为正波，横轴代表了认知加工的时间（如图 3－8 所示）。

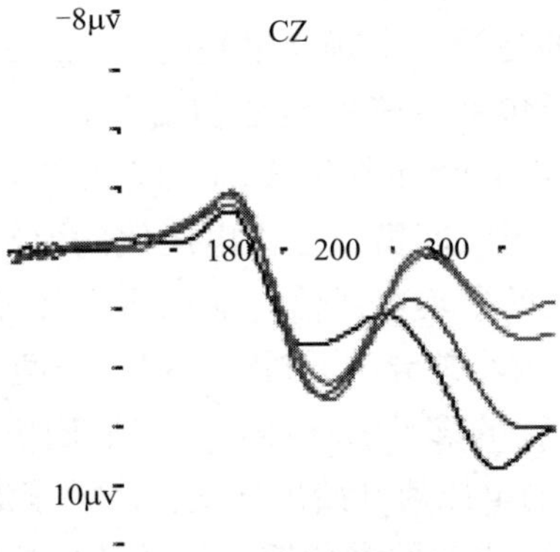

图 3－8　波形图示意图

在了解了基本的正负极性之后，接下来介绍对 ERP 成分命名的几种方式：

1. 根据成分出现的次序进行命名

例如上文中出现的 N2 成分，首先“N”表示该成分为负波，“2”则代表它是这段 ERP 数据中的第二个负波。类似的，像 P2 这样的成分，表示的是 ERP 数据之中出现的第二个正波。

2. 根据成分出现的潜伏期进行命名

继续用 N2 进行举例，很多研究将 N2 用 N200 表示，这里的“N”依旧指的是负波，而“200”则具体指该成分的潜伏期，代表的是 200ms。因此，N200 的含义就是在潜伏期 200ms 左右出现的负波。注意，这里指的是 200ms 左右，并不是所有的成分出现的时间点都是很精确的，往往会发生一些偏移，因此只要该成分大致在 200ms 附近，我们就可以称该成分为 N200 或者 P200。

3. 根据成分所反映的具体认知过程进行命名

MMN 和 N2 很相似，是出现在 200ms 附近的一个负波。但是由于该成分经常代表着失匹配加工过程，因此也被称为 MMN（mismatch negative）。同样被如此命名的成分还有 ERN（error-related negative），以及文章在对 ERP 简史进行介绍时提到过的 CNV（contingent negative variation），都是以 ERP 成分所反映的认知过程来进行命名的。

4. 根据成分所出现的时间早晚进行命名

由于 ERP 成分中有一部分反映了感知觉方面的反应，例如 P1、N1 这些成分出现得较早，而像另一些高级的认知过程可能发生得比较晚，例如代表着工作记忆更新的 LPC 等。因此，在 ERP 成分命名的方式中，有一类是根据 ERP 成分出现的时间早晚来进行命名。例如 LPC（late positive component），代表的就是晚期正波，而 LNC（late negative component）代表的则是晚期负波。

四、经典的 ERP 成分

自 ERP 技术兴起至今，许多 ERP 成分得到了大量的研究，例如我们所熟知的 P2、N2、P3 以及 N400 成分等。这些 ERP 成分和我们所要研究的很多认知过程都有一定的关系。因此，掌握这些 ERP 成分所反映的认知过程对我们进行研究有很大的帮助。

ABRs（auditory brainstem responses）成分，即听觉脑干反应，这个成分表现了 ERP 的巨大应用价值。很多医院都通过该成分来测量新生儿的听力，以确保新生儿各个听觉通路阶段的畅通。当给新生儿一个听觉刺激时，如果记录到了该成分，则表明其听觉通路是正常的。

P1 成分。P1 成分出现的时间窗口为 100～130ms。但是由于其和早期的 C1 成分存在一定的重叠，因此很难对此成分精确的起始时间进行确定。一般认为 P1 成分与空间注意的指向（视觉关注于空间中的某一位置）以及唤醒状态有关，因此，该成分可能更多的是被感知觉所调节。

P2 成分。P2 成分反映的是对靶刺激（实验任务所要求注意的刺激）的反应。例如，当要求被试在实验过程中关注某种颜色，假设为红色，将屏幕上出现红色正方形时被试的脑电反应与出现蓝色正方形时的 ERP 波形进行对比会发现 P2 成分。因此，P2 成分可能反映的是对于任务相关知觉特征的注意。

N2 成分。N2 成分一般与两种认知过程相关，一种为知觉失匹配，在听觉实验中也叫作 MMN。表现为在实验过程之中，当前呈现的视觉或者听觉特征与之前出现的刺激有所不同时，就会诱发该成分。另一种与认知控制等相关，在经典的 GO-NOGO 范式中，当出现 GO 刺激时需要被试进行按键反应，而出现 NOGO 刺激时需要被试对反应进行抑制，结果发现 NOGO 刺激引起了更大波幅的 N2 成分。

N400 成分。N400 成分在语义研究中是一个非常经典的成分。Kutas 进行的语义研究之中，采用了语句范式，实验中，向被试呈现两种条件的句子，分别为语义一致和不一致条件。在一致条件中，最后一个词语符合前面句子的语义，而在不一致条件中，最后一个词语与前面句子的语义不相符。例如“我喜欢在咖啡里加糖”就为语义一致句子，而“我喜欢在咖啡里加小猫”就为语义不一致条件。结果发现相较于语义一致条件，不一致条件引起了 N400 成分，并且该成分还和许多认知过程，例如预期破坏、关系整合等有关系。

P3 成分。P3 成分通过 oddball 范式等得到了大量的研究。在 oddball 范式中，不同类型的刺激有不同出现的频率。例如两个字母“X”和“O”，假设 X 出现的概率为 75%，而“O”为 25%，在实验中只需要被试对小概率的 O 字母进行反应，结果发现对 O 的反应相较于对 X 的反应引起了波幅更大的 P3 成分。并且，P3 成分也与工作记忆的更新等认知过程有关。

五、ERP 实验设计中的原则

ERP 实验设计和一般的行为实验设计基本相似，都是通过电子屏幕或者耳机呈现刺激，被试进行一系列的按键反应，当然也有一些实验并不需要被试进行反应。但是 ERP 实验在进行设计时，也有一些特点，这与 ERP 数据的特性，以及在进行数据分析时所需要注意的一些细节有关。因此，在 ERP 实验设计之中，要遵循以下这些原则：

1. 设置基线条件

进行 ERP 实验的目的就是通过 ERP 数据的成分、波幅等数据来分离出我们所想要研究的认知过程。如果研究中所有实验条件都包含我们想要进行研究的认知过程，那么这一过程是很难通过 ERP 数据区分出来的。就像很多实验中所需要的对照组一样，ERP 实验中也需要一个基线条件，例如研究语义不一致现象中的语义一致条件，研究反应抑制的 GO-NOGO 范式中的 GO 条件。只有通过将所想探究的认知过程与基线条件进行对比，才能够更好地通过二者的分离来证实研究假设。因此设置基线条件在 ERP 实验设计中是非常重要的。

2. 聚焦于主要的认知过程进行实验设计

在进行 ERP 实验的设计时，为了使得到的 ERP 数据更加纯净，不出现与其他认知成分产生混淆的结果，每次的实验设计最好只针对于某一个认知过程进行研究。当然，很多时候会从 ERP 的数据结果中发现很多的认知过程，而你不能被这些额外获得的结果影响，需要关注于你想要研究的那一个核心成分。

3. 设置刺激间隔时间

ERP 实验设计中空屏的作用是非常重要的，当被试接收到一个刺激时，无论是探测刺激还是目标刺激，都会引起被试脑电的反应。因此为了使 ERP 数据准确反映想要研究的认知过程，需要在目标刺激之前通过空屏来使被试的脑电反应回归基线。这样在探测刺激出现的时候，才能够得到不被其他认知过程所干扰的纯净的 ERP 数据。

4. 保证足够的叠加次数

足够的叠加次数这一原则也是基于 ERP 信号的特点而进行的要求。在上文中我们已经简单地介绍过 ERP 统计中的叠加平均原理，需要对大量的相同反应的 ERP 信号进行 N 次叠加，之后再除以 N，求出其叠加平均后的波形，其结果才能呈现出较高质量的 ERP 成分。

在 ERP 实验之中，不同的认知过程反映在 ERP 信号上的强度也是不一样的。例如最简单的视觉实验，被试对屏幕上箭头指向进行判断，要得到反映此认知过程的较好的 ERP 信号，必须进行上千次相同反应的叠加次数才能够形成。而在对更高级的认知过程进行研究时，例如对我们的推理思维进行研究时，叠加次数往往也需要达到千次以上才能够达到理想的结果。并不是所有的试次都可以进入到数据分析的阶段，在收集到数据之后，还需要根据被试的反应时准确率，以及 ERP 信号的波动来进行试次的剔除。因此，并不是每一个记录到的 ERP 信号都可以进行使用，需要在实验时保证足够多的叠加次数。

5. 尽量使用被试内设计

ERP 信号是极易受到影响的，因而实验中尽量使用被试内设计，使得对比想要研究的认知过程与基线条件时，可以得到尽可能纯净的 ERP 信号。

6. 不改变实验材料

ERP 实验和行为实验设计是相似的，为了保证实验的同质性以及实验结果的准确性。在同一个 ERP 实验之中，要保证各个被试所使用的实验材料是一致的。

7. 实验中要设置休息

由于 ERP 信号是通过叠加平均所得，在实验中被试需要进行很多试次的任务，大部分实验都会有至少三四百个试次。如果让被试将所有的试次不间断地完成，一定会造成被试的疲劳，导致 ERP 信号受到影响。同时，在 ERP 数据记录时，被试头动以及身体的摆动都会使 ERP 信号受到影响。因此，需要在实验中设置休息，你可以设置为 30～40 个试次进行一次休息，这样既可以减轻被试的认知负荷与疲劳程度，又可以保证收集到伪迹较少的 ERP 信号。

8. 避免预期以及序列效应

ERP 实验设计中需要注意的一点是，不让所想要研究的认知过程受到其他因素的干扰，例如序列效应。当同一个刺激，或者同一类型的刺激重复出现十次以上，就会使被试产生预期以及序列效应。相同类型的次数重复会出现，被试会对下一个出现的刺激及其类型进行预期，这样就会使想要研究的认知过程受到预期因素的影响。序列效应亦是如此，被试会自动地将某一串重复出现的刺激归类为一种类型，当随后出现的刺激与之前的刺激类型不同时，会引起关于新颖性的加工，而如果随后出现的刺激与之前的刺激依旧一致的话，被试对该类型的加工效率会提高，反应敏感性会下降。因此，根据前人的研究，同一种类型的刺激不要重复出现超过十次以上，除非本身想对序列效应或者预期效应进行研究。

9. 选择 ERP 数据记录的位置

要根据所要研究的认知过程对 ERP 数据记录的位置进行正确的选择。假设想要研究的是被试对于新颖性图片的感受，实验中向被试呈现图片，图片之后呈现问题“你觉得该图片是否新颖?”，那么就应该在呈现图片时对 ERP 数据进行记录，而不是呈现问题时记录。再例如 Xiao 在研究数字归纳推理时，向被试相继呈现四个数字，“1，1，1，2”需要被试判断第四个数字是否符合前三个数字蕴含的规律，那么在 ERP 数据记录的位置选择上就非常重要了，在第三个或者第四个数字进行 ERP 记录所研究的认知过程是完全不同的，如果研究的是归纳推理过程，那么你应当在第三个数字的位置进行记录，而如果你所要研究的是演绎推理的过程，那么就需要在第四个数字出现时进行记录。因此，可以看出选择 ERP 数据记录位置的重要性，所以在实验设计时一定要充分考虑到这一点。

六、ERP 实验编程

一般 ERP 实验编程所采用的软件为 Eprime1.0 或者 2.0，当然随着计算机技术的发展，也有很多的实验室开始采用 python 以及其他一些计算机语言来编写 ERP 实验程序。对于基础的 Eprime 编程不在此进行赘述，可以参考曾祥炎主编的《Eprime 实验设计技术》一书，本节内容主要以较基础的 Eprime2.0 软件对 ERP 实验编程为例，来讲解如何运用 Eprime2.0 进行 ERP 实验编程。

1. 打开放大器：Eprime 可以通过语句控制来打开 ERP 端口进行记录，在所编程好的 Eprime 程序中，找到所想要记录 ERP 数据的位置。

如图 3-9 所示，这里我们需要在 T2 这个 Eprime 控件中对 ERP 数据进行记录。所以，首先需要以下几个语句来对 T2 控件进行放大器信号的打开和关闭指令：T2. OnsetSignalEnabled=True，意即在这个控件打开放大器信号。

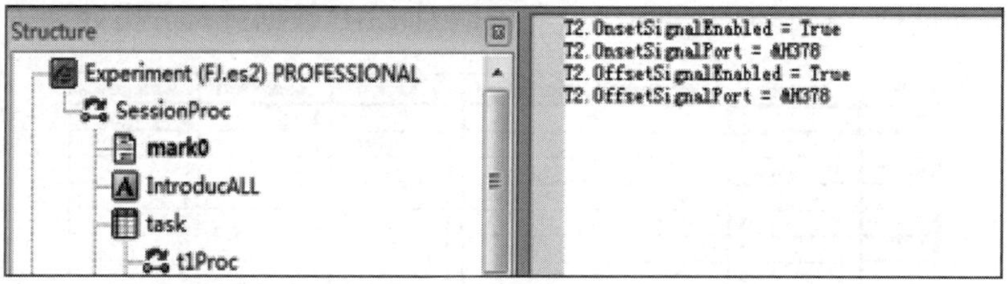

图 3-9　Eprime2.0 打开脑电记录端口代码示意图

T2. OffsetSignalEnabled=True，意即在这个控件关闭放大器信号。

T2. OnsetSignalPort = &H378 和 T2. OffsetSignalPort = &H378，H378 这个数字和电极帽的型号有关，不同型号的电极帽具有不同的打开或关闭数值。现在一般实验室所用的电极帽大都是由 BP（Brain Productions）和 Neuroscan 两家公司所产的电极帽，具体的数值可以参考电极帽的使用说明。

2. 标记 Mark：因为 ERP 实验一般都会采用随机呈现刺激的方式，刺激出现的顺序是无法确定的，所以需要通过 mark 来帮助我们在后期 ERP 数据分析时，将相同类型的刺激进行归类。

如图 3-10 所示，在需要记录 ERP 数据的控件之前，插入 Inline 控件，在 Inline 中输入如图中所示的语句。

writePort &H378，0，表明在此控件打开 ERP 记录。

T2. OnsetSignalData=c. GetAttrib（task）&c. GetAttrib（condition）writePort，意为在此控件记录 ERP 信号数据，c. GetAttrib（task）&c. GetAttrib（condition）表明对 T2 数据的赋值，这里的赋值 task 和 condition 是与你所设置的 list 有关的。

如图 3-11 所示，我们在 list 控件中对 task 和 condition 进行设置，通过数字“1”和“2”将四种实验条件进行区分，“11”为第一种任务第一个条件，

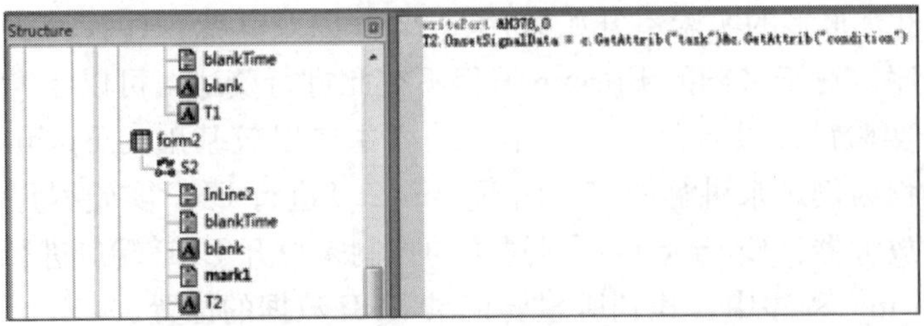

图 3-10　Eprime2.0 脑电 mark 代码示意图

“12”为第一种任务第 2 个条件，“21”为第二种任务第 1 个条件，“22”为第二个任务第 2 个条件。通过此 list 和 Inline 的设置，当程序中出现 Q 这个字母时，ERP 会自动进行“12”编码，通过这些编码对 ERP 数据进行分类处理。

ID	Weight	Nested	Procedure	task	condition	target
1	1			1	1	o
2	1			1	1	t
3	1			1	1	t
4	1			1	1	y
5	1			1	2	T
6	1			1	2	Q
7	1			1	2	E
8	1			1	2	T
9	1			2	1	1
10	1			2	1	2
11	1			2	1	2
12	1			2	1	1
13	1			2	2	三
14	1			2	2	五
15	1			2	2	七
16	1			2	2	八

图 3-11　Eprime2.0 List 示意图

在 ERP 实验编程中这两点的运用是至关重要的，通过以上两点才能保证顺利地记录到想要的 ERP 数据。

第三节　ERP 数据采集

一、ERP 实验前准备

ERP 实验正式开始之前需要进行大量的准备工作，这些准备工作可以分为三个方面：主试、被试以及实验器具。

1. 主试

在ERP实验正式开始之前，主试要做到理解ERP技术的基本原理和操作流程，并且保证在做主试之前，至少有过两次做ERP实验助手的经验。同时，还要为即将进行的ERP实验培训实验助手，并在实验中负责助手的行为。

2. 被试

对于即将来参加ERP实验的被试，需要叮嘱其在实验前一天忌食辛辣食物，并且保证充足的休息与睡眠，不影响第二天的实验状态。在实验之前，可以稍微提及实验内容，但也不可过于详细，以免造成被试对实验流程以及实验目的猜测和预期。

3. 实验器具

从被试来到ERP实验室到做完实验离开实验室这一过程中，除了必要的实验仪器之外，实验室还应当配备一些工具，具体如下：

(1) 洗发水。降低头部阻抗对于获得高质量ERP信号非常有必要，因而在被试佩戴电极帽之前，需要被试使用洗发水对头部进行清洁。当然，被试也可以选择在来到实验室之前对头部进行清洁，但是最好不要超过2小时。这里需要叮嘱的是，一定要求被试清洁到头皮而不仅仅是清洁头发，一些实验室会要求被试进行三次头部的清洁，虽然这样的要求看上去有些繁冗，但是这样可以对降低头部电阻起到很大的帮助。

(2) 围布。一般理发店使用的围布即可，主要目的是避免导电膏等一些液体滴落到被试的衣物上。

(3) 粗针头和针管。因为电极帽上的电极点是孔状的，为了方便将导电膏通过电极孔注入被试的头皮表面，可以使用针管进行此工作。而强调粗针头是因为细针头会令被试感到恐慌，且在促进导电膏和头皮接触的过程中会增加被试的疼痛感。

(4) 胶布和剪刀。胶布和剪刀在这里的主要作用是对一些活动电极（如眼电等）进行粘贴和固定。胶布还可以起到固定电线的作用，在粘贴眼电等电极的过程中，有些电线会使被试的视线受到干扰，胶布可以帮助固定这些电线，从而不对被试产生干扰。

(5) 角质膏、酒精和棉签。除了需要降低头皮的阻抗之外，在一些其他需要粘贴电极的地方的部位，例如眼角、眉毛上方以及双耳乳突，同样需要降低阻抗。角质膏可以帮助降低这些部位的阻抗。通过酒精擦拭可以在去角质膏之后起到清洁的作用。棉签的作用除了蘸取酒精之外，对于降低头部的阻抗也是一件利器。在我们实验室中，几乎在对每一名被试进行实验时，都会使用棉签。使用棉签的方式和粗针头的方式是相似的，主要在头皮之上进行研磨，使得电极膏充分接触头皮和电极点，但是一般而言棉签效果比粗针头更好。

（6）消毒柜。对每一名被试进行 ERP 实验之后，需要对电极帽进行清洁，并在清洁晾干之后将电极帽置于消毒柜之中进行消毒，以保证电极帽的卫生。

二、ERP 实验流程

ERP 实验除了必需的实验仪器和相关工具之外，按照标准的实验流程进行实验也是非常重要的。关于 ERP 实验的具体流程如下：

1. 打开放大器

在实验开始 15 分钟前，需要打开放大器以及电脑等设备进行预热。打开放大器前，应先接通电源，而在关闭放大器时，需要先关闭放大器，再断开电源，一定要严格按照这样的程序进行，否则会发生放大器烧毁等严重问题。

2. 提前准备好导电膏

由于导电膏需要采用冷藏的方式储存，应该至少在实验开始前半小时将导电膏从冰箱取出，这样在进行电极膏注入时不会出现温度过低，而造成被试的不适感。

3. 打开记录设备和程序

打开呈现实验程序的被试机和记录脑电数据的主试机，打开相应的程序以及调试好各种参数。

4. 配戴电极帽

在被试洗完头之后，带领被试到被试间就坐，为被试佩戴电极帽。由于电极帽有尺寸之别，因此需要结合被试头部的大小来选择相应尺寸的电极帽。在为被试佩戴电极帽时要注意所戴位置是否合适，一般以 Cz 电极点为准，如果 Cz 电极点位于两耳连线的中点，那么证明电极帽佩戴的位置是合适的。

5. 研磨导电膏

在注入导电膏时，首先要保证避免给被试造成疼痛感，用粗针头慢慢拨开被试的头发，直到看到被试的头皮再进行导电膏的注入，这样可以保证导电膏的有效利用。注入导电膏时切记不可过量，否则会造成导电膏的浪费以及电极点之间的短路。

6. 清理杂物

在导电膏注入工作完成之后，正式实验开始之前，一定要对桌面以及地面上的杂物、不慎滴落的导电膏等进行清洁处理，避免对被试造成额外的影响。

7. 开始实验

当用电极膏成功地将被试头皮电阻降至5千欧以下后，就可以进行正式实验了。在开始正式实验前，需要再向被试叮嘱实验注意事项，例如身体不可随意晃动、尽量减少眨眼及左右乱看等。

8. 实验后处理

当被试完成实验之后，首先暂停对于脑电信号的记录。之后第一时间摘除被试的电极帽（因为电极帽佩戴时间较长会造成不适感），带领被试到洗头房洗头。同时，对电极帽进行清洗，清洗之时需要使用温水或者偏凉的水，在对各个电极点上残留的导电膏进行清洗时不宜强拽、强抠，可以使用棉签等一些工具作为辅助。对电极帽进行清洗之后要置入消毒柜中进行消毒。之后再将电脑上记录的ERP数据和行为数据进行拷贝，拷贝之后如若没有后续实验要进行，或者闲置时间超过半小时，须关闭电脑以及放大器等仪器。

这是一套完整的ERP实验流程，一般的ERP实验都是按照此流程进行操作。同时还需要注意的是，我们在进行ERP实验时，每做差不多五个被试后，需要进行初步的数据分析，来大体了解实验的结果是否符合预期。

三、ERP实验数据记录及参数设置

以BP（Brain Productions）公司所产的ERP实验仪器和软件为主来对ERP实验的参数设置进行简介。

在ERP数据记录之前需要通过Vision Recorder进行数据记录参数的一些设置。首先根据电极帽的导数来进行workspace的选择，由于每款电极帽的电极点与相对应的数字都不同，所以在使用新的电极帽时需要设置新的workspace，如果使用的是同一个电极帽或者电极帽的参数相同的话，只需要在软件中点击file，选择已经建立好的workspace电极打开即可。

点击“”，进入电极阻抗值显示界面，在此需要将每个电极点的阻抗降至5千欧以下。成功降阻后，点击“”将画面切换到对ERP信号进行记录的页面，在实验程序开始呈现之后，点击“”，开始正式对ERP信号进行记录。

实验结束点击“ ”停止记录，并点击“ ”对数据进行保存。

以上是 ERP 实验数据记录时所需要进行的操作，关于在 ERP 实验数据记录时，还需要一些参数的设置。例如对放大器进行信号放大的倍数至少要设置为 5 万倍，而眼电或者其他特殊电极点可以缩小一半的放大倍数，采样率的设置一般也以 500Hz 为主。除此之外对于频带宽度也需要进行设置，高通可以设置为 0.01Hz～0.1Hz，而低通一般以 40Hz～100Hz 为主。在皮肤阻抗方面，应使得每个电极点的阻抗值都低于 5 千欧，并且参考电极点的阻抗值应当更低。这些是对 ERP 数据进行记录时进行的参数设置，关于为什么需要进行这些参数的设置，以及为什么选取这些数值，上文已有提及。

第四节 ERP 数据分析

在成功对 ERP 数据进行记录之后，需要对记录到的数据进行分析。现以 BP 公司所开发的 Analyzer2.0 软件为例，来对 ERP 数据分析的过程进行简单的介绍。Analyzer2.0 是 BP 公司开发的专门用来分析 ERP 数据的一款软件，其功能强大，涵盖了数据分析之中所需要的大部分功能，并且其可视化的操作，不需要进行代码和程序的编写，非常简单易用。

首先是准备工作，将 Vision recoder 记录下的 ERP 数据的三个文件，分别为 eeg、vhdr 以及 vmrk 格式，存放到同一个文件夹之中。之后打开 Analyzer2.0，在 file 中点击 new，新建一个 workspace（如图 3－1 所示）。

点击 New 之后，会出现如图 3－12 所示的提示框，这三个框分别表示不同的意思。Raw Files 表示原始数据的存储位置，即上文提到的 Vision recoder 记录的三种文件，它们需要放于同一个文件夹；History Files 表示历史文件的存储位置，analyzer 中的每一步操作都会留下历史文件，它们代表了对数据操作的过程；Export Files 表示输出文件的存储位置。一般而言可以将这三者选择同一个文件夹，也可以建立三个不同的文件夹分开存放。文件路径选择好之后，点击确定，一个新的 workspace 就建成了，下次想要打开操作过的数据时，只需要点击所存储的 workspace 文件即可。

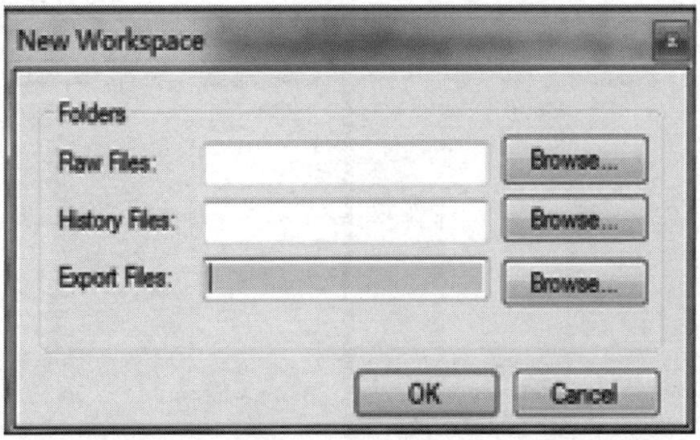

图 3-12 Analyzer2.0 新建 workspace

在完成这些初步的准备工作之后，就可以进入数据分析的正式环节，数据的分析有以下步骤：

一、参考电极设置

ERP 数据分析的第一步是建立新的参考电极。虽然 BP 公司生产的电极帽本身包含 REF 这一点作为参考，但为了数据更加准确，一般会转换新参考。转换新参考的方式如图 3-13 所示，在 Analyzer2.0 中的“Transformation”，选择“New Reference”进行新参考的设置：

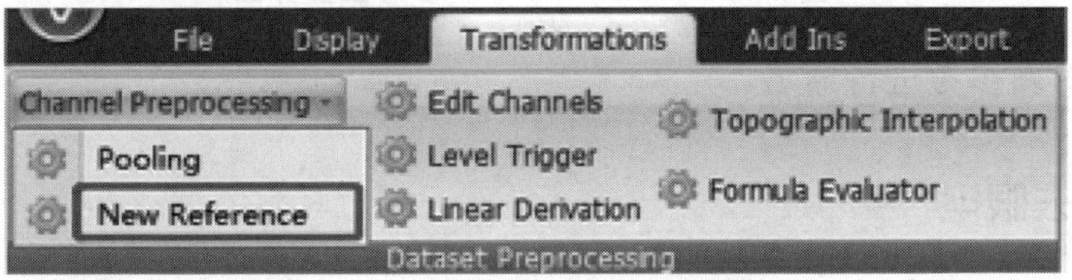

图 3-13 Analyzer2.0 文件路径选择

在这里，有很多种不同的方式对新参考进行转换，一般而言，会使用 BP 电极帽所自带的 TP9 和 TP10 两个电极点的平均值作为新参考。具体操作步骤如图 3-14 所示：

（1）选择需要作为参考的电极点，本节以“（TP9+TP10）/2”作为新参考为例。

（2）选择电极点与新参考进行比较，一般是全选，点击“select”进行选择。

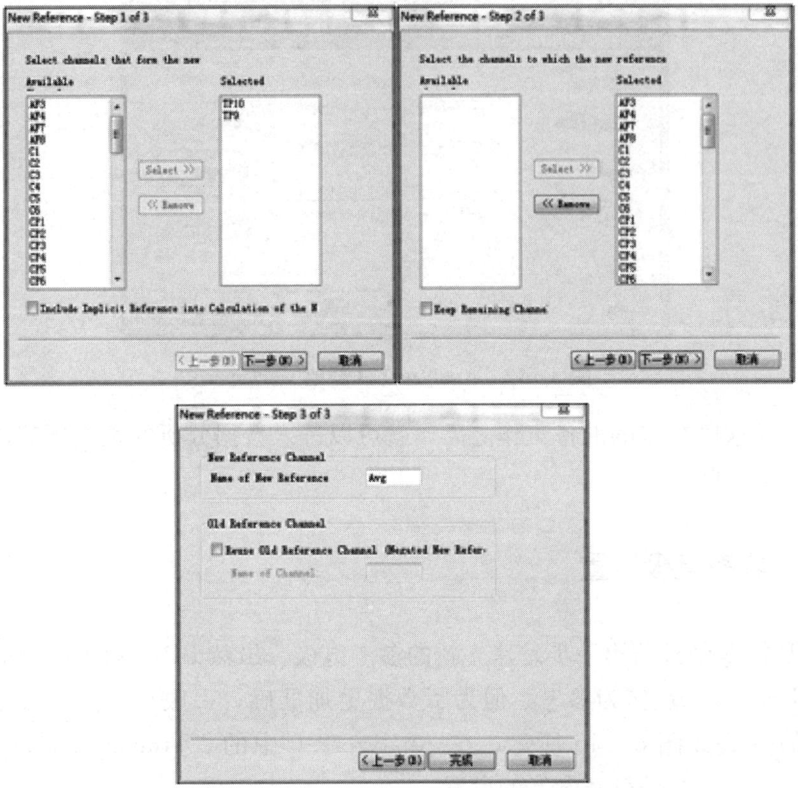

图 3－14　Analyzer2. 0 新参考设置界面

（3）对新参考进行命名。

二、去眼电

可以看到对新参考进行设置之后，ERP 波形图发生了一定的变化，接下来，将进入去眼电干扰的步骤。我们知道 ERP 信号非常容易受到各种因素的干扰，尤其是眼球转动或者眨眼的干扰，会对前额部分的数据造成很大的影响。因此在数据处理的过程中需要排除眼电的干扰。在 Analyzer2. 0 中对于眼电的操作有两种方式，一种是全自动去眼电，只需要进行简单的设置即可，如图 3－15 所示：

点击 Ocular Correction 之后，会出现如图 3－16 界面。

在这里只需要选择所使用电极帽的垂直眼电以及水平眼电电极点的名称，同

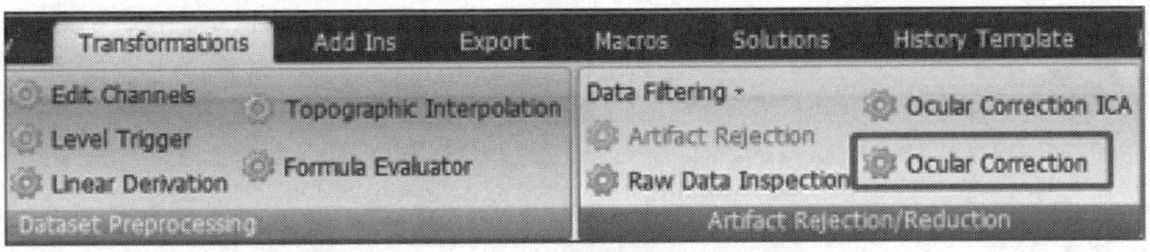

图 3－15 Analyzer2.0 眼电矫正界面

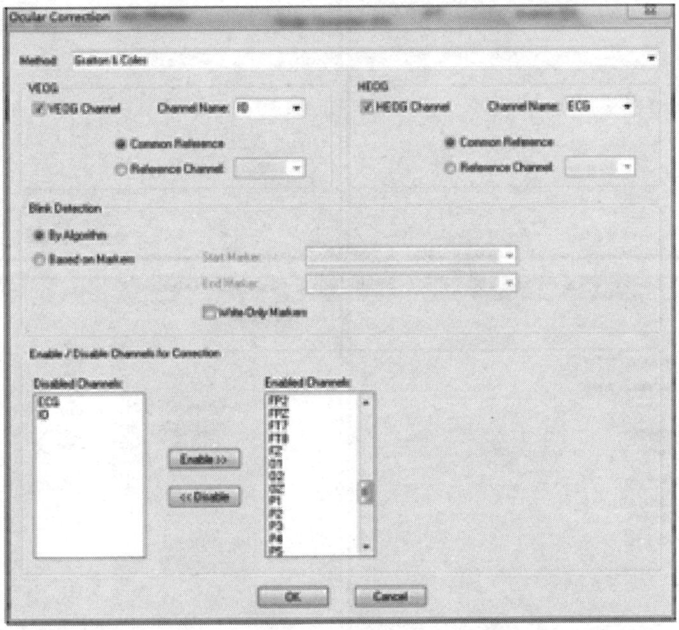

图 3－16 Analyzer2.0 眼电矫正设置界面

时选择将哪些电极点进行眼电矫正，之后点击“OK”即可完成操作。

另一种需要人工进行选择，这样的方式得到的数据更加准确，但是需要具备甄别的经验，能够根据地形图分辨出哪些是信号，哪些是噪声，同时这种方式消耗的时间更长。对于 ICA 去除眼电的具体步骤如图 3－17、图 3－18 所示：

中间的参数一般不需要调整，按默认选项进行下一步，最后选择“Finish”即可。

若选择了半自动模式的话，接下来需要手动确认 ICA 分析出的眼电成分；系统根据设置标准，选择出符合条件的成分并标记为红色，若认为找出的成分并非眼电成分，在红色处双击使其变成绿色，若认为有眼电成分未被标出，同样双击绿色使其成为红色标记即可，最后点击“Finish”完成。

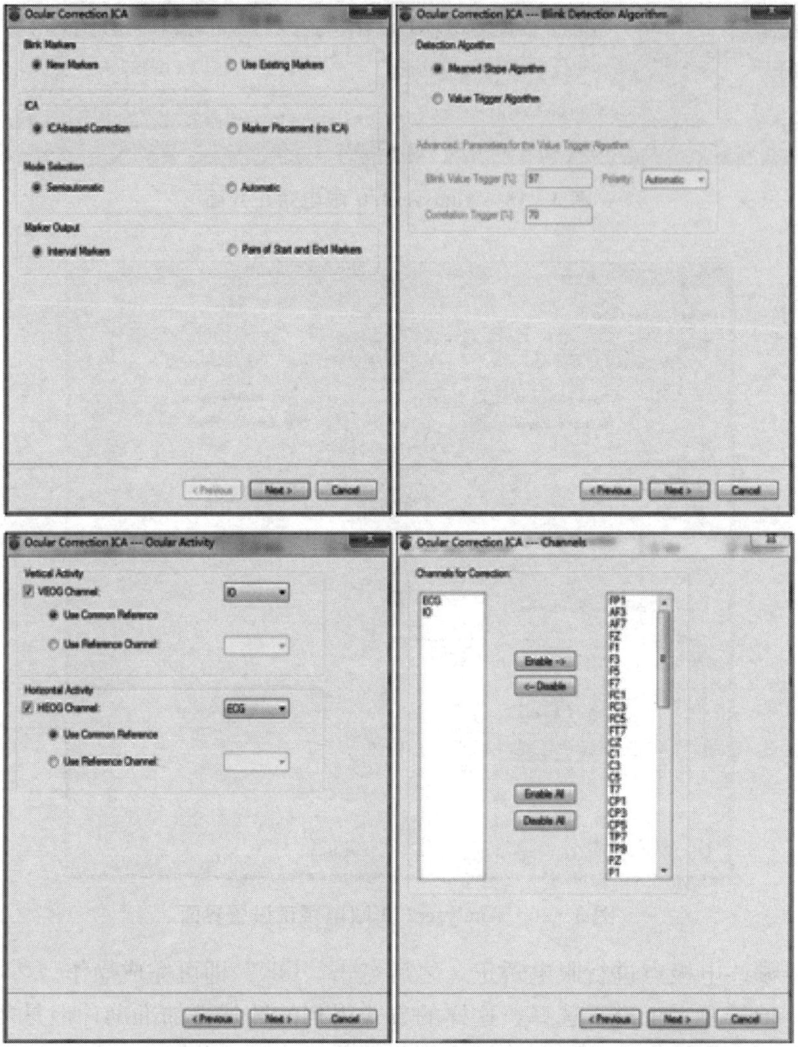

图 3-17 Analyzer2.0 眼电 ICA 矫正设置界面

三、去伪迹

除了眼动或者眨眼会对 ERP 数据造成影响之外，其他的一些例如头动、肌肤电等也会对 ERP 数据产生干扰，所以需要对 ERP 数据进行去伪迹的处理步骤。在 Analyzer2.0 中去伪迹的步骤如图 3-20 所示。

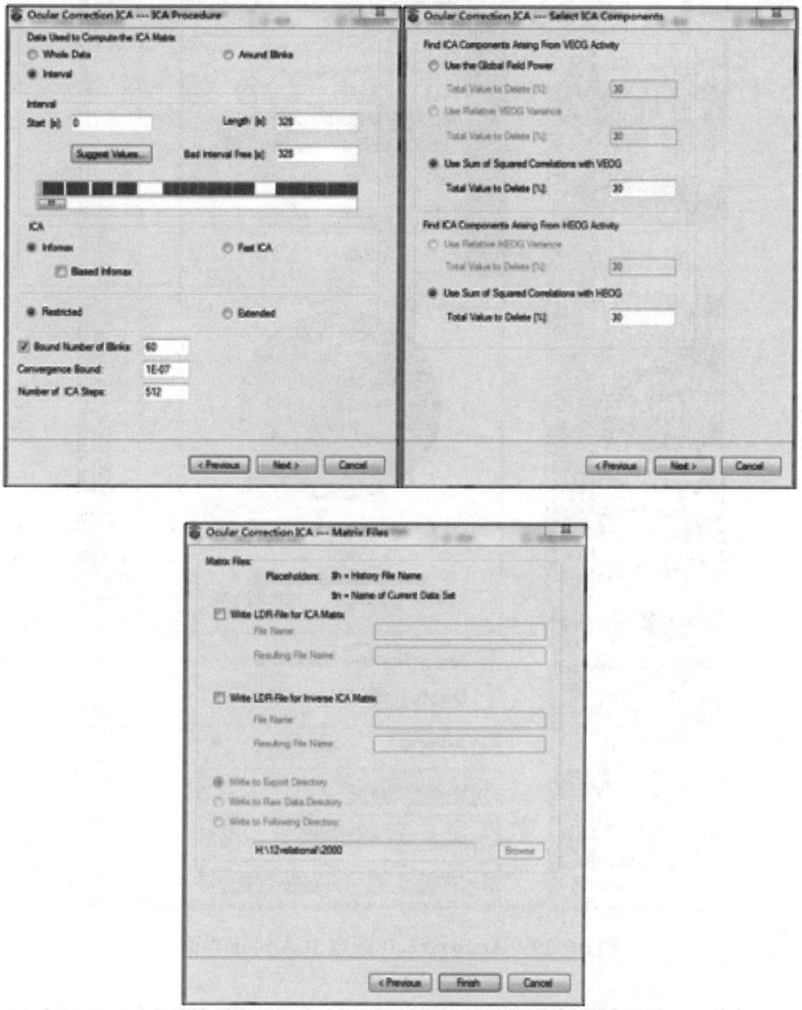

图 3－18　**Analyzer2.0 眼电 ICA 矫正设置界面**

点击“Artifact Rejection”之后，会出现如图 3－21 界面，在此界面中只需选择 Automatic Segment Selection，之后点击“OK”，即可完成伪迹矫正。

四、分段

我们在 ERP 实验编程中对 mark 进行简介，指出它的作用是对各个实验条件进行区分，以便在 ERP 数据之中进行分类处理。在建立了新参考、去眼电以及去

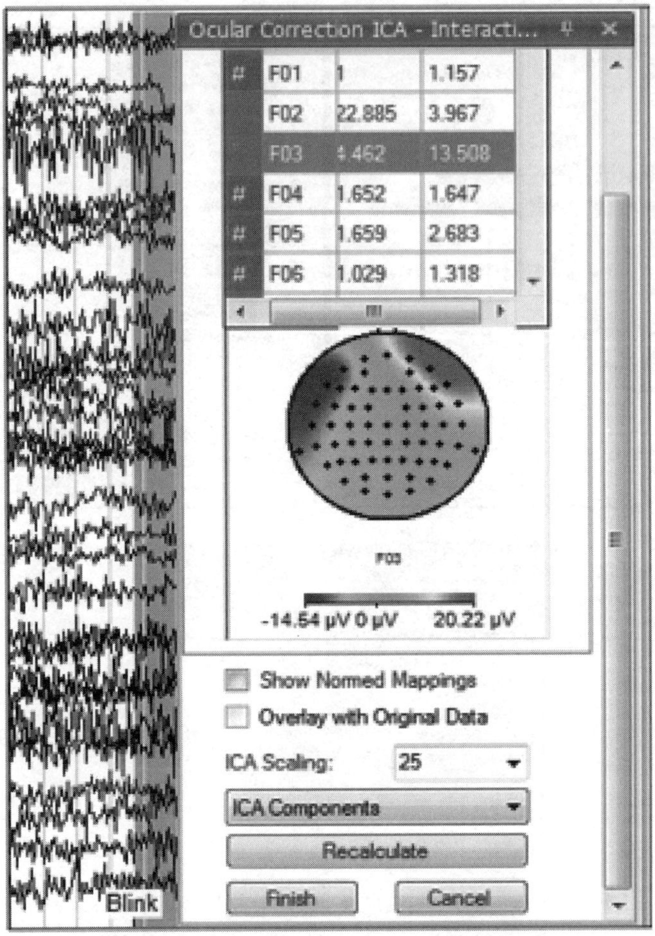

图 3-19　Analyzer2.0 眼电 ICA 矫正界面

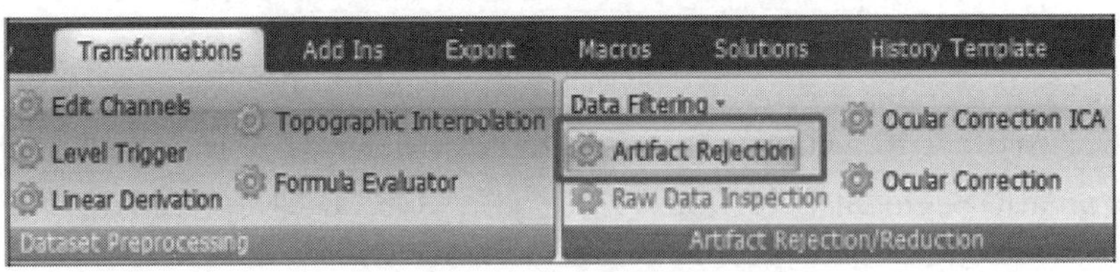

图 3-20　Analyzer2.0 去伪迹界面

伪迹的步骤之后，我们需要根据编程之中所设计的 mark 来对实验条件进行分类了。在这里我们点击 Analyzer2.0 中的 Segmentation 来进行分段如图 3-22 所示。

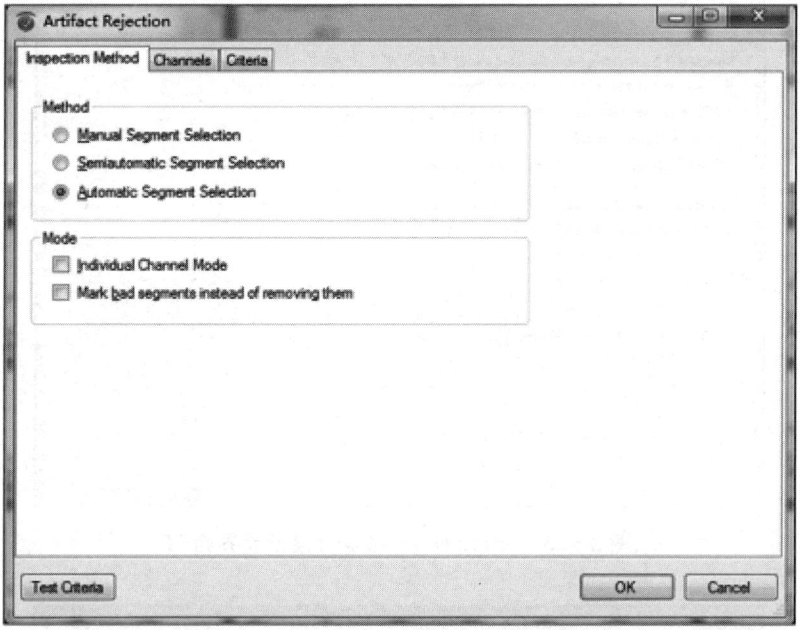

图 3－21 Analyzer2.0 去伪迹设置界面

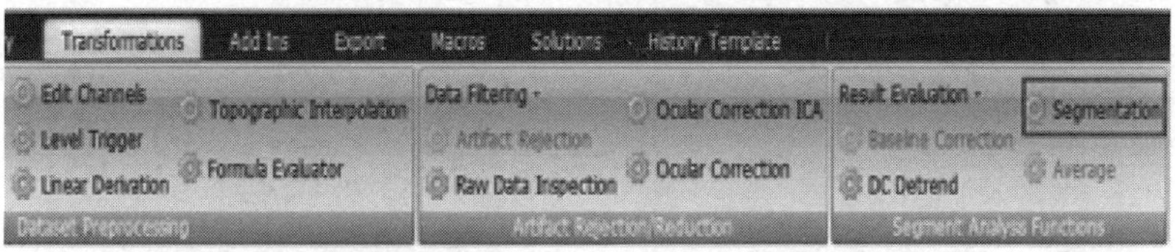

图 3－22 Analyzer2.0 数据分段界面

点击之后，选择“Create new Segments based on a marker position”以及“Do not store data，calculate data on demand”，点击“Next”进入下一步，如图 3－23 所示。

可以看到我们之前设置的 mark 的数字，如图 3－24 所示，以及这些 mark 出现的次数，某个条件出现的 mark 的次数应当等于相对应的实验条件的试次数。在此操作过程中，每一次只能进行一种条件的分段。下方的长矩形方框是布尔函数。因为 ERP 数据分析经常要求只针对正确试次进行分析，因此，需要结合自己的实验设计来进行选择。例如这里选择 S11 条件进行分段，被试反应正确的试次记为 S8，错误的试次记为 S9，根据具体的实验程序，这里的布尔函数为 S8（1 800～4 200）。

在进行完分段的设置之后，需要对所要研究的时间窗口的长短进行设置。假

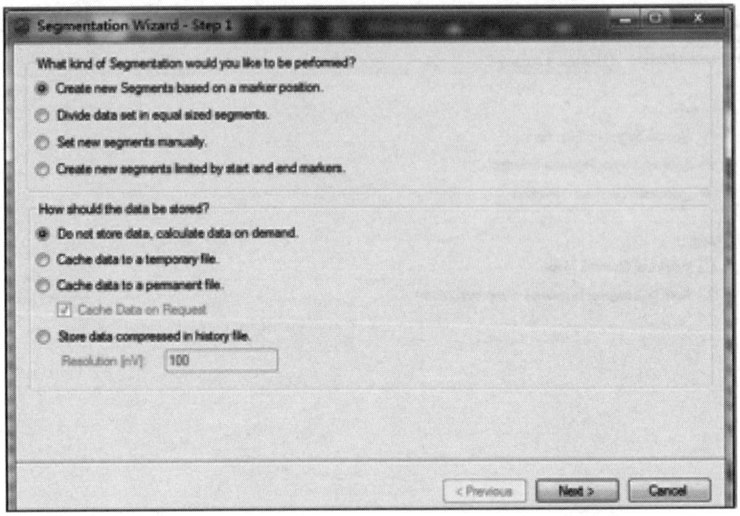

图 3-23 Analyzer2.0 数据分段设置界面-1

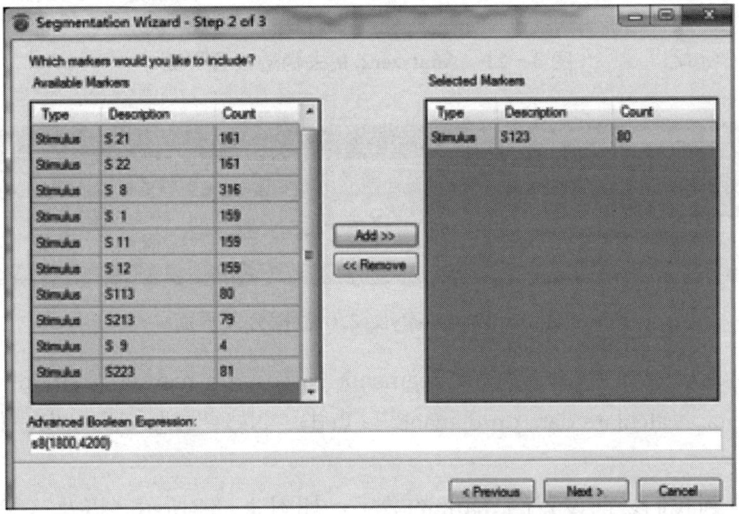

图 3-24 Analyzer2.0 数据分段设置界面-2

设想要研究的认知过程发生的时间较晚，那么相应的时间窗口可以设置得更长一些，而如果想要研究的是较早发生的认知过程，时间窗口则可以设置的较短些。而关于一般对于刺激出现前的会设置到 200ms。具体的操作过程如图 3-25 所示：

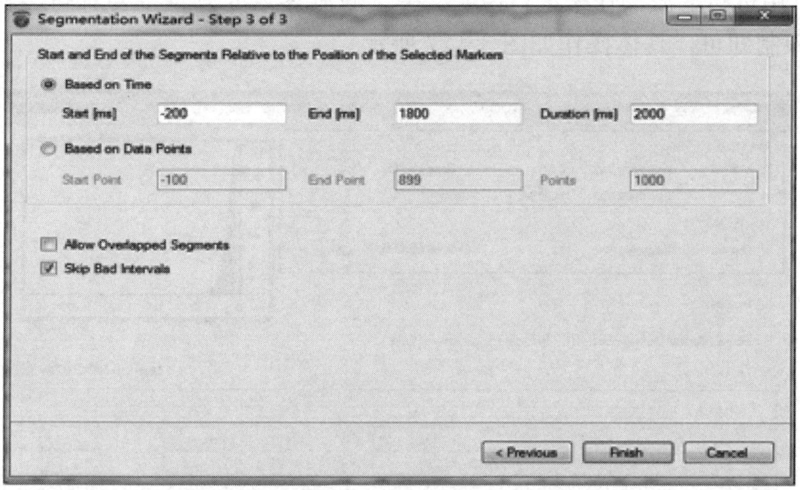

图 3-25 Analyzer2.0 数据分段设置界面-3

图 3-26 是对这个条件进行分段之后的结果，这是针对一个条件所进行的分段操作，只需要对上述过程进行模仿，便可将所有的条件都进行分段操作。

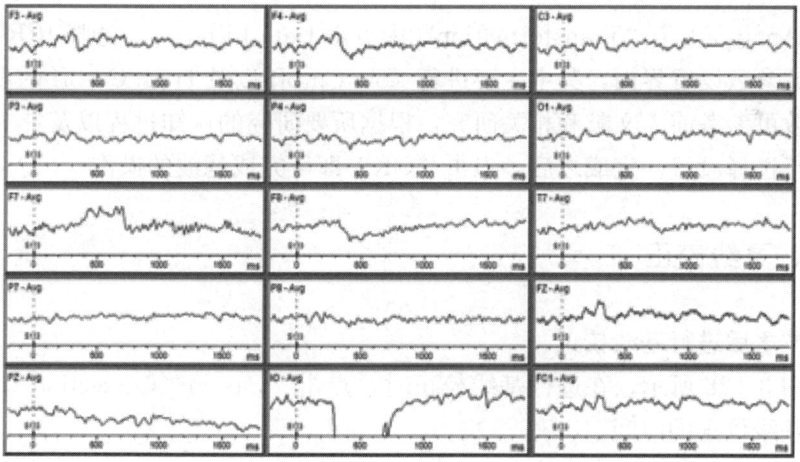

图 3-26 Analyzer2.0 数据分段设置完成图

五、滤波

关于滤波的目的在 ERP 数据处理中已经进行过简介，在此只对如何在 Analyzer2.0 中进行滤波操作来进行说明。关于滤波参数的设置主要对高通和低通两者进行限制即可，具体操作如图 3－27 所示：

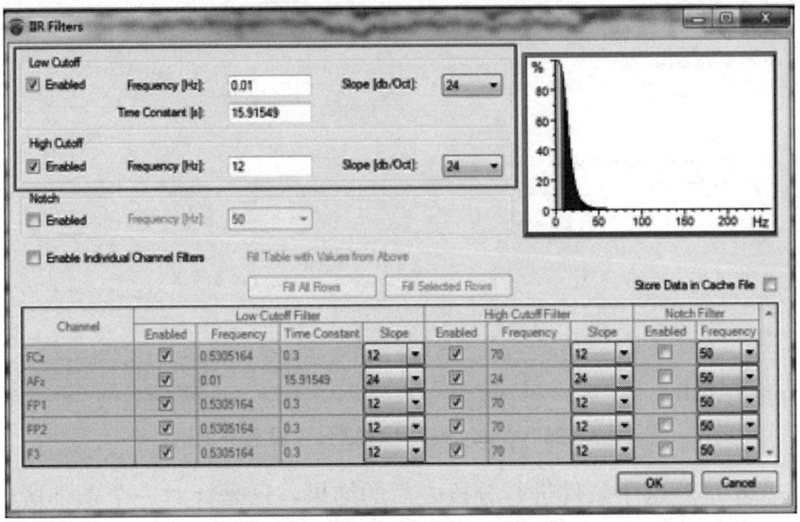

图 3－27　Analyzer2.0 滤波设置界面

在 Analyzer2.0“Transformation”中点击 Data Filtering，选择 IRR Filters，进入滤波参数设置界面，其中主要进行 Low Cutoff 以及 High Cutoff 的设置。具体的参数可参考前人文献和相关研究，根据所要研究的认知过程以及针对的研究被试进行选择设置。完成之后，点击“OK”即可完成滤波的操作。

六、基线校正

滤波之后进行基线校正。

如图 3－28 所示，在进行基线校正时，点击“Baseline Correction”，之后选择需要基线校正的时间。

七、平均和总平均

ERP 数据分析主要是基于叠加平均的原理，因此，在进行上述步骤的操作之后，需要首先对每个被试每种实验条件的 ERP 数据进行叠加平均。之后在对所有被试在不同条件上的 ERP 数据进行总平均。具体操作如图 3－29 所示：

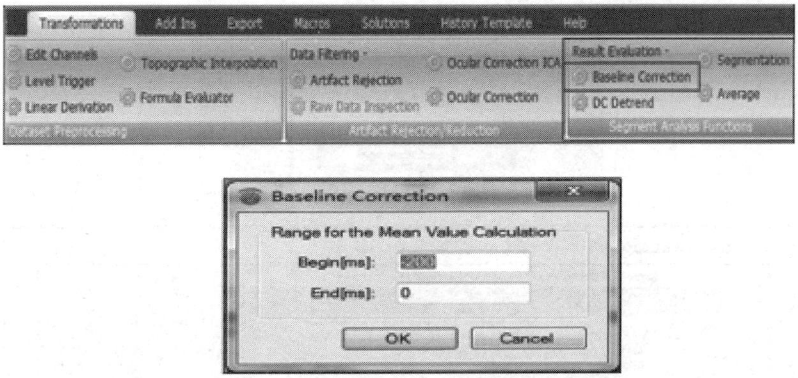

图 3-28　Analyzer2.0 基线矫正设置界面

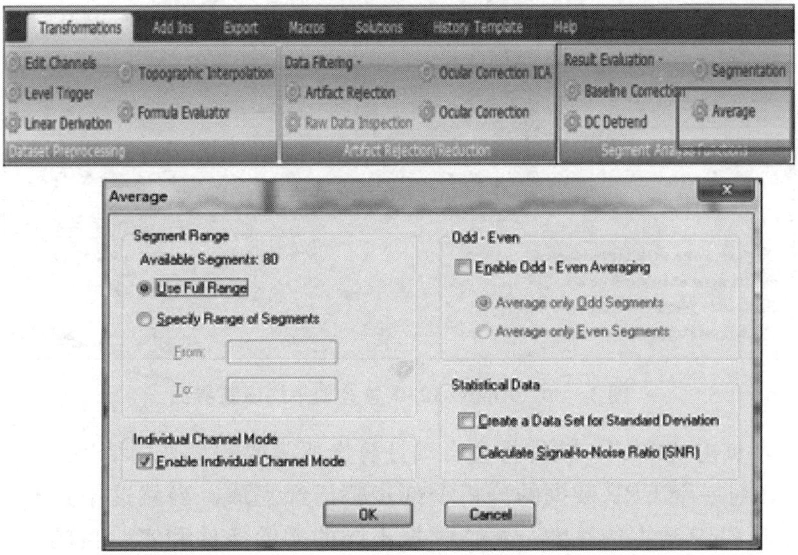

图 3-29　Analyzer2.0 单个被试数据叠加平均设置界面

在进行叠加平均的计算过程中，首先点击“Average”，之后在“Average”界面中选择“Use Full Range”和“Enable Individual Channel Mode”，再点击“OK”完成操作。这是对一个被试所有实验条件分别进行叠加平均的操作。我们最终还需要将所有被试的所有实验条件进行叠加和平均，点击“Transformation”中的“Grand Average”来进行总平均的操作，具体如图 3-30 所示。

首先需要设置填写所要进行总平均的条件节点名称以及总平均之后的名称，之后再将所需要进行总平均的被试的编号通过“Add”键添加到“Selected

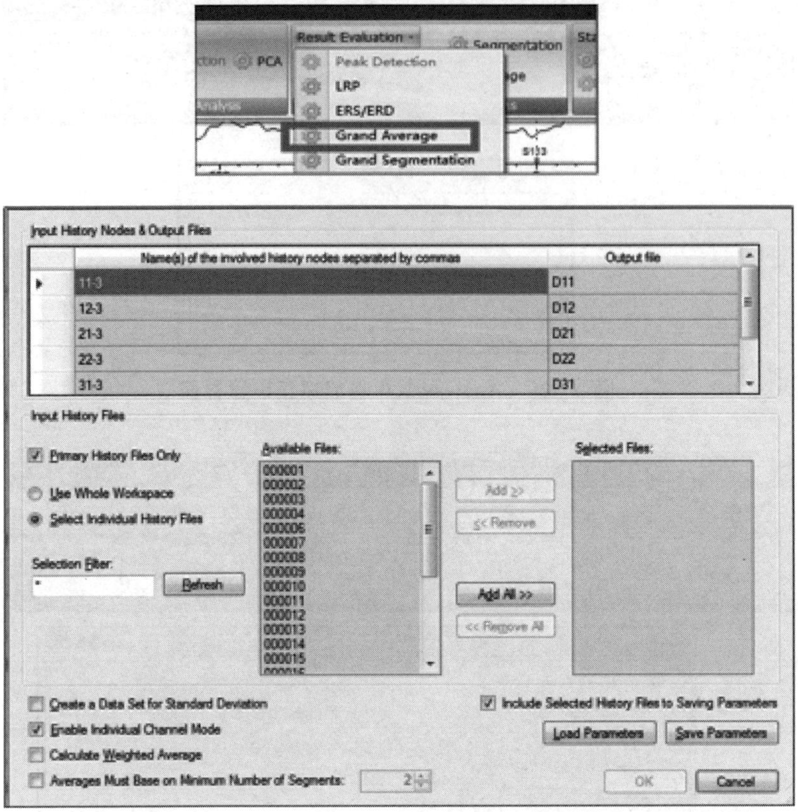

图 3-30　Analyzer2.0 总叠加平均设置界面

Filed”中，点击“OK”，软件将会自动计算出所需要的总平均结果。

至此，对一个 ERP 数据的分析全部步骤已经完成。当然这不是唯一的操作方法，对于 ERP 数据信号的分析，根据不同的实验条件和实验目的，会有更多的方式，此种 ERP 数据分析的方法只是一种最常规、最基础的方式，仅供初学 ERP 数据分析时进行参考。

八、统计分析

ERP 数据的统计分析主要分为两部分，一部分是关于其描述性的统计结果，另一部分是重复测量方差分析的结果（因为 ERP 实验多为被试内设计）。以下向大家介绍如何利用 Analyzer2.0、Excel 和 SPSS 进行描述性数据的统计。

如图 3－31 所示，点击“Export”中的“Area Information”来进行数据的导出。图中数字“1”所表示的是所要导出数据的具体时间窗口，数字“2”表示所要导出的具体实验条件的数据节点，数字“3”表示的是所要导出的被试的数据，数字“4”表示的是所要导出的数据的名称。将这些具体的参数填入之中，点击“OK”即可完成数据的导出。

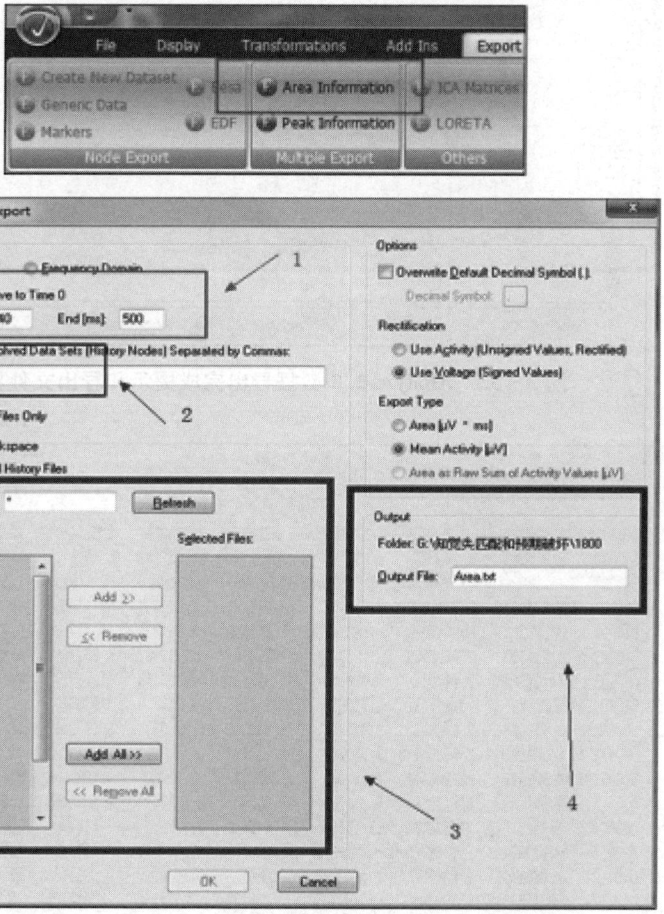

图 3－31 Analyzer2.0 平均波幅输出设置界面

图 3－32 表示数据已成功导出，并且对应的路径中出现存储脑电数据的.txt 文件。

图 3－33 表示是将 Area.txt 用 Excel 打开之后，左起第一列为每个被试的编号，从第二列开始分别为每个电极点以及对应实验条件的波幅值。

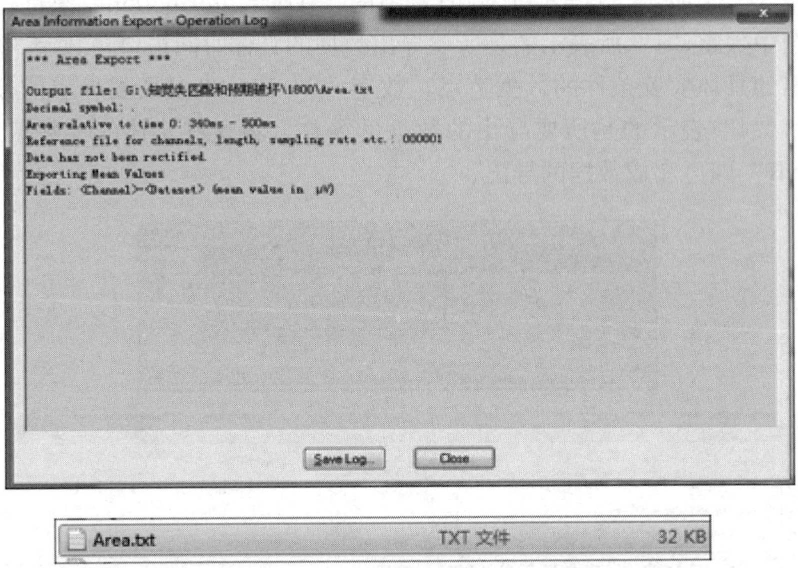

图 3-32　Analyzer2.0 数据导出完成提示和导出文件界面

File	FCz-11	FCz-12	FCz-21	AFz-11	AFz-12	AFz-21	FP1-11	FP1-12
000001	0.980528	-0.094358	1.270185	5.522933	2.725088	3.651460	10.010695	4.710513
000002	6.223143	4.588047	9.582734	3.081939	-0.031242	3.561542	0.640191	-3.965085
000003	-5.560924	-1.990050	-1.131520	-4.538690	-2.830320	-2.875482	1.198333	-1.610686
000004	2.881303	2.394788	6.401825	-3.387414	-1.824746	-0.358486	-0.877947	-2.354343
000006	-1.932881	-3.212629	-4.422742	-1.463582	-5.991690	-7.302160	0.736431	-6.197250
000007	4.226600	-5.022094	-1.178684	4.024333	0.371796	1.958246	4.858502	3.762901
000008	14.070696	2.042016	3.084810	4.784817	-3.381268	-1.797272	4.505624	-0.402695
000009	6.334691	-3.115317	3.733619	3.735785	-1.336334	3.838040	-1.030881	-3.998960
000010	5.980432	2.112011	1.423854	14.384806	7.807547	5.240006	18.772875	19.054531
000011	3.309800	3.023661	3.920514	-0.422738	0.447797	-1.623082	-0.261862	-0.628467
000012	1.979047	-3.203984	1.891265	2.859555	-3.053308	-4.799151	5.796725	-2.346936
000013	0.937798	6.521249	5.319171	-0.003861	6.581022	4.206396	0.012469	1.433649
000014	15.416774	11.642138	15.681193	11.546689	7.717257	9.918400	16.050854	7.355410
000015	-11.037448	-10.447657	-6.381216	-8.140759	-9.898261	-7.181152	-12.648663	-8.448710
000016	1.880476	2.628962	1.483289	0.706054	1.295002	0.003496	-1.462970	0.697213
000017	-0.456251	1.399363	-1.693465	-5.185429	-2.273968	-4.919799	-3.847026	-3.725094
000018	7.269525	6.277616	12.651464	-1.198696	0.513359	0.600440	8.794115	9.151814
000019	3.520394	-0.747882	5.425946	0.553437	-1.893132	-0.056592	-3.297839	-2.410181
000020	0.614521	-0.601012	-0.478192	-2.327329	-0.938478	-3.688518	-4.860488	0.618570

图 3-33　Excel 打开脑电数据界面

图 3-34 表示将 Excel 中的数据复制粘贴到 SPSS 软件之中，再进行重复测量方差分析的操作，即可得到统计分析的结果。

	FCz_11	FCz_12	FCz_21	AFz_11	AFz_12	AFz_21	FP1_11
1	1.04	-2.85	-4.50	5.74	-2.54	-7.39	10.74
2	8.80	3.80	8.70	3.47	.04	3.76	-.33
3	-1.52	-.43	.54	-1.79	-.63	.06	.79
4	8.34	2.72	6.75	2.28	-.07	.68	6.00
5	-4.41	-3.55	-2.27	-7.30	-4.93	-4.42	-9.29
6	3.45	3.84	1.60	4.20	4.97	3.60	5.41
7	5.63	11.25	8.13	2.16	4.43	2.51	3.36
8	5.98	-1.34	-.39	3.49	-.61	2.39	-1.34
9	9.72	6.34	3.52	20.77	10.94	7.10	33.00
10	3.02	3.72	1.20	-.44	.97	-4.04	-.96
11	-.28	-1.29	2.40	-6.05	-3.58	-1.67	-11.00
12	4.80	6.61	6.85	3.36	6.60	6.01	3.11
13	11.69	9.06	11.25	9.94	5.63	6.52	10.17
14	-9.40	-10.72	-9.32	-7.66	-9.46	-9.19	-9.83
15	1.34	2.43	.52	.37	.55	-1.17	-1.67
16	.67	-1.05	-2.49	-1.67	-2.94	-6.33	-1.16
17	1.79	3.56	10.96	-.27	2.39	3.77	3.26
18	8.80	6.78	11.47	4.27	2.65	4.21	1.36
19	-.70	-.20	-.99	-.63	-.78	-2.06	-.75
20	2.97	2.59	4.87	-.28	-1.49	.57	-1.38
21	2.47	-3.49	-2.95	-.30	-4.93	-3.34	-.29
22	1.83	.98	1.82	-.14	1.01	.64	-.74
23	28.20	11.55	18.23	22.31	11.46	15.70	16.86
24	-.05	-2.50	-5.39	-1.55	-2.19	-4.70	-.63
25	-1.55	-2.49	-4.06	-2.24	-1.38	-4.50	-1.17

图 3－34 数据导入 SPSS 界面

九、结果展示

将收集到的 ERP 数据经过一系列的处理并进行了统计分析之后，如何将自己得到的结果呈现给读者也是一件需要精心考虑的事情。通常对 ERP 数据结果进行展示有以下三种方式，分别为：三线表、波形图、差异波以及地形图。首先向大家展示三线图表的表示方法。

图 3－35 就是通过三线图表表示 ERP 数据结果的方法。左上角的 Position 表示的是电极点，可以看出这里展示的电极点为 F3、F4、C3、C4、T3、T4、P3、P4 以及 O1 和 O2。Position 右边的 220～340ms 和 380～520ms，表示两个不同的时间窗口。在两个时间窗口下面分别有两对 condition1 和 condition2，表示实验中的两种实验条件，而下面的阿拉伯数字表示的就是波幅值。我们可以这样对上表的数据进行解读，例如：在 220～340ms 时间窗口内，F3 电极点在实验条件 1 中的电压值为 7.85±7.65μV，在实验条件 2 中的电压值为 4.66±6.01μV。从表格底部的注释，我们可以看出，如果波幅值带有角标 a，就表示条件 2 和条件 1 的波幅差异显著。在使用三线表对 ERP 数据结果进行展示时，一定要表达出以下几个因素：时间窗口、实验条件、电极点、电压值对显著差异的表示。

The mean amplitude of ERPs in different time windows

Position	220–340 ms		380–520 ms	
	Condition 1	Condition 2	Condition 1	Condition 2
F3	7.85 ± 7.65	4.66 ± 6.01	3.04 ± 7.67	7.10 ± 8.42*
F4	9.09 ± 6.45	4.69 ± 5.79*	6.25 ± 5.01	9.10 ± 5.54*
C3	8.12 ± 7.49	4.69 ± 5.94*	3.76 ± 7.05	8.44 ± 7.85*
C4	9.79 ± 6.71	4.70 ± 5.62*	5.46 ± 4.79	8.92 ± 5.24*
T3	5.61 ± 5.44	2.79 ± 4.14*	3.43 ± 7.64	5.76 ± 6.81*
T4	6.45 ± 3.89	2.32 ± 3.41*	4.88 ± 2.87	6.13 ± 3.20
P3	9.56 ± 7.29	4.81 ± 5.88*	5.41 ± 6.60	9.10 ± 6.39*
P4	10.55 ± 6.73	5.37 ± 5.54*	5.74 ± 5.29	9.15 ± 5.40*
O1	7.95 ± 7.37	3.25 ± 6.58*	4.49 ± 6.46	6.85 ± 6.43*
O2	7.45 ± 6.43	3.30 ± 5.81*	2.38 ± 4.95	5.18 ± 5.01*

* Significantly different from condition 1 ($P < 0.05$).

图 3 - 35　三线表展示脑电结果

波形图表示如下（彩图见附录）：

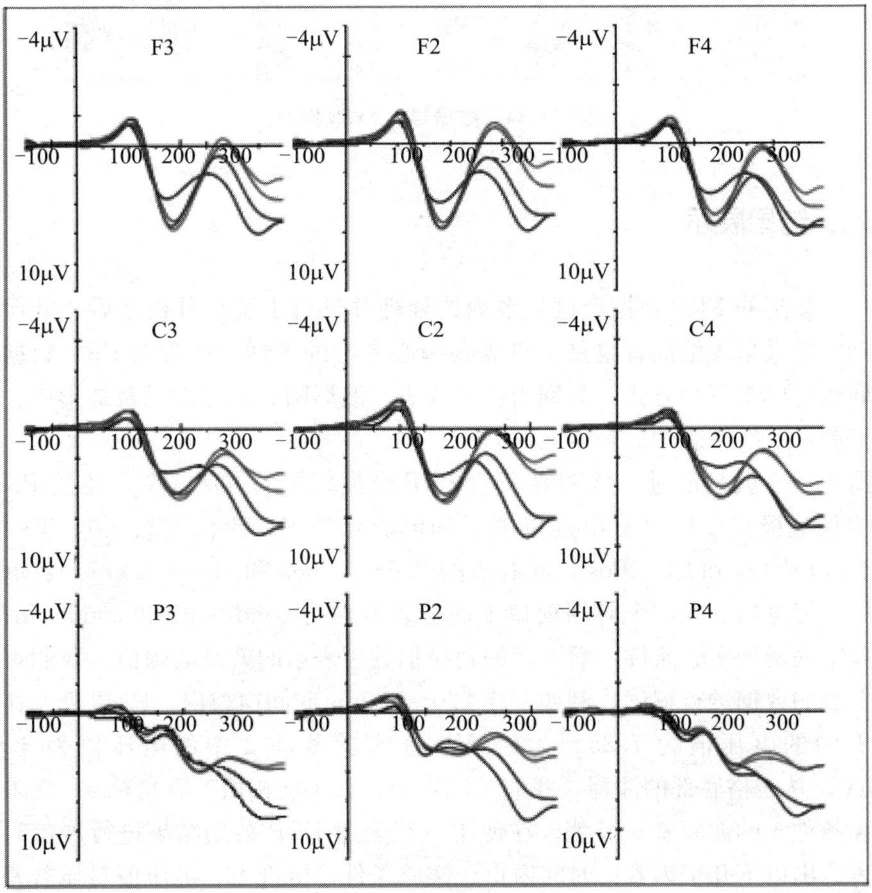

图 3 - 36　波形图展示脑电结果

图 3-36 显示的是通过波形图来对 ERP 数据结果进行展示。图中不同颜色的线条表示的是实验中不同条件随时间变化的电压值。纵坐标表示出具体的电压值以及正负极，横坐标表示时间（一般以毫秒为单位），而横轴上方的字母和数字表示的是具体的电极点。用波形图表示 ERP 数据结果最大的优势是直观，并且能够看出整个认知过程随时间变化的趋势，而通过三线表表示 ERP 结果只能够表示出具体的一些时间窗口。在使用波形图进行 ERP 数据表现时，需要注意如下因素：纵坐标所代表的正负极、横坐标的刻度值以及单位和具体的电极点对不同的实验条件引起的波幅值进行区分。在制作 ERP 波形图时，可以直接将 Analyzer2.0 中的波形图进行复制，再粘贴到 Office Word 2003 版中，通过编辑图片的功能对图形进行编辑。

除了波形图以外，有时也需要将地形的分布表示出来，如图 3-37 所示（彩图见附录）：

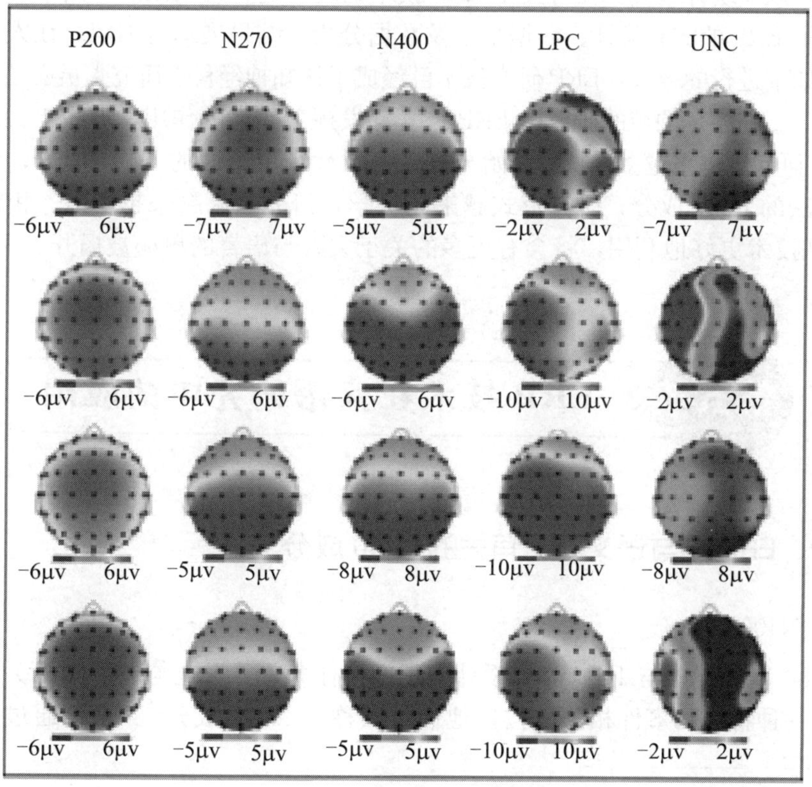

图 3-37 地形图展示脑电结果

从图 3-37 中我们可以看到地形图的表示方法，上方的 P200、N270 等表示具体的某个脑电成分，而下面的大脑图颜色的深浅表示具体某个区域的活跃程度，下方的数字代表其电压对比值。一般在表示 ERP 数据结果时，会同时展现波形图和地形图，将两者进行结合来对结果进行更有强度的论证。正如在“ERP 实验设计”一节中提到的，对某一个成分的命名和确定，不仅需要考虑到时间窗口，还需要考虑到其地形分布。因此，通过将地形图与原始波形图进行结合，可以对 ERP 数据进行更好的展示。制作地形图和波形图的方法是一样的。

十、总结

本章内容首先从 ERP 技术的历史讲起，简单介绍了 ERP 技术的起源和发展，再对 ERP 技术的原理进行介绍，着重阐述了 ERP 技术的生理基础、数据记录和分析基础，以及统计基础。在对关于 ERP 技术的理论进行说明之后，其余的章节详细探讨了 ERP 的实验设计、数据采集及数据分析、结果展示等内容。在人类脑计划如火如荼进行的今天，ERP 研究技术已经成了认知神经科学研究人员必须具备的技能之一。在各个领域的研究中 ERP 技术都发挥着巨大的作用，近些年关于语言的 ERP 研究也越来越多，从一开始与语义一致性和敏感性的 N400 成分，到后来关于语法的 P600 成分，研究范式越来越科学，研究结果越来越丰富。相信随着对 ERP 技术更好地利用，将会有更多的关于大脑与语言的奥秘被揭开。

第五节 ERP 技术在双语研究中的应用

一、ERP 中与语义整合有关的 N400 成分

1. N400 的简介

1980 年 Kutas 与 Hillyard 设计句子阅读任务，并发现与上下文无关的单词会引起一种特定的事件相关电位，他们将其称为 N400 成分[①]。这种通过事件相

① KUTAS M，HILLYARD S A. Event-related brain potentials to semantically inappropriate and surprisingly large words. Biological Psychology，1980：99-116.

关电位（ERP）的研究方法，被观察到的经典的现象称为语义启动。大量 N400 效应都是在句子理解实验中被研究的[①]，词对呈现范式也是另一种研究 N400 成分特性的方法。例如，一对单词（例如 mailbox）中的第二个单词与第一个单词（例如 post）语义相关时比与第一个单词无关时（例如 cup）能够更快，更准确地被识别。另外，相对于无语义启动而言，当第二个单词由第一个单词语义启动时引发的 N400 成分的波幅会降低。并且，在有意和无意 ERP 效应重复启动实验中，都可能发现 N400 成分，甚至一个孤立词也会产生 N400。因而，在单词或词对研究中常以 N400 成分为指标来研究语言加工的各个方面（如形容词和副词的加工，规则与不规则词的加工差异性等）。因此，在语言心理学研究领域中，N400 一直是相对主要的事件相关电位成分，也是国内外研究者们高度关注的内容。

影响 N400 效应的因素有很多，因此在诸多方面我们都可以以 N400 为指标来研究实际问题。例如，N400 对语义关系的敏感性，如由反义词（big—small）、上下语义关系中的典型成员（plant—rose）、非典型成员（plant—flycatcher）到零关联（map—coconut），所能引起的 N400 波幅就是依次增大的。另外，最为典型的，由句尾词引起的 N400 波幅的变化，可能也是由于在句子理解过程中句尾词可利用的信息的增加所导致，这也常为研究者们设计实验所用。而在句子的理解任务中，若单词呈现速度提高，N400 的出现时间便会延迟，我们也可以猜想可能是因为单词及句子的理解难度也是随之增加的。此外，关于 N400 的潜伏期也是随年龄的增长而减短，这可能是由于对词汇掌握及语义理解能力的上升和整体的熟练化所影响的，而老年人的 N400 的潜伏期又有所增加，这也可以用语言及认知能力的降低来解释。同时，有关 N400 在语言理解过程中扮演的角色问题，也有很多不同的观点。最为典型的便是关于 N400 认知机制的争论，即词汇后整合理论和词汇前加工理论。有观点认为 N400 是在词汇层面与最初词汇通达或单词的语义表征有关，反之则有人认为 N400 反映了词汇后的语义整合，更有研究者认为 N400 是对于不相关知识的认知抑制的一种体现。不过初步达成一致的是在目标语境中，目标词的启动越多，N400 的波幅越小，即为反比关系，并且由于它可以反映词汇整合程度的成功与否，借助对语义违反的敏感性，进而可以体现语境对意义制约的建构过程。总之，N400 是 ERP 当中一种典型的关乎语义启动及词汇加工的成分[②]。

---

① BARRETT S E，RUGG M D，PERRETT D I. Event-related potentials and the matching of familiar and unfamiliar faces. Neuropsychologia，1988：105 - 117.

② 刘燕妮，舒华 . ERP 与语言研究 . 心理科学进展，2003（3）：296 - 302.

2. N400的国内外相关实验及研究成果

众所周知，N400与语义启动联系密切，但该从何种层面去理解N400的表征作用一直是有待商讨的问题。国内学者陈纯、王权红曾设计实验探讨高度模糊词能否诱发N400的词汇加工，通过令被试判断探测字和靶字是否为同一字并进行脑电数据统计及分析，从而发现了无关靶刺激比语义启动靶刺激能够诱发更大的N400成分，初步认为N400的启动效应加工机制可以从自动的词汇加工层面来解释[①]。同样，关乎N400认知机制争论的实验还有孙海静和王权红对于汉字模糊度、字频和语义启动在N400上的交互作用的相关探讨，通过设计两组实验并记录事件相关电位，分别验证了模糊度与字频、模糊度与字义以及语义、字频和模糊度关于N400的二重或三重交互作用，并且进一步成为了支撑IA（interactive activation）模型及词汇前加工理论的有力实证[②]。

对于汉字形音义的研究，杨文俊等以汉语成语为对象并对其结尾字形、音、义进行相关的N400研究后发现，当同组词为异音异形异义关系时所引起的N400波幅最大、潜伏期最长，故初步认为N400于汉字而言存在形、音、义的启动效应[③]。这里可以根据成语的自身特点加以解释。成语是一种以整体来表达意义的特殊词类，其语义具有紧凑性，结构上更是有一定稳定性，若是随意更改则易被察觉，因此，成语语境场的这种严谨性诱发敏感于语言认知加工的N400，可以获得明显的启动效应，且词语频率的干扰性小。汉字的这种字音、字形效应相互独立的特征为研究字词认知提供了良好的靶刺激。之后，董瑞国等则进一步通过汉字形、音、义分类匹配的实验，进行事件相关电位研究，发现了在音、义分类实验中，两侧波幅不对称现象较为明显，均表现为右侧大于左侧，这可能是因为需要对字形、音码及义码进行综合识别及处理，故N400不对称及脑偏侧化明显。而在字形分类任务时，只需要对字形进行判断，故其左右两侧波幅无显著性差异，N400不对称性及脑偏侧化不明显。进而初步得出结论，汉字字形的加工可能和音、义的加工具有不同的脑机制[④]。罗跃嘉和魏景汉采用正常汉字语义的联想模式在汉字的无关性与有关性的研究中，通过ERP差异波图形观察到，

---

① CHUN CHEN, QUANHONG WANG. The study of highly blurred Chinese word to N400 priming effect: Evidence for lexical analytic process. 2012 Conference on Psychology and Social Harmony, 2012: 479-484.

② 孙海静，王权红．汉字模糊度，字频和语义启动在N400上的交互作用：n400的IA模型的证据．心理学报，2012，44（6）：745-753.

③ 杨文俊．大脑高级功能的神经电生理（第1版）．北京：中国科学技术出版社，1998.

④ 董瑞国，孙相如．汉字认识中脑偏侧化效应的直接证明：基于形音义的事件相关？．徐州医学院学报，1998，18（4）：259-261.

在目标字后约 160ms 形成一个正向波，认为汉字认知音形的加工开始于 160ms，而 N400 可在汉字词义判断任务中观察到，最后在 800ms 附近形成了另一个正成分，并发现 N400 的波幅左侧半球大于右半球，但是汉字无关性与有关性 ERP 相减所得的差异波显示 N400 波幅并无大脑半球之间明显差异[①]。这表明半球之间的差异可能是形、音加工造成的，不一定是语义加工造成的，说明脑内字词认知中音形义加工存在反复，其间关系错综复杂，音形加工可与语义加工重叠。因此，表音文字与表意文字 N400 的头皮分布可能不尽相同。吕勇等则利用汉语双字词对的实验，研究了语义启动及语音启动过程，并发现启动词与目标词之间语义联系越紧密，对目标词判断反应时间越短错误率越低，并且显示出明显的启动效应，同时若启动词与目标词尾字的读音相同，则对目标词的辨别过程会明显加快，但对于语义启动及语音启动的脑内源差异性却没有发现明显证据[②]。

此外，关于汉语词句方面，陈璇等也通过实验发现受试者对汉语句子及成语结尾词匹配与不匹配组的 N400 成分在潜伏期及波幅上有显著性差异，在成语结尾词语义不匹配组中，波形较宽大而走向明显向负，而匹配组的波形相比窄小而瘦削，甚至出现正走向的波形，从而得出汉语成语结尾字匹配与不匹配的 N400 与字词认知中的语义密切相关[③]。与此同时，张钦等则采用词汇判断任务，探讨了名词与动词之间的 ERP 差异和词汇的具体性对这种词性效应的影响以及表示身体活动的动词与表示心理活动的动词之间的加工差异[④]。研究结果表明，具体名词与具体动词之间存在着显著不同的神经活动模式，并且在 N400 上词性与电极位置有显著的交互作用，名词与动词的差异主要存在于左、右半球的额叶和颞叶。同时，身体活动动词也与心理活动动词有着显著不同的神经活动模式，且前者所诱发的 ERP 在负走向比后者更大，李荣宝等则对母语为汉语的双语者语言的形式加工和语义加工进行了独立的观察，发现 N400 的语义一致性效应同时存在于语言内和语言间的语义整合过程之中，更重要的是对于双语者而言，两种语言的形态是分别表征的，但语义是共同表征的[⑤]。

---

① 罗跃嘉，魏景汉．正常青年人汉字语义识别的 ERP 特征性成分．中国科学院心理研究所年报，1998：42-43.

② 吕勇，等．听觉呈现条件下汉语双字词语义和语音启动的 ERP 研究．心理科学，2004（1）：8-12.

③ 陈璇，宋旻烨．汉语成语结尾字事件相关电位 N400 的研究．广东医学，2003（7）：711-713.

④ 张钦，等．名词与动词加工的 ERP 差异．心理学报，2003（4-6）：753-760.

⑤ 李荣宝，等．汉英语义通达过程的事件相关电位研究．心理学报，2003（3）：309-316.

国外 N400 研究的经典实验，是从 1980 年 Kutas 首先应用动匹配法引出 N400 开始进行的。在此实验中，研究者首先要求实验者默读 160 个不同的由七个单词组成的句子，同时在实验后期回答相关问题。前两组实验中，有 25%的句子结尾为语义不通或是不符语法的单词，同时实验一中的语义不通程度为适中（例如："He took a sip from a waterfall."），实验二程度为较强（例如："He took a sip from a transmitter."），实验三中结尾词语义通顺，但有 25%的句子中结尾词比前面单词大一个字号。并由结果可见句尾词歧义程度越大，N400 波幅越大，从而初步印证了 N400 与语义整合的关系。而不得不提的另一位认知心理学家 Guillaume Thierry 花费大量精力投入在 N400 的实验探究中。起初，Guillaume Thierry（2004）设计实验证明了二语者在处理二语问题时会受到母语特征的影响，尤其是对于英汉这两种迥然不同的语言而言。他们采用最为常见的实验方法，使受试者判断词对语义是否相关，并且隐藏了部分英语单词译为汉字时存在拼音相同的部分，然后作为控制组的英语母语者对于这一隐藏概念并未察觉，而中国被试则花费了较多的反应时间，错误率及 N400 波幅也均有上升。以此证明，汉语母语者在处理关于二语英语的相关问题中，也会潜意识将其翻译为中文并有母语思维方式的迁入。

之后 Thierry 的部分实验开始聚焦于二语学习者的认知特点。例如，在过去的几十年中跨语言交际的发现曾给予二语学习过程启示——当一个二语者专注于处理一种语言时，关于其他语言的信息也被激活，且双语人士已被证明在阅读或聆听他们的其他语言时的确唤醒了他们的母语记忆。然而，对于以何种类型的心理表征（例如声音或拼写）进行演绎却是不清晰的。Thierry（2010）便组织实验选取英语使用者及汉语使用者为对照组，使用事件相关电位技术，测试双语者在中英双语阅读或听英文单词时，判断成对呈现的英语单词是否语义相关，但他们并不知道这样一些不相关的单词对在其中文翻译中隐藏了声音或拼写重复。隐蔽的声音重复显示有调节事件相关的脑电位但中文翻译拼写重复却没有明显效果，这些结果表明处理第二语言激活声音，却不包括母语翻译的拼写，并且这些只限于二语者本身，从而可以为功能性心理神经语言提供一个合理的框架。基于词类基础的研究，证明存在跨语言激活即使精通双语者只用一种语言执行任务。Thierry（2011）进一步通过使用与事件相关电位（ERP）的图像字干扰范式探究了二语的单词产出期间的跨语言激活的加工时间进程。生活在二语环境中的英西双语者用他们的第二语言英语命名图片，同时会忽略用图片展示的 L2 英语干扰词。相比而言，无论用英文或是西班牙文命名，当干扰词语义相关或是音系相关，参与者都会更慢地命名图片。结果表明，在一个自由的二语语境中来自两种语言的词汇替代是一种竞争关系，在主导语言规划的过程中进行选择。同时，在一个押韵判断任务中他们（2011）研究了由流利双语者所体现的心理表征的本质，这个任务依赖于隐含的言语产生。他们记录了中英双语和英语单语说话者事件相关脑电位，同时要求他们表示是否记住了屏幕上呈现的图片名字。无论双语学习者是否选择性地用英语或汉语押韵，他们都发现语言特异性重复的重要启动效应。然而令人惊讶的是，即使押韵任务是用英语进行的，中文语音的重复仍然引发了显著的启动效应。这种跨语言启动效应与语言内效应相比延迟了 200 毫秒，并且是不对称的，因为当参与者被要求用中文进行押韵判断时，英语没有声音重复的启动效应。这些结果表明，第二语言产出阻碍，但不会封锁、激活第一种语言，而母语生产似乎不受来自第二语言的竞争的影响。

此外，认知心理学家们对于双语者如何选择预期语言并防止说话时出现意外语言的干扰一直存在争议。为探究二语学习者在二语阅读中是否会像在母语中一样，在递增构建消息表达的基础上对即将到来的单词进行积极的词汇预测，Thierry（2013）以阅读时单语读者偏向主动预测来自句子背景的未知的单词为假设前提，调查了双语读者是否用他们的第二语言阅读时预测句子最后的单词，并记录了事件相关单位，且英语单语和晚期西班牙语——英语双语需要阅读以预期或意外名词结尾的句子。词汇预测是由最后一个名词前面的文章引出的 N400 效应的幅度进行索引的，因此 N400 越负，就最终词而言，预测越少。与 L1 的理解相反，L2 理解者未能显示意外文章的 N400 幅度增加。他们将这些结果解释为 L2 认知在句子理解期间不主动预测即将到来的单词的程度与 L1 认知程度相同的证据。L2 中词汇预测的较弱能力可能是 L2 中相对于 L1 整体较慢且较不准确的语言处理阶段的结果。一些研究表明，从小时候起，双语者在执行控制任务方面胜过他们的单语同伴。研究发现双语儿童和成年人更加关注语言中意想不到的语言转换。在 2015 年，Thierry 调查了双语培养对语言知觉的影响。研究将单语和双语幼儿的事件相关电位（ERP）记录在以图片为前缀的口头词语中。与图片匹配的词语只在双语参与者中引起早期的正面积极性，而后来与语义处理相关的 ERP 幅度在组间没有差异。这些结果增加了越来越多的证据表明双语在语音感知期间增加了整体关注，而语义整合不受影响。在 2017 年的一项研究中，Thierry 进一步探讨个人倾听他们的母语或他们的非母语语言时对于世界知识处理之间是否存在差异，旨在探索是否处理世界知识信息在第二语言理解期间受到影响，正如语义信息所观察到的那样，即第二语言的语义处理告诉我们双语人士如何使用语言信息（即句子的语义约束）预测并整合即将到来的单词第二语言，世界知识处理将阐明双语者如何使用他们关于世界的一般知识来执行这些完全相同的过程。我们在西班牙语的一级和二级说话者听到西班牙语母语人士说出的句子时，记录了他们的事件相关电位，句子与参与者的世界知识一致或不一致。此外，被试还听取了以世界知识为基础预测句尾词。相比 L1 的晚期负面影响而言，世界知识违规引起了 L2 级的较大负面影响和持续时间。然而，世界知识对于引发词语预测没有帮助的句子类似的两组 N400 调制。这些结果表明 WK 处理需要在第二语言理解中比在第一语言更深入的词汇搜索。

此后，针对 N400 的分布特点，又有学者进行了深入探讨。Kutas 发现视觉语言（阅读）N400 在头皮分布各区均可记录、但各导联波幅不等，以右侧颞顶枕波幅最高[①]。Makela 应用脑磁图（MEG）定位证明听觉语言 N400 发生源位于听皮质的附近[②]。Simos 用诱发磁场刺激偶极子定位发现左半球显示 N400 清晰高强度的磁场，证明视觉语言 N400 起源于左颞叶海马、海马旁回及后颞新皮质区域[③]。Johnson 用 128 导联视觉 N400 检测发现 N400 广泛分布于头部各区，中央区 Cz 波幅最高，额区 Fz 可测得潜伏期相同的正相波[④]。图片 N400 各导联波幅不等，以额部 Fz 点波幅最高，而枕区几乎记录不到，一般左半球较右半球高[⑤]。面孔 N400 以右半球顶颞区波幅最高[⑥]。Nakagome 发现语义不匹配诱发的 N400 分布于双侧枕区及右颞区，句法不匹配 P600 则分布广泛，主要在中央顶区[⑦]，

---

① KUTAS M，VAN PETTEN C，BESSON M. Event-related potential asymmetries during the reading of sentences. Electroencephalography and Clinical Neurophysiology，1988：218－233.

② MÄKELÄ A M，MÄKINEN V，NIKKILÄ M，et al. Magnetoencephalographic（MEG）localization of the auditory N400m：Effects of stimulus duration. Neuroreport，2001：249－253.

③ SIMOS P G，BASILE L F，PAPANICOLAOU A C. Source localization of the N400 response in a sentence-reading paradigm using evoked magnetic fields and magnetic resonance imaging. Brain Research，1997：29－39.

④ JOHNSON B W，HAMM J P. High-density mapping in an N400 paradigm：Evidence for bilateral temporal lobe generators. Clinical Neurophysiology，2000：532－545.

⑤ GANIS G，KUTAS M，SERENO M I. The search for "common sense"：An electrophysiological study of the comprehension of words and pictures in reading. Journal of cognitive Neuroscience，1996：89－106.

⑥ BOBES M A，VALDESSOSA M，Olivares E. An ERP study of expectancy violation in face perception. Brain and Cognition，1994：1－22.

⑦ NAKAGOME K，TAKAZAWA S，KANNO O，et al. A topographical study of ERP correlates of semantic and syntactic violations in the Japanese language using the multichannel EEG system. Psychophysiology，2001：304－315.

采用颅内电极在颞中叶（medial temporal lobe）记录①。N400 起源于双前中颞叶（AMTL）结构，包括杏仁核②、海马及海马旁回、前下颞皮质双侧外侧沟和纺锤形回前部③等。由此可见，N400 可能是多源性，是多个部位共同作用的结果。各实验室关于 N400 的头皮左右半球分布获得了不同的结果，然而至今没有令人信服的解释，其原因主要是左半球与 P300 波幅较高有关，也有人认为与大脑半球的特异性或者与被试的利手性有关，也可能与感觉通路、刺激间隔等方法有关。

在此之后，N400 的研究方法逐步扩展开来，并有以下几种：N400 的研究方法有以下几类：①句尾歧义词：在计算机屏幕上呈现不同的 7 个单词组成的语句当最后一词出现不可预料的歧义时（概率为 25%），产生一个潜伏期为 400ms 的负波，歧义词与正常词相减的结果，得到顶部（Pz）分布的一个单相差异波 N400；②相关词与无关词：按英语词性、语义或形、音可分为相关与无关，结果无关词产生明显 N400；③词与非词：正常的英语单词与拼写错误的非词或假词进行分类，被试辨认刺激物是词或非词，结果非词或假词产生一个明显的 N400；④新词与旧词：被试的任务是辨认首次出现新词或重复出现的旧词，结果新词出现明显的 N400，旧词 N400 走行呈正向漂移，即所谓的“重复效应”或产生 P800；⑤图片命名：在屏幕上呈现有意义的图片，令被试命名或辨别图片的异同。此外还有文字与非文字符号，还可有画与画、词与画、气味与画的匹配，环境音的辨别，语音、乐音、韵律匹配等，多数以句子的结尾词，也可以针对句子中间的字词记录 ERP④。

二、ERP 中与句法整合有关的 P600 成分

1. P600 的简介

20 世纪 80 年代中期，人们发现在许多句法违反情况下，左半球的前部会出

---

① NOBRE A C，MCCARTHY G. Language-related field potentials in the anterior-medial temporal Lobe：II. effects of word type and semantic priming. Journal of Neuroscience，1995：1090 - 1098.

② MCCARTHY G，WOOD C C. Scalp distributions of event-related potentials：An ambiguity associated with analysis of variance models. Electroencephalography and Clinical Neurophysiology/Evoked Potentials Section，1985：203 - 208.

③ NOBRE A C，MCCARTHY G. Language-related field potentials in the anterior-medial temporal lobe：II. effects of word type and semantic priming. Journal of Neuroscience，1995：1090 - 1098.

④ 陈璇．中西文 N400 的研究现状简述（1）. 临床神经电生理学杂志，2004（1）：53 - 55.

现一种负波，它的潜伏期长短变化较大并在100ms到500ms之间变动，因此将其称为左前负成分（LAN）。后来，研究者根据句法违反的种类又分离出了潜伏期很短的ELAN。晚期正成分P600也是和句法违反紧密相关的ERP成分，能引起ELAN的短语结构违反和引起LAN的一致性违反都能引发P600；此外，代词错误（如“The dog is always loyal to it’s owner”）和动词时态错误（“He is wearing a black cap and looking so cool”）等有真正句法违反的句子也能引发P600。更重要的是，P600还出现在没有句法错误但有加工困难的句子中[①]。的确，与单个词相比，句子整体的结构把握和语义理解就更复杂了。其中涉及诸多方面，如在对句法的分析中句子中各成分的相对关系及各自所扮演的语法角色，句法语义在理解或生成如何运算表征？句意理解可否摆脱句法而独立进行？从事句法ERP研究的学者认为，不同层次的认知活动和神经机制可能是分开独立进行的，这样观察到的ERP才有意义。首先我们可以对以下句子中句法相关度即谓语和宾语组合相关度进行观察分析：

A. The director hoped to make movies in New York. 那位导演希望在纽约拍电影。

B. The director persuaded to make movies in New York. 那位掮客说服/被说服在纽约拍电影。

可以看出句子A符合句法，句子B则违反了persuaded这个词的论元结构规则，并且通过ERP记录结果发现不合句法的句B在600毫秒时间段产生较大正走向的ERP电位，这也就是我们所说的对于句法语义相关度实验出现的P600电位，部分学者认为这是语言的特异性，且相对于与语义相关的N400来说，P600与句法的相关程度更高。Munte和Rosler等学者却认为P600并非是句法相关的，只是其头皮分布与N400不同。Neville等人还设计了开放实词类和封闭虚词类的ERP实验，发现他们之间的ERP也不同。开放实词类的分布是两半球后半部类似于N400的ERP电位，而封闭虚词类分布在左半球前半部，一般是在280毫秒时间段的负向电位。这些都说明句法加工和语义加工遵循不同的心理神经机制[②]。此外，在句法语义的ERP研究中，“花园小径”（the garden-path effect）句子也是相当典型的一种类型，引起了不少学者的注意。如：

C. The lawyer charged the defendant was lying. 起诉被告的那位律师在说谎。

---

① 王穗苹，等．语言理解的ERP研究．华南师范大学学报，2004（6）：107－113.

② 张辉，宋伟．ERP与语言研究．外语电化教学，2004（6）：38－41.

D. The lawyer charged that the defendant was lying. 那位律师起诉说被告在说谎。

通过事件相关电位结果发现句子 C 相对于句子 D 产生的 P600 波幅更大，即“to”引发了约在 600ms 分布在中央顶叶的正成分。类似的结果似乎表明，P600 是“花园路径”效应的标志，并且，只要句法分析要修正某个结构时，P600 效应便会产生。这可以说明 P600 不仅反映了句法的相关度，而且也反映了句法限制相关度。这也说明了由 Frazier 等人提出的“顺序加工模型”（serial parsing model）和“最小匹配模型”（minimal attachment model）的合理性，Holmes 等人也提出了与此相对的“词汇偏向”（lexical preference）理论，也有它的合理性。

语法异常可能引发 P600 效应。然而，最近的研究也报道了 P600 对语义异常的影响，且一些发现很难与 P600 的纯粹句法成分的共同观点相一致。例如，关于 Herman H. J. Kolk 等①的研究以荷兰语为实验材料测试了 P600 对语义异常反应句法处理的可能性，在语句正确和无歧义的句子中提出了语义反转异常，如“The cat that fled from the mice”如果参与者使用合理策略并以最合理的方式将词汇项目组合起来，那么他们会（例如）假设老鼠正在逃离猫。此外，这种解释可能导致他们期望动词的特定变化（即第三人称复数形式），违反这种期望可能会引起 P600 效应。这种语法错配只能出现在主题和代理人数不同的句子中。因此，在该研究中，主题和实施者的数量要么不同，要么相同。一个 P600 效应不仅存在于不同数量的句子中，而且存在于相同数量的句子中。因此，P600 效应不是由于语法错配造成的，挑战了 P600 的纯语法解释。通过该实验的结果，提出了 P600 功能重要性的另一种观点，即它反映了一个检查句子感知的真实性的监视部分。

2. P600 的国内外相关实验及理论成果

Osterhout 和 Holcomb 设计考察名词短语—句子补语歧义时，在 13 个被试的头皮电极上记录了事件相关脑电位，通过令被试阅读含有句法歧义的句子，并使与更偏向的句子结构发生差异从而发现在句法违反（如 The doctor forced the patient was lying，〈forced the patient to lie〉）条件下关键词（was）后 600ms 左右都出现了一个正成分，即激发了大脑 P600 电位波幅。这与之前观察到的潜在的上下文不恰当的词语之后出现的 N400 是截然不同的。此外，通常被认为句子

① HERTEN V M，KOLK H H，CHWILLA D J. An ERP study of P600 effects elicited by semantic anomalies. Cognitive Brain Research，2005：241 - 255.

中的不可接受的最后一个词相对于可接受的词会引发 N400 的效果。这些发现提示 ERP 对句法异常（包括由 ERP 引起的异常）很敏感。因此，他们估计 P600 和 N400 的效果分别是句法和语义违反的典型成分[①]。之后，Osterhout 和 Nicol 通过在 13 个头皮电极上记录 ERPs，考察了一个单词在句子中同时存在动词时态违反和语义制约性违反的情况，并评估了其显著性、独立性和相对的时间过程与语义异常词所引起的事件相关脑电位。当被试阅读句子时，其中一些句子包含了选择性的限制违背（语义异常）、动词时态违反（语法异常），或双重异常词，违反两者选择限制和动词时态约束。结果是语义异常导致了 N400 振幅单相增加，句法异常引发了一个晚的正性转变，发生的时间约为 500 毫秒，持续时间为几百毫秒。双异常词既引起 N400 振幅的增加，又引起晚正波的增加，这些效应之和类似于一个不算标准的线性方式。讨论了这些结果，通过在研究中观察到独立的 N400 与 P600，表明了 P600 独立于语义信息，是语法加工的指标。他们得出了关于句法和语义过程是可分离的独立的结论[②]。与此同时，N400 与 P600 的相加性也在 Ainsworth 和 Darnell 等考察句法—语义联合违反效应的实验中也有所体现[③]。而 Gunter 等的研究表明格（gender）不一致时产生的 P600 则与语义期望程度有关：它只有在高期望程度的句子中的句法违反条件下才出现。由此作者认为，P600 所反映的句法加工受语义信息的影响[④]。在一些德语的研究中也发现 P600 依赖于句子提供的语义信息的加工，LAN 是句法不一致性更直接的指标。另外不少研究表明 P600 除与句法的违反有关之外，也与句子加工或词汇加工的完成有关。

Kuperberg 等考察了英语母语者加工两种不同的语义违反句的脑电差异[⑤]。第一种语义违反句是将正确句“Every morning at breakfast the boys would eat...”中的主语替换为非生命性的“eggs”，从而构成题元角色生命性违反（thematic role animacy violations）；第二种语义违反句则是将正确句中的动词替

① OSTERHOUT L，HOLCOMB P J. Event-related brain potentials elicited by syntactic anomaly. Journal of Memory and Language，1992：785－806.

② OSTERHOUT L，NICOL J. On the distinctiveness，independence，and time course of the brain responses to syntactic and semantic anomalies. Language and Cognitive Processes，1999：283－317.

③ AINSWORTH-DARNELL K，SHULMAN H G，BOLAND J E. Dissociating brain responses to syntactic and semantic anomalies：Evidence from event-related potentials. Journal of Memory and Language，1998：112－130.

④ GUNTER T C，FRIEDERICI A D，SCHRIEFERS H. Syntactic gender and semantic expectancy：ERPs reveal early autonomy and late interaction. Journal of Cognitive Neuroscience，2000：556－568.

⑤ KUPERBERG G R，SITNIKOVA T，CAPLAN D，et al. Electrophysiological distinctions in processing conceptual relationships within simple sentences. Cognitive Brain Research，2003：117－129.

换为“plant”，该动词和之前的语义情境不一致，从而构成非题元角色语用违反（non-thematic role pragmatic violations）。这两种语义违反的句子句法都是正确的，但是语义不正确。结果发现，语用违反引发了 N400，而生命性违反则引发了通常出现于句法违反中的 P600 效应，即语义 P600 效应。

在 Kuperberg 等人发现语义 P600 之后，Kim[①] 等人的研究以及两篇荷兰语的研究（Kolk，Chwilla，van Herten，& Oor[②]；Hoeks，Stowe，& Doedens[③]）也得到了类似的结果。例如，Kolk 等研究发现，被试在加工荷兰语的语义违反句“De vos die op de stropers joeg sloop door het bos（The fox that hunted the poachers stalked through the woods）”时，关键动词处出现了 P600[④]。Marieke van Herten 等的研究也与语义 P600 相关，该研究在荷兰语者中进行，测试到 P600 的语义异常仍能反映句法处理的可能性，且在语法正确和明确的句子中出现了语义逆转异常，比如“The cat that fled from the mice”。如果参与者使用一种振奋人心的策略，他们就可以在这个例子（The cat that fled from the mice）中以最合理的方式组合词汇项目，对语义异常影响的这些发现是很难与 P600 作为一个纯粹的句法组成部分的观点相一致。同时，他们认为谓语动词和前置主语之间句子中关键动词及其论元之间的语义是否有关联，关联的紧密程度是诱发 P600 的重要原因。句法异常可以产生 P600 效应。然而，这种解释可能导致他们期待动词的一个特定的变化。违反这一预期可能会产生 P600 效应。这样的句法错配只能发生在主语和行为体数量不同的句子中。中央顶叶 P600 在不同以及同样的数句中也存在影响。因此，P600 效应并不是由于句法错配造成的，从而挑战 P600 的纯句法解释，即它反映了一个检查句子感知的真实性的监测成分。对于 P600 作为一个纯粹的句法成分有着共同的看法[⑤]。

语义 P600 效应的出现为研究者提出了一些问题。首先，引发 P600 效应的

---

① KIM A，OSTERHOUT L. The independence of combinatory semantic processing：Evidence from event-related potentials. Journal of Memory and Language，2005：205 - 225.

② KOLK H H，CHWILLA D J，VAN HERTEN M，et al. Structure and limited capacity in verbal working memory：A study with event-related potentials. Brain and Language，2003：1 - 36.

③ HOEKS J C，STOWE L A，DOEDENS G. Seeing words in context：The interaction of lexical and sentence level information during reading. Cognitive Brain Research，2004：59 - 73.

④ KOLK H H，CHWILLA D J，VAN HERTEN M，et al. Structure and limited capacity in verbal working memory：A study with event-related potentials. Brain and Language，2003：1 - 36.

⑤ VAN HERTEN M，KOLK H H，CHWILLA D J. An ERP study of P600 effects elicited by semantic anomalies. Cognitive Brain Research，2005：241 - 255.

语义违反与引发 N400 的语义违反（以下简称语用违反）有什么不同？从以上各研究的材料可以发现，引发 P600 效应的语义违反均为题元角色违反（以下简称题元违反），即论元的题元角色出现异常，通过题元角色的重新指派，可以把这些语义违反句变成语义合理的句子。如句子“Every morning at breakfast the eggs would eat...”中，加工系统先给“eggs”指派了施事者的题元角色，然而动词“eat”出现后，初始题元角色指派在语义上是不合理的。若将施事者改为受事者，句子语义就是合理的了。由此看来，题元违反与语用违反的区别在于是否可以通过题元角色的重新指派而使句子变得合理。那么新的问题关于是否所有的题元违反句都可以引发 P600 效应就有待商讨了。

之后，便有了研究者对这些问题进行了进一步的研究，并提出了各种理论来解释语义 P600 效应[①]。其中，最具代表性的有三种解释：监控说、非句法中心动态模型和扩展的论元依赖模型。这三种观点都对句子加工的句法优先模型提出了质疑，认为句子的加工并非句法表征优先，P600 是由不同表征之间的冲突引发的。然而，这些理论在解释语义 P600 效应的产生原因以及 P600 的功能意义方面观点并不一致。首先，监控说认为，P600 并不是对于句法再分析的一种反应，同时语义及语法 P600 违反的效应一致，即都是由语言加工中出现的差别引起，这种冲突导致了加工系统对可能出现的加工错误的监测与解决。具体来说，在日常听、读时，我们经常会遇到感知错误的情况，然而我们最后听、读的结果却很少出现错误，这是由于语言感知与语言产出类似，也有监控加工在起作用。在句子加工时，当通过句法分析所形成的解释与通过词汇意义联系所形成的解释之间存着冲突时，就会引发监控加工。因此，监控说认为，P600 效应反映的并不是纯粹的句法再分析加工，而是反映了更广泛意义上语言理解过程中的认知监控，即认知监控系统对可能出现的加工错误的检测与解决（Kolk，Chwilla，van Herten，& Oor，2003[②]；Kolk & Chwilla，2007[③]；）。监控说提出以后，一些研究的结果支持了这种观点（Vissers，Chwilla，& Kolk，2006[④]；Ye & Zhou，2008[⑤]；Vissers，

---

① 王瑞乐，等．句子加工中的语义 P600 效应．心理科学进展，2010，18（4）：545－552.

② KOLK H H，CHWILLA D J，VAN HERTEN M，et al. Structure and limited capacity in verbal working memory：A study with event-related potentials. Brain and Language，2003：1－36.

③ KOLK H，CHWILLA D. Late positivities in unusual situations. Brain and Language，2007：257－261.

④ VISSERS C T W，CHWILLA D J，KOLK H H. Monitoring in language perception：The effect of misspellings of words in highly constrained sentences. Brain Research，2006：150－163.

⑤ YE Z，ZHOU X L. Involvement of executive control during sentence comprehension：ERP evidence. Brain Research，2008：103－15.

Kolk，van de Meerendonk，& Chwilla，2008[①]）。例如，Vissers[②]等考察了荷兰语句子出现词汇拼写错误时的 ERP 效应。结果发现，当把句子中高预期的关键词替换为同音假词时出现了较大的语义 P600 效应。例如，句子“In die bibliotheek lenen scholieren boeken om mee naar huis te nemen（In that library the pupils borrow books to take home)”中，关键词“boeken（books)”是高度预期的，当把它换成同音假词“boekun（bouks)”时，引发了更大波幅的语义 P600。而在关键词低预期条件下，例如，句子“De kussens zijn opgevuld met boeken waardoor ze hard aanvoelen（The pillows are stuffed with books which make them feel hard)”中，同音假词“boekun（bouks)”却只引发了 N400 效应。研究者认为，高预期条件下，加工系统一方面试图接受同音假词，另一方面试图拒绝，这种冲突引发了 P600 效应。该研究中，正字法违反同样引发了 P600 效应，支持了监控说的观点，即 P600 效应并不局限在句法领域，而是由于认知冲突引发的。Ye 等人的研究也发现，个体的控制能力可以预测其句子加工的 ERP 成分。研究者首先通过颜色 stroop 任务将被试区分为低控制能力组和高控制能力组，然后将汉语的句法结构分为简单的“把”字句结构和复杂的“被”字句结构，考察两组被试加工两种（“把”字句与“被”字句）句法复杂性不同的题元违反句的 ERP 模式[③]。各实验条件的例句如下：

a. 主动合理句：男孩把玻璃打碎了。

b. 主动不合理句：玻璃把男孩打碎了。

c. 被动合理句：玻璃被男孩打碎了。

d. 被动不合理句：男孩被玻璃打碎了。

研究结果发现，高控制能力组加工句子 d 时表现出一个持续的正成分，并可以分为 350～600ms 时间窗口的早期正成分以及晚期的 P600 效应；而加工句子 b 时，在 350～600ms 引发了前侧负成分。低控制能力组的 ERP 模式则不受句法复杂性的影响，所有不合理句的加工均在 350～750ms 表现出持续的正成分。虽然低控制能力组的持续正成分没有明显表现出早期正成分和 P600 的界限，但研

---

① VISSERS C T W，CHWILLA D J，VAN DE MEERENDONK N，et al. Monitoring in language perception：Evidence from ERPs in a picture-sentence matching task. Neuropsychologia，2008，46（4）：967－982.

② VISSERS C T W，CHWILLA D J，KOLK H H. Monitoring in language perception：The effect of misspellings of words in highly constrained sentences. Brain Research，2006：150－163.

③ YE Z，ZHOU X L. Involvement of executive control during sentence comprehension：ERP evidence. Brain Research，2008：103－115.

究者认为，它与高控制能力组的持续正成分一样，都反映了认知控制系统对冲突的检测和解决，从而支持了监控说的观点。监控说将 P600 效应的功能意义界定为认知。

监控系统对可能出现的加工错误进行监控与解决，这确实能够很好地解释为什么题元违反或正字法违反会引发 P600 效应。然而，由于其对 P600 效应的解释过于广泛，使其在解释其他一些研究结果时略显不足。一些研究者发现，并不是所有句子加工的冲突都会引发 P600 效应。例如，被试在加工“Jill entrusted the recipe to platforms before she suddenly disappeared.”这种类型的语用违反句时，对介词“to”后面出现名词的预期与单词“platforms”之间出现了冲突，但结果只引发了 N400 效应，而没有引发 P600①。很显然，监控说将所有的句子加工中的冲突都与 P600 联系起来，这种观点过于绝对。

句法中心动态模型认为，句子加工有两条相互独立又相互作用的通路，P600 反映的是不同通路加工结果之间的冲突所引发的持续再分析过程。先前的语义 P600 效应研究似乎都可以通过题元角色的重新指派变成合理的句子。那么，这种题元角色的可修复性是否是语义 P600 效应出现的必然条件呢（即只有题元角色可修复时才会引发 P600 效应）？Kuperberg 及其同事对此进行了进一步的探讨，将他们先前研究中的实验材料加以改进，设置了两种语义违反：可修复的违反，如“Every morning at breakfast the eggs would eat…”；不可修复的违反，如“To make good documentaries cameras must interview…”②。结果发现，与控制条件的正确句子相比，两种违反句都引发了 P600。由于在不可修复违反中，主语“cameras”既不能作为动词“interview”的施事者，也不能作为受事者，但依然引发了 P600 效应，因此这种题元角色的可修复性并不是引发语义 P600 效应的必要条件。主语和动词并无语义上的联系，语义违反句（例如，“Every morning at breakfast the eggs would plant…”）也可引发明显的 P600 效应③。研究者认为，虽然主语和动词之间语义不相关，但是由于主语违反了动词的生命性

---

① AINSWORTH-DARNELL K，SHULMAN H G，BOLAND J E. Dissociating brain responses to syntactic and semantic anomalies：Evidence from event-related potentials. Journal of Memory and Language，1998：112－130.

② KUPERBERG G R，SITNIKOVA T，CAPLAN D，et al. Electrophysiological distinctions in processing conceptual relationships within simple sentences. Cognitive Brain Research. 2003：117－129.

③ KUPERBERG G R，KREHER D A，SITNIKOVA T，et al. The role of animacy and thematic relationships in processing active English sentences：Evidence from event-related potentials. Brain and Language. 2007：223－237.

限制，导致了P600效应的产生，因此，生命性可能是语义P600效应出现的关键因素。然而，其他一些语义P600效应的研究中的题元违反句也同样存在生命性违反，但并不是所有生命性违反句都会引发P600效应（例如，Kim & Osterhout，2005[①]，Experiment 2）。综合以上研究结果，Kuperberg认为，生命性在加工动词和论元之间的题元关系时起着关键的作用，但生命性违反并不一定会引发语义P600效应[②]。Kuperberg综述了关于语义P600效应的一系列研究，讨论了六个可能的诱发因素：题元角色可修复性；动词和论元之间的语义联系；生命性、合理性（plausibility）、任务、语义情境。她认为，这几种因素都无法单独引发语义P600效应，而只能增加语义P600效应出现的可能性，语义P600效应可能是由于几种因素联合作用的结果[③]。Kuperberg不仅分析了可能影响语义P600效应出现与否的因素，还对以往的句子加工模型进行改进，提出了句子理解的非句法中心动态模型（non-syntactocentric dynamic model），试图将语义P600效应和以往的关于句子理解的观点整合起来[④]。该模型认为，句子的加工至少有两条并行的通路。第一条通路是基于语义记忆的通路（semantic memory-based stream），该通路负责处理句子实词之间的语义关系，并将之与语义记忆中储存的信息相比较。当句子语义违反时，会出现N400效应。第二条通路是联合通路（combinatorial streams），联合通路不仅对词素句法信息敏感，而且对生命性等语义—题元限制敏感。当联合通路中题元加工的分析结果与句法加工的分析结果之间不相符时，联合通路就会进行持续的分析，从而表现为P600效应。例如，在阅读题元违反句“Every morning at breakfast the eggs would eat...”时，人们基于主语的生命性信息和动词的生命性限制，把句子理解为“每天早饭吃鸡蛋”，基于语义记忆的世界知识信息的语用加工也将句子理解为“每天早饭吃鸡蛋”，而基于句法信息的分析结果则是“每天早饭鸡蛋吃”，两条通路的三种分析

---

① KIM A，OSTERHOUT L. The independence of combinatory semantic processing：Evidence from event-related potentials. Journal of Memory and Language. 2005：205－225.

② KUPERBERG G R，KREHER D A，SITNIKOVA T，et al. The role of animacy and thematic relationships in processing active English sentences：Evidence from event-related potentials. Brain and Language. 2007：223-237.

③ KUPERBERG G R，KREHER D A，SITNIKOVA T，et al. The role of animacy and thematic relationships in processing active english sentences：Evidence from event-related potentials. Brain and Language. 2007：223－237.

④ KUPERBERG G R，KREHER D A，SITNIKOVA T，et al. The role of animacy and thematic relationships in processing active English sentences：Evidence from event-related potentials. Brain and Language. 2007：223－237.

之间出现了冲突，从而导致联合通路的持续分析，这种持续分析在 ERP 上就表现为 P600。基于语义记忆的通路与联合通路之间既是并行的，同时又存在着交互作用[①]。非句法中心动态模型是在以往句子理解模型上发展起来的。如 Friederici 的句子理解三阶段模型认为，句子理解过程可分为句法加工和语义加工，两种加工在句子加工的中后期会有交互作用。Kuperberg 将其中的句法加工通路发展为联合通路，认为其不仅处理词素句法信息，还针对语义—题元限制敏感。但是与监控说一样，非句法中心动态模型不同意句子加工三阶段模型所认为的"句法加工在句子加工过程中有优势作用"，而是认为不同通路之间是并行而又交互作用的。因此该模型被叫作"非句法中心"动态模型。与监控说相比，非句法中心动态模型认为，P600 效应反映了联合通路的持续分析，而不是反映广泛意义上的认知监控的作用，这使得非句法中心动态模型既能解释以往的句子加工研究的结果，又能解释语义 P600 效应的出现。然而，非句法中心动态模型对于不同通路之间关系的论述略显简单。不同通路之间究竟是如何并行而又交互作用的？它们的时间进程如何？该模型并未详细地阐述这些问题，还需要进一步地完善。

扩展的论元依赖模型（the extended argument dependency model）是由 Bornkessel 等人提出的句子加工的理论[②][③]。扩展的论元依赖模型将句子加工分为三个大的阶段。其中，第一阶段负责处理词汇范畴信息，其本质是句法的。扩展的论元依赖模型与以往句子理解模型最大的不同在于，该模型认为句法的加工仅仅局限在句子加工的第一阶段，即词类范畴信息的加工，句子加工的中后期阶段是独立于句法加工的。第二阶段是处理动词和论元之间的关系，即题元角色指派的过程。这一阶段依赖于前一阶段的词类范畴信息的加工，若遇到的词汇不是谓语动词，加工系统会根据词序、生命性等对其进行初步的题元角色指派；当加工到动词时，系统则会将初步的题元角色指派与动词的词汇特征相整合，从而最终确定哪个是施事者，哪个是受事者。如果第一阶段加工词类范畴时出现异常，第二阶段就无法进行，因为无法确定该词是否属于谓语动词。第二阶段除了以上加工过程，还会对词汇、句子情境、世界知识等信息进行加工，进而分析句子的语义

---

① KUPERBERG G R，KREHER D A，SITNIKOVA T，et al. The role of animacy and thematic relationships in processing active English sentences：Evidence from event-related potentials. Brain and Language. 2007：223 - 237.

② BORNKESSEL-SCHLESEWSKY I，SCHLESEWSKY M. An alternative perspective on semantic P600 effects in language comprehension. Brain Research Reviews. 2008，59（1）：55 - 73.

③ BORNKESSEL I，SCHLESEWSKY M. The extended argument dependency model：A neurocognitive approach to sentence comprehension across languages. 2006，113（4）：35.

合理性。第三阶段分为两个加工过程，首先是将第二阶段所得到的结果与其他信息（如世界性知识信息）整合起来，这一过程被叫作“全面映射”（generalized mapping）。全面映射过程依赖于前两个阶段，前两个阶段若出现异常，就会阻断全面映射过程。在全面映射过程后，还存在一个“最终解释”（wellformedness）的过程，负责对句子形成最终的解释，这一过程则不会被前面几个阶段阻断，即使在前面几个阶段出现异常，加工者也会对句子形成一个解释。同时，最终解释过程是与任务相关的。扩展的论元依赖模型在解释语义 P600 效应时，强调语义 P600 效应与传统的 P600 效应是不同的，两者发生在句子加工的不同阶段。语义 P600 效应发生在第三阶段的全面映射过程，而传统的 P600 效应则发生在第三阶段的最终解释过程。第二阶段的所有加工过程在 ERP 上都表现为 N400。由此可见，扩展的论元依赖模型认为，认知加工过程与 ERP 成分之间并不是一对一的关系，而是多对一的关系。如语义、世界性知识等的加工与题元角色指派都表现为 N400，而全面映射过程和最后解释过程都表现为 P600。在一些语义 P600 效应的研究中，P600 并不是单独出现的，而是出现在 N400 效应之后，即 N400 - P600 双阶段模式。如 Kolk（2003）的研究中，当被试阅读“De bomen die in het park speelden（The trees that played in the park...）”这种语义违反的句子时，关键动词处出现了 N400 - P600 双阶段模式，且 P600 效应仅出现在句法合理性判断的任务中，当任务变成阅读理解时 P600 效应消失①。扩展的论元依赖模型对此的解释是，由于动词和其论元之间没有语义联系，从而在加工语义、情境信息时出现异常，表现出 N400。由于基于语义信息的合理性加工出现异常，阻断了第三阶段各种信息的整合，因此并没有出现语义 P600 效应。这里出现的 P600 效应是在最终解释阶段出现的传统 P600 效应，因此是与任务相关的。综上所述，与监控说和非句法中心动态模型一样，扩展的论元依赖模型也认为 P600 效应并不是反映句法再分析过程。然而，与两种理论解释不同的是，扩展的论元依赖模型强调语义 P600 效应和句法违反所引发的 P600 效应产生于句子加工的不同阶段，两种 P600 效应可能有着本质的差异。扩展的论元依赖模型较好地解释语义 P600 的几个困惑。例如，为什么有的研究结果发现的是单独的 P600 效应，而有的研究发现了 N400 - P600 双阶段模式？为什么一些研究中发现的 P600 效应是和任务相关的？但是该模型还存在一些问题。首先，扩展的论元依赖模型无法解释为什么句法违反会引发与 N400 时间窗口相似的 LAN（left anterior negativity）效应。

---

① KOLK H H，CHWILLA D J，VAN HERTEN M，et al. Structure and limited capacity in verbal working memory：A study with event-related potentials. Brain and Language. 2003：1 - 36.

以往研究表明，一些句法违反会在 300～500ms 引发最大波幅位于大脑左半球前部的负波（LAN），这与扩展的论元依赖模型所说的句法加工仅发生在第一阶段是相矛盾的。其次，扩展的论元依赖模型的某些观点缺乏实验支持。例如，该模型假设的认知加工过程与 ERP 成分之间多对一的关系，目前还没有确切的研究证据来支持[①]。

语义 P600 的发现引起了学界的广泛关注。语义 P600 效应的影响因素主要有语义吸引（即题元角色分配中的颠倒现象）、语义联系（semantic association）、语义合理性（plausibility）、实验任务要求、语境的作用等。但 Kuperberg 认为，上述这些因素都无法单独激发 P600，P600 可能是由以上几种因素综合作用才出现的[②]。语义 P600 引发了人们对句子加工机制的深入思考。一般认为，题元违反在本质上是语义的，那么它激发出的为何不是通常语义违反所激发的 N400 效应，而是一般只有句法违反才激发的 P600 效应？语义 P600 与句法 P600 在本质上是一样的吗？P600 的功能到底是什么？这些都是研究者们要回答的问题[③]。

---

① PALOLAHTI M，LEINO SAKARI，JOKELA M，et al. Event-related potentials suggest early interaction between syntax and semantics during on-line sentence comprehension. Neuroscience Letters. 2005，384 (3)：222.

② KUPERBERG G R，KREHER D A，SITNIKOVA T，et al. The role of animacy and thematic relationships in processing active English sentences：Evidence from event-related potentials. Brain and Language，2007：223-237.

③ 周长银．“单线加工”还是“多线加工”？——语义 P600 研究的争议与最新进展．外国语，2017 (6)：14.

第四章 fMRI 技术及其应用

狗是人类最亲密的动物朋友，能否听懂人话呢？换句话说，狗懂得人话这门第二语言吗？狗的平时表现好像是能够听懂人话，毕竟在它们把家变成战场、把主人气得破口大骂的时候，会表现出楚楚可怜的样子向人求饶。一种观点认为，其实狗并没有听懂主人究竟在说什么，它们只是从以前的经验中知道，只要装出这副样子，主人好像就不生气了。也就是说，狗并非真正懂得人类的语言，而是通过听人类说话时的表情、语气、音调等等表现来判断人的情感倾向，然后再去辨别人是开心还是生气。

但是最新研究显示，狗不仅能分辨人的语气，而且能理解词语的含义。行为研究显示，如果狗听见有意义的指令，其中有大约八成头会往右转，而当听到只保留情绪暗示和音调但无意义的声音时，大多数都会头转向左边。后续功能性磁共振成像（fMRI）研究对 13 只狗进行脑部扫描的同时，以快乐或者平淡的语气，分别对这些狗说出表扬词（比如“就是这样”“聪明”“做得好”）和不带赞美意思的中性词（比如“就像”“这样”“如果”）。结果发现狗用左大脑半球处理语义信息，而用右大脑半球听觉区分析语言背后的情绪。当听到表扬词的时候，狗的左脑比右脑激活更强，狗的左脑反应能证明它们真的理解表扬，并不只是因为听到熟悉的话就做出回应。

最后，研究者也分析了狗的奖励中枢，当有令人愉悦的事发生时，这个区域就会有反应。结果发现，当训练师用积极的语调说出表扬词，狗的奖励中枢就变得活跃。这说明表扬词的功效就像奖励一样，如果以表扬的语气说出来，狗会更积极。也就是说，狗不仅会听我们说什么，还会分辨我们说话的方式和语调，它们还会把话和语调合起来，用来理解主人们在讲什么。结果显示，狗和人很像，它们对语言的加工都与人脑处理语言的方式类似。

fMRI 研究报道立刻引起了热议。有研究者指出，尽管左右半球的差异非常显著，但是奖励中枢的反应比较弱，而且和其他脑区激活重合了，因此可能这一结果不太明显，不算很强的证据。其他研究者认为解释结果时应该更谨慎：首先，这一研究扫描的狗数量较少，只有 13 只狗的数据，并且只汇报了平均数据。其次，作者没有记录狗在无语言刺激下的脑部活动。如果没有刺激，单只狗也表现出来单侧脑区比另一侧脑区激活更强，那么结果就不是由语言加工引起的。而且单只狗差异极其显著的话，可能会使得平均结果偏离，所以结果不一定是真实的。最后，狗对语言加工的偏侧化，有可能是因为狗的选择造成的。因为研究选择了被良好饲养的、能有效加工语言的狗，不能明确说明狗是否本身生来具有这一能力，还是由于训练获得的语言加工能力。

故事并没有结束，fMRI 研究的作者们后续发表了一则声明，发现了一个数据记录和处理上的乌龙：狗是趴着进入扫描仪的，而人是躺着进入扫描仪的，可是作者们忘记了这点区别，导致最后汇报的结果实际上是反过来的。正确的结果应该是：狗的右脑处理语义信息，左脑处理情绪信息，与人脑处理语言的方式相反。

这一研究能很好地说明，进行 fMRI 研究时需要注意数据记录和数据处理上的问题：①如果被试数量不足，平均数据可能会存在偏差，不足以反映所有被试的情况。②实验数据应当有控制组数据作参照，从而排除其他可能原因。③用单一样本的结果推广到总体时应当谨慎。④数据处理和分析时，一定要区分清楚脑区的左右。

第一节 fMRI 技术简介及其原理

为了打开大脑这一“黑箱”，各种神经科学技术被心理学研究借鉴使用，其中最常用的就是功能性磁共振成像（fMRI）的技术。这项技术能提供精确的结构性成像、脑部连接，以及静息和任务状态下的脑部活动，由于空间分辨率准确，且无创地对活体成像，受到广泛应用。广义的 fMRI 技术包括弥散加权成像

(DWI)、灌注加权成像(PWI)、磁共振波谱成像(MRS)和血氧水平依赖成像(blood oxygenation level dependent, BOLD)。狭义的 fMRI 通常特指血氧水平依赖成像(BOLD-fMRI)。本章首先介绍 fMRI 成像的历史和仪器,其次说明 MRI 成像以及 BOLD-fMRI 的原理,然后介绍使用 fMRI 技术进行实验设计、数据收集和分析的方法。

一、fMRI 发展简史

自 20 世纪 40 年代起,人类就认识了核磁共振现象,由于担心核磁共振中的"核"会引发人们的恐慌,目前将核磁共振改成了磁共振,但这一现象在三十多年之后才得到了广泛的应用。早在 1946 年,美国学者斯坦福大学的 Felix Bloch 和哈佛大学的 Edward Purcell 分别发现了核磁共振现象,为现代的磁共振成像技术建立了理论基础,两位学者因而获得了 1952 年诺贝尔物理学奖。

1967 年,Jasper Jackson 首先在活的动物身上观测到活体组织的 MR 信号。1971 年纽约州立大学医生 Damadian 提出了利用磁共振现象诊断癌症,并发现肿瘤组织的 T1、T2 时间延长。1973 年纽约州立大学化学教授 Paul Lauterbur 利用梯度磁场解决了 MRI 的空间定位问题,并获得了水模中氢质子的第一幅 MR 图像,1974 年作出了活鼠的 NMR 图像,1977 年取得了临床 MRI 扫描器的专利。1977 年,Mansfield 使用回波成像(EPI)序列更快地得到图像。1978 年,Mallard、Hutchison 和 Lauterbur 等使用磁共振设备取得第一幅人体头、胸和腹部的图像。1980 年,商用 MRI 系统出售,开始应用于临床。2003 年,Lauterbur 和 Mansfield 共同获得诺贝尔生理学或医学奖。

此外,BOLD-fMRI 相关研究也不断推进。1936 年 Pauling 就指出,氧合血红蛋白和脱氧血红蛋白的磁化率稍有不同。1982 年 Thulborn 论证了脱氧血红蛋白的 NMR 信号衰减速度比氧合血红蛋白快,即 T2 短。1986 年 Fox 首先发现,神经活动随区域性脑血流(rCBF)、血体积(rCBV)、血氧和代谢等变化。

1990 年,Ogawa 首次通过 T2 加权像观察到 BOLD 效应,发现给定任务刺激后,脑部血流量增加,即氧合血红蛋白增加,而脑的局部耗氧量增加不明显,即脱氧血红蛋白含量相对降低。Turner 用动物进行实验,让动物呼吸富氮缺氧的空气,用 EPI 快速成像观察供氧变化的时间过长,验证了 BOLD 效应。Kwong 等人报告,人在呼气或吸气时也观测到了类似的变化。1991 年,Belliveau 首次通过对比机制观察到功能图像,形成了伴随神经活动的血流动力学变化的非侵入性观察基础。1992 年，Ogawa 和 Kwong 发表了通过 BOLD 信号成像的结果。

二、MRI 系统

为了获得 MRI 数据，我们需要了解 MRI 系统。随着磁体、电子和计算机技术的发展，磁共振成像技术的成像质量和扫描速度不断提高，应用范围不断扩大，由此划分出不同类型的磁共振系统。MRI 系统通常包括：主磁体、梯度系统、射频系统、数据采集与图像重建系统、其他辅助设备。

主磁体是 MRI 系统的核心设备，产生了 MRI 的静磁场，其强度决定了系统的性能。主磁体最重要的性能指标为磁场强度，主磁体的场强通常以特斯拉（Tesla，简称 T）表示，以纪念旋转磁场原理及其应用的先驱。根据磁场强弱分类，磁共振系统可分为超低场强系统（场强≤0.1T）、低场强系统（0.1T～0.5T）、中场强系统（0.5T～1.0T）、高场强系统（1.5T～2.0T）和超高场强系统（≥2.0T）。除了磁场强度这一指标，主磁体的性能指标还包括磁场均匀度、磁体稳定性、扫描孔径、磁体重量、长度、体积等因素。

根据主磁体结构的不同，磁体可分为：（1）常导型磁体：不同大小的、有电流通过的线圈有序排列，可以形成均匀的磁场。由于电流产生热量，因此需安装冷却系统来冷却线圈，但是温度过高时，冷却系统无法起作用，因此常导型磁体通常磁场强度不高，在 0.3T 左右，最高不超过 0.7T。（2）永磁性磁体：由永磁砖拼接而成，外部由导磁材料构成，形成磁力线回路。由于不用电流产生次数，不需要消耗电力，也不需要配套冷却系统，产生的磁场较低，在 0.2T 到 0.7T。（3）混合型磁体：利用以上两组技术制造，在永磁体上缠绕铜线圈，使两个磁场方向一致，形成了混合型磁体。混合型磁体场强也较低，通常在 0.4T 以上。（4）超导型磁体：利用超导体绕制线圈，从而产生超导磁体。超导型磁体没有场强限制，能制作高场和超高场系统。但是超导线圈必须浸泡在液氮中，并使用冷却系统减少液氮的挥发。

梯度系统是 MRI 系统的最重要硬件之一，可用来动态修正静磁场，对信号源进行空间定位编码，在梯度回波和快速成像序列中梯度磁场的翻转能使相位重聚等。梯度系统由梯度线圈、梯度放大器、数模转换器、梯度控制器、梯度冷却装置等组成。梯度线圈安装于主磁体内，是特殊绕制的线圈，用以产生梯度磁场。如头足方向的梯度磁场，当梯度线圈通电后，电流流经线圈的头侧部分时，梯度线圈头侧部分产生的磁场与主磁场方向一致，两个磁场强度相互叠加，因此头侧磁场强度增高；而电流流经线圈足侧部分，线圈足侧部分产生的磁场与主磁场相反，两个磁场强度相减，因此足侧磁场强度降低，由此就形成了沿着头足方向的梯度磁场。人体左右侧、前后侧的梯度磁场产生的机制与头足方向相同，仅方位不同。

梯度系统有两个重要性能指标，即梯度场强和梯度切换率。梯度场强是单位长度内磁场强度的差别，梯度磁场的长期越强，回波延时时间 TE 越短，整个系统表现越好。但是，梯度电流受梯度放大器的限制，要进一步提高场强比较困难。梯度切换率反映了单位时间及单位长度内地图磁场强大的变化率，切换率越高表示梯度磁场变化越快，即梯度线圈通电后梯度磁场达到最大强度所需时间越短。目前 MRI 系统的梯度切换率可高达 200mT/（m·s）。但是梯度磁场剧烈变化会对人体造成一定影响，尤其是会引起周围神经刺激，因此梯度磁场场强和切换率并非越高越好，而是有一定限制的。

射频系统由射频发生器、射频放大器和射频线圈等构成，用来发射和接受射频脉冲，从而作用于处于静磁场中的氢质子，引起磁共振现象。射频脉冲由射频线圈发射，一个接着一个脉冲逐个发射，从而组成不同的脉冲序列。射频线圈由低阻值导线绕制而成，即能发射脉冲来激发氢质子工作，又能接收磁共振信号。发射线圈要尽可能均匀地发射射频脉冲，通常由高功率射频放大器功能，发射的射频脉冲强度大，持续时间短，加快了 MRI 的采集速度。接收线圈与 MR 图像信噪比有关，接收线圈离检查部位越近，接收的信号越强，线圈内体积越小，接收到的噪声就越低。为避免磁共振信号被射频脉冲破坏，接收/发射转换开关被用来快速转换信号。

按照线圈的作用，可分为：（1）容积线圈：能包容或包裹某一成像部位的线圈既是发生线圈又是接收线圈，通常使用的体线圈和头部线圈就是容积线圈。体线圈一般安装在主磁体内部，负责大部分射频发射工作，是 MRI 设备必须装备的线圈之一。（2）表面线圈：是贴近检查部位的线圈，敏感度高于容积线圈，具有高信噪比。表面线圈主要用于检查小范围的、靠近线圈的 MR 信号，广泛用于脊柱、关节等部位的检查。（3）相控阵线圈：由一系列表面线圈组成，同时接收并合成信号，能得到较大的成像区域，信噪比更好。（4）腔内线圈：放置于人体内，对某一器官或组织近距离、高分辨率成像的表面线圈。

通过接收线圈采集了模拟信号后，必须通过 A/D 转换，称为数字信号，才能被计算机识别和处理。模拟信号由模—数转换器完成数字化，为保证图像质量，MRI 系统中的每一个接收通道都有一个独立的模—数转换器。为了缩短图像重建时间，需要性能强大的图像重建系统，用来控制扫描、预处理并将原始数据进行傅里叶转换，从而生成 MR 图像。另外，计算机系统还提供友好的用户界面，帮助管理被试资料，显示图形和结果，储存和传输数据，使得高分辨率快速成像的临床应用与基础研究成为可能。

除了以上系统外，MRI 设备还提供了辅助设备构成完整的系统，如检查床及定位系统、液氮及水冷却系统、生理监控仪器等，由此保证扫描的顺利完成。

三、原子核的自旋

原子核由质子和中子组成，围绕自身的轴不断做转动运动。原子核内的质子和中子做方向相反、大小相同的自旋运动。如果质子和中子数量相同，那么原子核总的自旋为零；如果质子和中子数量不一致，就会存在剩余的自旋。由于质子带正电荷，运动的电荷形成电流环路。根据右手法则，绕自身轴不断旋转的质子就会产生一个小磁场，即核磁。核磁共振成像的名称即来源于此，即带正电荷的原子核自旋产生的磁场。

并非所有原子核都能自旋产生核磁。如原子核内的质子数和中子数均为偶数，则不能自旋产生核磁。如原子核内中子和质子均为奇数，或者中子/质子中一种为奇数，才能自旋产生核磁，这一类自旋产生核磁的原子核被称为磁性原子核。人体内有许多磁性原子核，理论上都能成为磁共振成像的对象，但一般用于磁共振成像的原子核为氢原子核（1H）。1H 仅有一个质子而没有中子，又被称为氢质子或简称质子。由于 1H 组织浓度最高，磁共振信号灵活度最大，并且在代谢中起重要作用，因此被用来进行常规 MR 成像。

人体内存在无数氢质子，每个氢质子自旋产生无数个小核磁，但是不意味着人体就变成了大磁铁。这是因为每个氢质子产生的磁场是随机无序、杂乱无章的，所以每个氢质子的磁化矢量彼此抵消，所以人体在自然状态下不会产生磁场。但是，如果人体进入大磁场中，人体中的质子就像指南针在地球的磁场一样，不再随机无序，而是有规律地排列。质子产生的磁场有两种：一种质子处于低能级，因此受到主磁场的束缚，其磁化矢量与主磁场方向一致；一种质子处于高能级，因此能对抗主磁场，其磁化矢量与主磁场方向平行但相反。当主磁场强度较高时，处于低能级的质子多于处于高能级的质子的数量增加，二者相互抵消后，剩余产生 MR 信号的氢质子数量较多，信号较高。因此，主磁场强度增加时，MR 信号强度也会增高。

和地球自转的同时围绕太阳公转一样，氢质子不仅要自旋，产生的核磁还要围绕主磁场轴做圆周运动，氢质子的这种运动被称为进动。不同元素有不同的进动频率，同一质子的进动频率和主磁场强度成正比。受到进动的影响，质子的自旋小磁场可分解为纵向磁化分矢量和横向磁化分矢量。质子的纵向磁化分矢量方向不变，低能级质子与主磁场方向相同，高能级质子与主磁场方向相反，而低能级质子数多于高能级质子数，因此会产生与主磁场方向相同的宏观纵向磁化矢量。至于横向磁化分矢量，由于每个氢质子相位不同导致相互抵消，没有宏观横向磁化分矢量产生。

尽管宏观纵向磁化矢量相对每个质子的核磁来说很大，但是面对强度很大的主磁场来说非常微小，尤其是其方向与主磁场一致，因此 MR 接收线圈无法检测到宏观纵向磁化矢量。为了能够检测到宏观磁化矢量，有必要施加额外的信号，使得产生宏观横向磁化矢量。为此，就需要引入磁共振现象。

四、磁共振

在日常生活中，共振现象非常常见。比如一队士兵正迈着威武雄壮、整齐划一的步伐通过一座大桥，走到桥中间时，桥梁突然发生强烈的颤动，最终断裂坍塌。造成这次惨剧的罪魁祸首正是共振。共振被认为是能量从一个振动的物体传递到另一个物体，而后者以前者相同的频率振动。因此，共振发生的条件是频率一致，其实质是能量传递。

类似地，如果给处于低能级的氢质子能量，氢质子获得能量后进入高能级状态，即磁共振。磁共振是射频线圈发生射频脉冲，激发氢质子引发的，这种射频脉冲的频率必须与氢质子进动频率相同。宏观来看，磁共振现象是使宏观纵向磁化矢量发生偏转，射频脉冲的强度和持续时间决定了射频脉冲激发后的效应。低能级的超出部分的氢质子中，一半获得能量后进入高能级状态，因此高能级和低能级质子数量相同，纵向磁化矢量相互抵消。与此同时，所有氢质子处于相同相位，使得质子的微观横向磁化矢量增加，从而产生宏观横向磁化矢量。

MRI 技术中使用较多的为 90°和 180°射频脉冲。90°脉冲能激发产生最大的旋转横向磁化矢量，这种矢量切割接收线圈，并被 MR 设备检测，此时的 MR 图像可区分质子密度不同的两种组织。但是仅仅区分不同组织的质子差别对临床诊断来说远远不够，因此在 90°脉冲关闭后过一段时间，才进行 MR 信号干预和采集。

施加 180°脉冲后，宏观纵向磁化矢量与主磁场平行，但方向相反，宏观横向磁化矢量则为零。

五、弛豫

发射射频脉冲后，被激励的质子群发生共振，组织中的宏观磁化矢量离开平衡状态，但脉冲停止后，宏观磁化矢量又自发地回复到平衡状态，这个过程被称为弛豫（relaxation）。弛豫可分为两个部分：（1）横向弛豫：横向磁化矢量从最大值逐渐减小到消失，也称为 T2 弛豫。（2）纵向弛豫：纵向磁化矢量从零恢复到平衡状态，也称为 T1 弛豫。

90°射频脉冲的一个作用是激励质子群以同一方位、同步旋进，从而达到最大的宏观横向磁化矢量。而横向弛豫是因为同相位进动的质子群失去了相位的一致，这是由于质子周围磁环境随机波动（自旋—自旋弛豫），以及主磁场的不均匀引起的。因此 90°射频脉冲关闭后，宏观横向磁化矢量迅速衰减，这种衰减被称为自由感应衰减，得到的 MR 信号为自由感应衰减信号。这一衰减呈指数状态，用 T2 表示快慢，表示横向磁化矢量减少到最大值的 37%所需时间为横向弛豫时间（T2 弛豫时间），因此横向弛豫又称为 T2 弛豫。不同组织横向弛豫速度不同，T2 值也不同，因此能用来区分不同的解剖结构。

自旋—自旋弛豫和主磁场不均匀两者共同造成质子失相位，产生的横向磁化矢量衰减，实际为 T2＊弛豫，自旋—自旋弛豫导致的宏观横向磁化矢量衰减才是真正的 T2 弛豫。为得到真正的 T2 弛豫，须去除主磁场不均匀导致的质子失相位，可采用 180°聚焦脉冲矫正主磁场不均匀。在 90°脉冲关闭后，由于主磁场不均匀，质子横向磁化分矢量逐渐失相位。施加 180°聚焦脉冲后，所有质子相位反转 180°，而各个质子依然以原来频率继续进动。这个过程中，90°脉冲与 180°脉冲的时间间隔称为 Ti。180°聚焦脉冲关闭后，各质子以原来频率进动而相位逐渐重聚，宏观横向磁化矢量逐渐增大至最大。由于主磁场不均匀，质子进动频率依然不同导致自由感应衰减，宏观横向磁化矢量从最大开始逐渐衰减。接收线圈记录到宏观横向磁化矢量变化得到的回波，被称为自旋回波。

纵向弛豫是处于高能级状态的质子释放能量，回到低能级状态的过程。纵向弛豫实际也是一个共振过程，因此处于高能级状态的质子释放能量的速度与其周围分子的自由运动频率有关。质子处于一个频带相当宽的混合磁波动环境中，质子周围分子的自由运动频率与质子的进动频率越接近，能量释放越快，组织的纵向弛豫就越快，反之亦然。质子周围的分子被称为晶格，因此纵向弛豫也被称为自旋—晶格弛豫。不同组织由于质子周围的分子自由运动频率不同，纵向弛豫速度也不同。纵向弛豫的快慢用 T1 值描述，表示以射频脉冲关闭后，到宏观纵向磁化矢量回复到最大值的 63%的时间。不同组织的 T1 值不同，因此同样用来显示不同的解剖 aza 结构。

90°脉冲激发后，用 180°聚焦脉冲剔除主磁场不均匀造成的横向磁化矢量衰减，就是经典的自旋回波序列（spin echo，SE）。90°脉冲中点到回波中点的时间间隔被定为回波时间（echo time，TE）。两次相邻的 90°脉冲中点的时间间隔定义为重复时间（repetition time，TR）。如果 TE 很短，即 90°脉冲激发后立刻采集回波信号，此时组织没来得及发生 T2 弛豫，因此 TE 决定图像的 T2 成分。如果 TR 很长，那么所有组织 T1 完全弛豫，就可以提出图像的 T1 弛豫差别，因此 TR 决定了图像的 T1 成分。通过调整 SE 序列的 TR 和 TE，可以决定 MR 图像中的 T1 弛豫和 T2 弛豫成分，获得不同的加权图像。

六、磁共振加权成像

加权表示重点突出组织某方面特性，这是因为 MRI 成像中，组织的多方面特性会影响 MR 信号。为了提高 MRI 组织的分辨能力，可以通过调整脉冲序列和程序参数，使得 MR 图像反映组织某方面特性，并尽量抑制组织其他特性对 MR 信号的影响，这就是磁共振加权成像。其中 T1 加权成像（T1-weighted imaging，T1WI）突出组织纵向弛豫的差别，T2 加权成像（T2WI）突出组织横向弛豫的差别。

T1 加权成像反映的是前一次 90°脉冲后，组织纵向弛豫的快慢。在 T1WI 上，组织的 T1 值越小，纵向磁化矢量恢复越快，以及恢复的纵向磁化矢量越大，MR 信号强度越大，在图像上显示得更亮、更白。人体组织中，脂肪的 T1 值最短，约为 250 毫秒，MR 信号高。水的 T1 值约为 3 000 毫秒，MR 信号低，水样结构如脑脊液图像更黑、更暗。对于脑组织而言，正常灰质 T1 值大于白质，因此 MR 信号强度比白质低。人体大多数病变的 T1 值相比正常组织大，因此在 T1WI 上比正常组织黑。为能最大程度地区分两种组织的 T1 值，SE 序列的 TR 选择在这两种组织 T1 值的平均值附近，此时 T1 对比最好。在 T1WI 上组织的 T1 值越短，其信号强度越高。

T2 加权成像反映组织残留的宏观磁化矢量的差别，即横向弛豫的差别。在

T2WI 上，组织的 T2 值越小，横向磁化矢量减小速度快，残留的横向磁化矢量小，因此 MR 信号更低，在图像上显得更黑、更暗。人体组织中，水的 T2 值约为 1 600 毫秒，MR 信号高，水样结构如脑脊液图像更亮、更白。脂肪的 T2 值约为 100 毫秒，MR 信号低。对于脑组织而言，正常灰质 T2 值大于白质，因此 MR 信号强度比白质高。人体大多数病变的 T2 值相比正常组织小，因此在 T2WI 上比正常组织白。如果采用 SE 序列 T2WI，为了消除组织纵向弛豫对图像对比的影响，同时控制 MR 信号采集时间，TR 应选择恰当的时间。为了获得最佳的 T2 对比，TE 应该选择两种组织的 T2 值均值附近。如果采用梯度场的切换获取梯度回波信号，则 MR 信号反映的不是真正的 T2 弛豫信息而是 T2 * 弛豫信息，得到是 T2 * WI，其信噪比低于 T2WI。

七、MRI 空间定位

采集 MR 信号包含了整个采集容积的组织信息，MR 信号的定位原理类似在地球上依据磁场定位。地球磁场存在从赤道到南北极逐渐减弱的地磁梯度，因此在地球是可根据所处位置的磁场强度来确定其方位。MR 信号的空间定位，利用三套梯度线圈产生的梯度磁场来实现。不同位置的 MR 信号带有不同的空间定位信息，通过数学转换编码，可以将 MR 信号分配到各个像素中。MR 信号的空间定位包括层面层厚选择、频率编码和相位编码。

组织的层面和层厚受到梯度线圈的梯度强度和射频脉冲的影响。由于主磁场并不是如理论上的绝对均匀，因此发射的射频脉冲包含了一定范围的频率（带宽）。通过控制和调整梯度场强和射频带宽，可以选择扫描的层面和层厚。如果梯度场强不变，射频带宽越宽，层厚越厚；如果射频带宽不变，梯度场强越高，层面越薄。MRI 利用上下方向的梯度场进行标准横断面成像，利用前后方向的梯度场进行标准冠状面成像，利用左右方向的梯度场进行标准矢状面成像。通过有机组合三组梯度场选择层面和层厚，MRI 可以在任意断面上进行扫描。

MR 信号包含全层信息，必须在层面内进行空间定位编码，才能把整个信息分配到各个像素（pixel），即每个体素（voxel）中。空间定位编码包括频率编码和相位编码。频率编码的原理类似三棱镜折射，将白光分辨出七种色光。白光本身包含了七种频率的光线，只是各个频率光线混合在一起，肉眼无法分辨，而通过三棱镜折射，可以将白光分解出七种频率。MR 信号采集时，梯度线圈施加频率编码梯度场，造成不同位置上的氢质子进动频率不同，采集获得的 MR 信号就包含了不同频率的空间信息。频率编码采用傅里叶变换，将不同频率的 MR 信号解码，分辨出不同频率的 MR 信号，不同的频率表示不同的位置。

但是傅里叶变换只能区分相位相差 180°的 MR 信号，不能区分左右方向还是前后方向的频率差别。因此，对一个方向进行了频率编码，就必须在其垂直方向进行相位编码。MR 信号采集前，梯度线圈施加相位编码梯度场。相位编码梯度场强度和/或方向不同，使得与频率编码垂直方向上，不同位置的磁场强度不同，相应位置的氢质子进动频率也不同，使得氢质子进动的相位出现差别。采集 MR 信号时，关闭相位编码梯度，氢质子的进动频率恢复一致，但氢质子进动相位差别被保留。此时采集到的 MR 信号就带有不同的相位信息，通过傅里叶变换可以区分不同相位的 MR 信号，不同的相位就能代表垂直于频率编码方向上的空间定位。

八、K 空间

K 空间也称傅里叶空间，是带有空间定位编码信息的 MR 信号原始数据的填充空间，每一幅 MR 图像都有相应的 K 空间数字数据点阵，和真实空间互为“倒易”关系。磁共振接收线圈采集到的 MR 信号属于模拟信号而非数字信号，经过模—数转换编程数字信息。数字信息被填充到 K 空间，称为数字数据点阵。对 K 空间的数据进行傅里叶变换，就能对原始数字数据中的空间定位编码信息进行解码，分解出不同频率、相位和幅度的 MR 信号。不同的频率和相位代表不同的空间位置，幅度代表 MR 信号的强度。把不同频率、相位及信号强度的 MR 数字信息分配到对应的像素中，就得到了 MR 图像数据，从而重建出 MR 图像。K 空间的数据点阵与图像的点阵不是一一对应的，K 空间中每一个点都具有全层信息。

以矩阵为 256×256 的二维 K 空间为例，需要采集 256 条相位编码线来完成 K 空间的填充。在二维 MR 信号采集过程中，每个 MR 信号的频率编码梯度场大小和方向保持不变，而相位编码梯度场则方向和场强以一定的步级发生变化。每个 MR 信号的相位编码变化一次，采集到的 MR 信号填充 K 空间的一条线，因此把带有空间信息的 MR 信号称为相位编码线。越接近 K 空间中央区域的相位编码线，越决定图像的对比。相位编码的步级数决定了 MR 图像在相位编码方向上像素多少，在视野相同的前提下，相位编码方向的像素越多，图像在相位编码方向的像素径线越小，空间分辨力越高，所需相位编码的步级数越多，图像采集时间越长。

在每一条相位编码线的频率编码方向上，其数据由回波信号的采样得到。所有回波信号随时间顺序呈现了镜像对称性：波形的幅度从零逐渐增高直到波峰处，然后波形的幅度从最高逐渐降低直到零。因此K空间在频率编码方式上是镜像对称的，每个回波信号中心部分波幅最高，即这部分信号最强，对图像的对比影响最大，这部分信号被填充在K空间频率编码方向的中心区域，并且对图像的对比影响也更大。MR回波信号采集过程中，采样点的多少决定了MR图像频率编码方向上的像素数目。采样点越多，图像在频率编码方向上的像素数目越多，像素径线越小，空间分辨力越高，采集回波信号所需时间越长。

总之，人体放入主磁场后，被磁化产生纵向磁化矢量。发射射频脉冲，人体内氢质子发生共振，从而产生横向磁化矢量。关闭射频脉冲后，质子发生T1和T2弛豫。线圈采集人体发出的MR信号，计算机通过傅里叶变换进行处理，最终显示相应的图像。

第二节 BOLD-fMRI的原理和技术

一、BOLD-fMRI基本概念

如前所述，狭义的fMRI是指基于血氧水平依赖（blood oxygenation level dependent，BOLD）的功能性磁共振成像技术。这一技术无创、噪声相对较小，技术容易实现，且能覆盖全脑，但是涉及的生理性机制十分复杂，且周围组织类型决定了BOLD信号，并且可能存在伪影，因此只有在理解BOLD-fMRI技术后，才能更有效地使用。

血液中的脱氧血红蛋白具有顺磁性，可以缩短组织的T2或T2*值，如果血液中脱氧血红蛋白增多，相应组织在T2WI或T2*WI上信号强度变低。氧合血红蛋白具有轻度反磁性，可延长组织的T2或T2*值，如果血液中氧合血氧蛋白增大，相应组织在T2WI或T2*WI上信号强度增加。因此，其他条件无差异时，氧合血红蛋白和脱氧血红蛋白的比例决定了T2WI或T2*WI的组织信号强度，该比例越高，组织信号强度也越高，这就是BOLD效应。

大脑是在静息状态下就会消耗 20%的能量，在活跃状态下大脑供血量与静息状态差异并不大，大脑灰质部分近似变化 6%。相应的 MR 中发生的血流动力学信号变化极小，在 1.5T MRI 中为 2%～5%，在 4T MRI 中为 5%～20%。因此基于 BOLD 效应的 fMRI 利用局部脑组织中血氧饱和度的变化来形成对比。当局部大脑神经活动时，该脑区组织耗氧量增加，脱氧血红蛋白也相应增加；与此同时，该脑区的局部血流量（rCBF）增加，血体积（rCBV）也增大，带来更多氧合血红蛋白。最终该脑区的氧合血红蛋白和脱氧血红蛋白比例增加，T2WI 或 T2 * WI 上相应脑区的信号强度增高。一般认为，脑组织激活（activation）时，其信号强度增高；脑组织活动被抑制时，其信号强度降低。通过比较执行某一刺激或任务前后脑组织信号强度的变化，即可获得 BOLD 对比，由此可基于 BOLD 效应进行 fMRI 的技术原理。

一般认为，T1WI 偏重反映动脉供血的变化，并认为血流变化主要影响 MR 信号的幅度。而 T2WI 或 T2 * WI 基于脱氧血红蛋白浓度梯度方法进行脑功能成像，可以消除血流对成像的影响，即侧重反映静脉血的变化。

二、BOLD-fMRI 的信号变化

BOLD-fMRI 通常采用单次激发的梯度回波（GRE-EPI）序列，是在 90°脉冲后利用 EPI 采集技术采集梯度回波链，可避免生理伪影的影响。平面回波成像（EPI）技术是目前最快的 MR 信号采集方式，单次激发后可在数十毫秒完成一幅图像采集。EPI 技术在梯度回波基础上发展而来，梯度回波通常是在一次射频脉冲激发后，利用读出梯度场的一次正反向切换产生一个梯度回波。EPI 技术则是在一次射频脉冲激发后，利用读出梯度场的多次正反向切换，由此产生多个梯度回波组成的梯度回波链。GRE-EPI 序列一般采用单次激发平面回波成像（single shot echo planar imaging，SS-EPI）序列采集信号，TR 为无穷大。

大脑被激活后，毛细血管床内的水通过毛细血管壁，比血液通过毛细血管床的时间更短。因此血液和组织中的水的纵向磁化矢量可以视为一个整体，毛细血管内及其以内的静脉血则和组织水有着相似的磁化矢量。因此，血液和组织对脑活动状态下的 MRI 信号有不同的影响。此外，红细胞的磁敏感性会发生变化，注意变化改变了红细胞内外的磁场漂移。血液中，水分子在血浆中扩散，并跨红细胞膜运动，这一过程的速度比回波时间快；水分子跨血管壁的速度则很慢，因此血管外的组织水受到的磁场漂移比血管内的慢。由此产生了血管内外信号强度

的不同。总的来说，血管内的血液对磁敏感性变化比较敏感，但不会对整个BOLD信号产生明显影响。

血液中脱氧血红蛋白的含量主要取决于组织中央的需求和供给。静脉血中氧合水平和大脑的血氧代谢率（cerebral metabolic rate of oxgen consumption，CMRO2）及脑血流量（cerebral blood flow，CBF）有关，两者的改变均会影响静脉血的氧合水平。大脑在静息状态下CMRO2的磁敏感性的变化不会伴随CBF增加而增加；在激活状态下，CMRO2的变化比CBF的变化小得多。因此，通过比较两者变化的差异，即可测量静脉血的氧合水平，从而进行脑区功能定位。

BOLD信号与微血管系统相关，CBF信号与神经元活性变化相关，两者的变化具有一致性，说明BOLD信号可以定量反映神经元活性。基于此，BOLD-fMRI可用来进行定位脑区功能定位。而功能区定位是通过间接测量继发的神经元代谢和血流动力学变化来显示的，其空间分辨率取决于视野、矩阵大小、层厚和层数。

fMRI的时间分辨率取决于血流动力学反应函数（hemodynamic response function，HRF）。通常收集一卷（volume）MRI信号的时间为2秒到3秒（repetition time，TR），尽管不是很快，但是血液动力反应更慢。通常情况下，从刺激呈现开始，血流动力学反应从基线上升，直到6秒时达到最大值，然后BOLD信号下降，直到12秒恢复基线。随后BOLD信号继续下降到略低于基线的水平，然后在24秒时恢复到基线。因此与认知加工速度相比，血流动力反应速度很慢，在实验设计时须考虑这一因素。

三、BOLD效应的磁共振技术

为了充分利用BOLD信号，提高fMRI的研究水平，需要对BOLD-fMRI的关键技术进行了解。BOLD-fMRI采用梯度回波序列，从而使得激活诱导的信号变化最大。给予射频脉冲后，梯度回波图形在信号的自由感应衰减期间采集，该信号衰减在激活期间会有轻微的降低。最优化的回波延时时间（time of echo，TE）能使激活态与静息态衰减率的差值最大化。采用梯度回波功能性磁共振成像时，这个最优化的TE约等于静息态的T2＊。

射频线圈既能激发信号，又能接收信号。对于信号激发而言，射频线圈越大，则激发的射频场分布越均匀。对于信号接收而言，单个小线圈更恰当。因此，可使用多通道线圈方便选择，即可用大线圈进行信号激发，又可使用多个小线圈来接收信号。

为了使得信号最大化，同样要注意 MRI 技术中的其他参数。主磁场的场强越强，解剖像的信噪比和功能像的信号变化幅度越强。但是磁场场强越强，磁敏感伪影越显著。TR（time of repetition）会使信号增加，可以减少一定时间内的采样次数，因此，TR 的选择也很重要。

TR 的选择受到脉冲偏转角、扫描层数和机器性能等的影响。为了保证大脑皮层中的灰质更清晰，1.5T 时，TR 值至少应该为 1.5 秒；3T 时，TR 至少应该为 2 秒。扫描层数影响 TR，每个容积内扫描内每增加一层，则须相应增加 40 到 45 毫秒的 TR。实验如为组块设计，TR 可设置为 2 秒或 3 秒；实验如为事件相关设计，可设置为较短时间，如 250 毫秒或 500 毫秒。MR 信噪比也受到体素大小的影响，通过匹配激活区和体素大小，从而降低部分容积效应，增加信噪比，从而提高功能像的对比噪声比。由于不同功能区大小难确定，激活位置受到实验任务影响，体素大小很难确定。通常，可将体素大小设为皮层厚度，约 3mm。

被试在实验时的表现会影响脑部功能定位。被试的表现受到多方面的影响，尤其是在 fMRI 扫描时，产生的新奇感、焦虑或烦躁、训练和疲劳等因素，均会导致表现的差异。因此，最好能让被试在正式实验前，体验 MRI 设备的模拟情境，由此熟悉正式实验场景，尤其适用于儿童和老人。此外，被试在 MRI 仪中的头动会影响 MRI 图形质量，为了控制被试头动在一个像素范围内，要保证被试舒适，并控制被试的头部动作。

四、BOLD-fMRI 实验数据采集

为了采集 BOLD-fMRI 实验数据，要求磁共振扫描仪配备刺激—反应系统，包括刺激呈现设备（LCD 投影仪）、心理实验软件及程序（如 E-prime）和被试反应采集设备（如光导纤维连接的反应键）。刺激—反应系统与磁共振扫描仪同步，当磁共振扫描仪开始运行时，可以发送一个脉冲或数字信号启动心理实验软件运行。

目前没有直接证据证明磁共振扫描对人体的伤害，但是为了避免强磁场中金属对被试的伤害，实验前系统操作人员和主试都要检查被试是否携带金属物体。可以要求被试在进入扫描室前更换衣物，以及采用配置眼镜，以此防止被试受伤。如果被试身上有不可移除的金属物体，如心脏起搏器等，或者其他不可接受

磁共振实验的疾病，如美尼尔氏综合征等，一般应拒绝该被试参与磁共振实验。参加实验的被试应在知情同意书上签字。

由于被试头动会影响扫描图像质量，而导致不能使用，因此实验前提醒被试尽量避免头动。另外，将海绵垫填充在头部和线圈之间，以此控制头动。此外，由于磁共振扫描仪运行时，噪声较大，在实验前应指导被试佩戴耳塞，防止噪声对扫描图像的影响。

图像采集首先扫描定位图像，以此保证被试在轴向切面、矢状切面和冠状切面上位置端正，以便后续扫描。然后扫描被试的结构像，由此确定扫描的二维平面层面在三维空间的位置。如为轴向切面，通常采用脑的前联合点和后联合点作为参考平面。根据参考平面，可以确定其他平行切面的位置，每个切面的厚度为3到5毫米。结构像扫描通常采用脑灰白质对比好的脉冲序列，如GRE-T1WI序列，仅扫描几分钟时间。最后运行实验任务，进行功能像扫描。功能像扫描采用单次激发GRE-EPI T2 * WI序列，扫描时间与实验任务长度相同。

第三节 fMRI实验设计

为了有效观测任务状态下大脑，不仅需要有优良的MRI扫描设备和正确的参数设置，还需要有良好的实验设计，从而保证减少扫描过程对被试神经活动的影响，最终验证原有假设。因此，我们首先了解fMRI实验设计的原理和类型，以及常用的组块设计和事件相关设计，并掌握在E-prime中实现相关设计。

一、fMRI实验设计原则和类型

由于获取的BOLD-fMRI信号本身是不同状态下脑信号强度的差值，因此在实验设计实验任务外，应同时设计控制任务，从而获得脑信号基线。此外，BOLD-fMRI信号变化较为缓慢，从刺激呈现到6秒时达到最大值，到12秒才回复基线。因此，为了获取最佳BOLD-fMRI信号，实验设计时应保证有足够时间达到BOLD信号的最大值。此外，由于BOLD-fMRI技术的时间分辨率较低，在2秒内发生的fMRI信号变化较难检测。最后，即使没有任何任务或刺激，如处于静息态下，在某些频率下进行检验，可发现 BOLD-fMRI 数据的时间相关性。因此，应选择合适采集频率，既要避免噪声又有足够的时间分辨力。这一系列的问题均为实验设计时应当考虑的因素，从而保证良好的任务，获得最佳的实验数据。

脑功能成像实验通常遵循减法法设计，操作至少两种任务，包括实验任务和控制任务，其中实验任务包含控制任务没有的信息加工过程，两者相减获得该信息加工对应的脑区，即单分离出核心认知过程的对应脑区、网络或系统。如为了探测单词识别的特异脑区，Baker 等人（2007）为英语被试采用英语单词作为实验任务。为了排除视觉加工影响，设置简笔画作为基线条件；为了排除字符的影响，同时呈现辅音字符串、数字串、汉字和希伯来单词作为控制条件。结果发现，与简笔画、数字串和汉字相比，辅音字符串和单词选择性激活了纹外皮层某一特异脑区，即 visual word form area（VWFA）。该脑区的激活强度受到正字法经验的影响，如对希伯来单词熟悉的被试，看到希伯来单词时会激活该脑区。其中英语单词减去其他条件后获得的脑部活动，称之为对英语单词的视觉加工引起的激活（activation）。激活通常是由 BOLD 信号上升产生的，BOLD 信号下降则称为失活（deactivation）。

根据刺激呈现时间和被试反应方式，可将 fMRI 实验设计分成组块设计、事件相关设计和混合设计。

二、组块设计（block design）

组块，或者区组，是指将实验单位划分为若干部分，将可能影响因变量的变量，包括要考察的自变量，以及不关注但会影响因变量的变量作为区组变量来考虑，以控制其对因变量的影响。具体在 fMRI 实验设计中，组块设计将相同条件、任务或刺激放在一个组块中，或者系统地操作某一组块的特征，每种实验状态交替出现。

根据减法法设计的原则，组块设计至少有两个组块，包括实验任务组块和基线条件组块。实验任务组块中，向被试连续呈现某一类刺激或任务，如连续呈现英文单词。基线条件组块中，根据实验设计不同，可不呈现刺激或任务作为基线（baseline），同时进行扫描，以此控制磁共振扫描噪声或者磁场对脑部活动的影响；也可呈现与实验任务中类似、但涉及信息加工过程不同的刺激，以此检测两种任务间的差别，如连续呈现英文单词作为实验任务，则连续呈现简笔画、数字串、字符串等作为基线条件。将实验任务组块的信号减去基线条件组块的信号，即可获得实验任务组块中独特的信息加工激活的脑部信号。

由于根据减法法进行组块设计，其潜在假设为：实验任务中除了包含基线任务，并还包含基线所没有的信息加工，并且额外的信息加工过程对基线任务没有影响。但是存在一种可能，即：任务状态和基线状态之间的差别不仅是由额外信息加工过程造成的，还可能是两种状态相互作用造成的。尽管如此，通常情况下，我们默认减法法的假设是正确的。例如，以识别英文单词作为实验任务，以数字串作为基线条件，两种条件之间共同之处在于对视觉刺激的加工，而识别英文单词额外多出字形、语音和语义信息的激活，并且文字信息不会影响对视觉刺激加工，因此两种条件的脑信号的差别，就是对单词识别的独特的脑区。

为了获得最佳的 BOLD 信号，须考虑组块任务和时间的设置。组块时间长，信号更稳定，但是由于 BOLD 信号在刺激呈现 12 秒达到最大值，组块并非越长越好，而且被试反复接受一种刺激或条件可能会造成习惯化反应。组块时间较短，则相同扫描时间内，组块切换更频繁，频繁的切换还会受到其他变异影响，如呼吸、眨眼等，信号相对不稳定。为了控制组块内的因素，可在一个组块中呈现多个激活状态。可采用固定顺序呈现，也可采用随机顺序呈现，但是随机化设计降低了不同状态间差别的敏感性，因此可向不同被试以固定顺序呈现组块任务。

通常情况下，组块时间设置根据具体研究进行设置。如意图考查慢速的、复杂的高级认知加工，可将实验组块时间最大化，对照组块时间最小化。如意图搜集被试对刺激的反应，即自控（self-paced）实验，刺激出现时间取决于被试对刺激的反应，就不需要规定反应间的时间间隔长短。通常情况下，组块时间最佳长度为 14 到 20 秒，也可适当延长至 30 秒，从而较好地与血流动力学拟合。

由于组块设计能很好地定位矩形波串的基频，因此可有效滤除变异，即矩形波串中的高频部分，因此能很好地去除噪声，从而提高统计效能。但是，由于组块设计相继呈现刺激或任务，导致存在顺序效应或预期效应。其次，组块设计对信号漂移非常敏感，如果组块重复较少，尤其对头动敏感。因此，组块化设计的推论能力较差，适合全或无的认知过程，不能观测单个刺激事件的反应，也不能根据被试的反应进行统计分析。如果任务不能重复，或者不能估计血流动力学反应函数，则无法采用组块设计。

三、事件相关设计

事件相关设计（event-related design）不是连续呈现一组相同刺激，而是随机呈现一个刺激。每个呈现刺激之间彼此间隔足够长（如 12 秒），保证血流动力学反应信号均由单个刺激引起。为统计方便，可在实验前固定刺激顺序，也可根据试验后刺激顺序分组，从而得到不同认知加工事件与血流动力反应信号的关系。

根据单个试次呈现时间是否固定，可将事件相关设计分成：(1) 等长度实验设计：单个刺激呈现后，和下一个试次之间存在很长的时间间隔，通常在 12 秒以上，保证单个事件诱发的 BOLD 信号仅对该刺激做出反应。由于间隔时间较长，可简单忽略前后刺激之间的信号重叠，以及 BOLD 信号饱和与叠加的线性等问题。分析时可直接用时间锁定的方法，分离单个刺激的信号变化，因此，能有效估计认知事件导致的血流动力学反应信号。(2) 变化长度实验设计：这一设计假设我们对血液动力反应过程不感兴趣，为了提高实验效率，尽量缩短刺激间隔时间，因此刺激间隔时间是变化的。由于该设计中，血液动力反应比单个试次更长，会影响下一个试次的血液动力反应信号，导致估计效率较低。该设计需要平衡整个实验中各个条件的先后顺序，可采用拉丁方设计保证各个条件在实验中出现概率相同。(3) 交错实验设计：等长度实验设计和变化长度实验设计交替进行。

事件相关设计符合心理学实验设计的随机化原则，保证了刺激的完全随机化，避免各个任务的顺序效应和预期效应。同时由于刺激之间存在较长的间隔，保证被试有足够的休息时间，随机呈现也避免了被试重复同一任务，降低了疲劳效应。另外，由于快速随机呈现刺激也可以获得明显的血氧反应和脑部激活，与 ERP 实验一样，fMRI 实验设计也可以采用快速随机化设计。快速呈现事件相关设计的前提是 BOLD 信号线性叠加，要求 BOLD 信号的饱和，且神经元活动的抑制。从这一角度来说，组块设计是事件相关设计的特例，即不同条件刺激间隔减少到零，就变成了组块设计。

除了根据已有的实验设计，对刺激任务分别进行处理，也可以根据被试的反应进行选择性处理。按键反应保证被试注意力集中，认知负荷增加，使得 BOLD 信号反应增强。例如，Baker 等人（2007）的研究中，在事件相关设计中，刺激向下或向右运动，被试通过按键报告运动方向。此外，通过记录被试的正确率和反应时，在此基础上可对数据进行处理。例如对英语单词的加工，可分别呈现假词和真词，要求被试判断是否为真词。分析时，既可根据刺激本身的真假作分析，也可根据被试判断的真假作分析。

事件相关设计可有效分离单个刺激的时间序列曲线，提供自相关函数等信息，从而有效去除周期性生理噪声等干扰因素。采用反卷积分析估计血氧反应（HRF）函数，或者基于泊松分布、高斯分布或伽马分布建立模型，基于体素水平进行分析；或者采用聚类分析或感兴趣区（region of interest，ROI）分析，比较不同脑区对同一任务的反应差异，或者同一脑区对不同任务的反应差异。但是相对而言，事件相关设计分析较为复杂，且信噪比较低，统计检验力较弱，因此，事件相关设计和组块设计各有优势，取决于研究实验目的，由此来选择恰当的实验设计。

例如，Baker 等人（2007）的研究中，分别采用组块设计和事件相关设计，比较英语单词、辅音字符串、数字串、汉字和希伯来单词作为实验材料。组块设计连续呈现各类刺激，持续 15 秒，用来识别单词特异脑区。事件相关设计呈现单个刺激 300 毫秒，刺激间隔为 1 200 毫秒，用来探测脑区对各类刺激的反应。事件相关设计对刺激的血氧反应结果中，非希伯来语读者 VWFA 脑区对英语单词和辅音字符串的反应，比其他类别的刺激反应更强；而希伯来语读者的脑部激活模式类似，除了希伯来语单词的反应显著比非希伯来语读者高。

如果混合组块设计和事件相关设计，即为混合实验设计，由此结合两种实验设计的优势，提高了实验设计的效率。

第四节 fMRI 数据分析

分析脑功能成像的数据分析软件很多，包括 SPM、AFNI、FSL、FMR-lab、BrainVoyeger、freesurfer、mrVista 等。这些软件对信号处理大同小异，其中 SPM（statistical parametric mapping）是英国伦敦大学学院神经影响中心（Wellcome Trust Center for Neuroimaging，University College London）开发的基于 Matlab 软件平台的工具包，由于简单易用，容易上手，因此十分受欢迎。为实现对数据的处理，所有软件都主要进行几个步骤，包括：数据整理和质量控制、预处理、统计分析。以下步骤将以 SPM 为例，演示各个步骤。

为了保证后续数据处理和分析不受图像质量影响，需要对每个被试功能与结构数据进行质量检查，即数据整理和质量控制。图像采集过程中，由于扫描期间头动过大、磁共振设备不稳定、主试操作不当等问题，均会导致数据质量较差或者不可修复，必须排除这些数据。预处理包括时间校正（slice timing）、头动校正（realign）、空间配准（coregister）、空间位置标准化（normalization）和空间过滤（filtering）等步骤。以上步骤将统一不同扫描层的时间，控制头动、空间结构失真等导致的位置偏差，并尽可能去除噪声。预处理之后进行统计分析，包括个体分析和组分析。个体分析是将个体被试的数据结合具体实验设计建模，并进行基于个体被试的固定效应模型参数估计，并生成条件对比。组分析则是基于个体的参数估计结果，结合具体的研究假设来建模，将个体被试作为随机变量，进行从样本推论总体的组水平统计假设检验。

一、SPM 安装

SPM 是基于 matlab 的数据分析软件包，可用来分析 fMRI、PET、EEG、MEG、fNIRS 等数据，目前已更新至 SPM12 版本。该软件从 http://www.fil.ion.ucl.ac.uk/spm/software/spm12/中下载。

安装 SPM：(1) 安装前，须安装 matlab，推荐调整为英文系统；(2) 下载 SPM12，解压缩保存在合适的位置。(3) 打开 matlab，点击打开主界面中的 set path，点击 add with subfolders，选择 SPM12 解压的文件夹，添加成功后点击 save，保存成功后关闭。

运行 SPM：在 matlab 的 command window 中输入 spm fmri 即可运行。具体界面如图 4-1。

二、数据整理和转换

为了便于管理和自动化批处理分析，需要对数据进行整理。如果在扫描时未重新命名，单个被试或单个系列（run）的数据名称为一长串的数字。如果有多个 run，可以根据文件名中显示日期和时间来区别。采用按修改日期进行排序，查看每个文件夹名中当天日期格式，其后为扫描时间，则可确定各个文件夹扫描的扫描顺序。根据被试编号生成相应的文件夹，并将结构像、静息态和功能像数

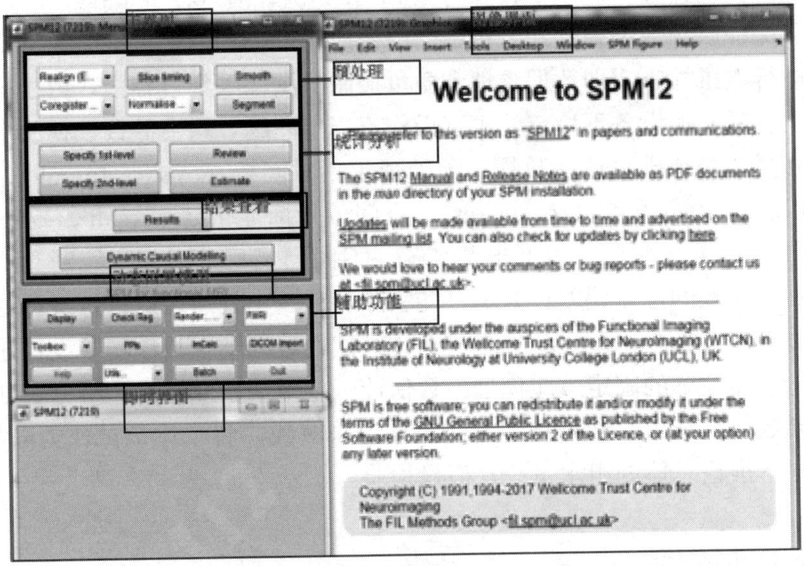

图 4-1　SPM 界面及相关功能键

据分别生成子文件夹，如果功能像数据有多个 run，则按照扫描顺序重新命名。

在数据处理前，须将 DICOM 格式的原始数据转换为 SPM 兼容的 NIfTI 格式。由于数据采集开始时扫描系统不稳定，最初 5 个 TR 的数据信号不稳，往往需要删除。如扫描时未删除前 5 个 TR 的数据，需要在转换前将前 5 个 TR 获取的数据删除。

可结合 SPM 的 Batch 和 DICOM Import 两个功能键，操作如下：

(1) 点击辅助功能中的 DICOM Import，弹出 Batch Editor 窗口，Module List 显示为 DICOM Import；

(2) 在右侧 Current Module 中，点击 DICOM files 右侧〈-X，弹出 DICOM files，选择要转换的 DICOM 个体被试或单个 RUN 所有数据文件，点击 DONE；

(3) 选择完成后，快捷按键中的运行键由灰色变为绿色，表示可以运行，点击运行；

(4) 运行时，matlab 的 command window 显示 Running’DICOM Import’，即时界面显示运行进度，运行完毕后，command window 显示 Done’DICOM Import’。

(5) 如需对数据转换进行批处理，可在左侧窗口选中 DICOM Import，点击右键选择 Replicate Module，复制该模块，并修改右侧 DICOM files，将每个被试的每个 RUN 数据选中。选择完毕后，点击运行，即可对所有数据进行格式转换。

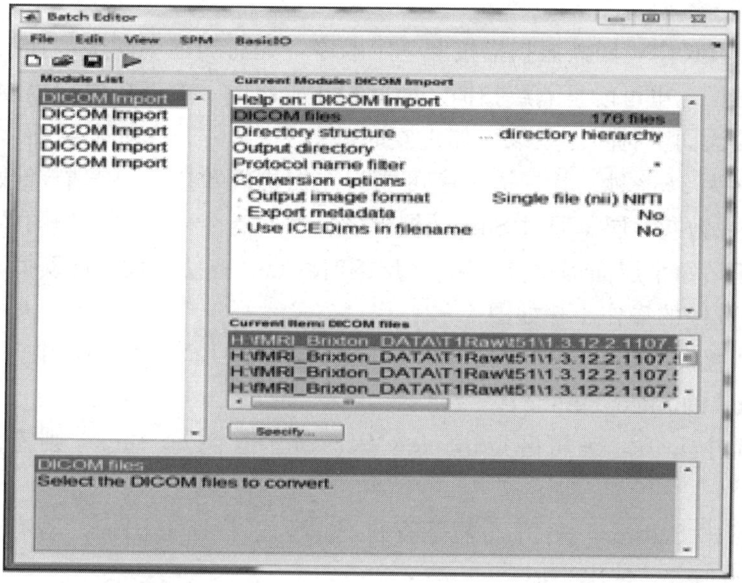

图 4-2　数据转换的批处理

三、数据检查与质量控制

采集图像质量差或不可修复，将影响后续正常数据处理与分析。

检查结构像时，可直接使用 SPM 中的 display，弹出 Dir 地址栏，选择 .nii 后缀的结构像，点击 Done，图像界面显示三个界面的脑图像。点击并拖动蓝色十字交叉线浏览全脑，或者调节 crosshair position，首先检查扫描是否覆盖全脑。其次，检查在矢纵冠三个截面方向是否端正，如果不端正，则须进行修复。在 display 中，Crosshair Position 下 mm 输入“0 0 0”设置零点，然后在下方的 right、forward、up、pitch、roll、yaw 等参数中设置调整图像位置。调整完毕后，点击 reorient images 进行保存。此外，结构像还需要检查形状是否正常，有无扭曲、条纹或重影等；图像脑内外区域对比、灰质与白质对比、黑白对比是否明显等。

功能像比结构像更模糊，但检查类似结构像的检查，所有功能像的平均图像可用来评估功能像的质量。

四、时间校正（Slice Timing）

在一个 TR 内，磁共振扫描按照一定顺序，先后扫描不同层，其扫描顺序可能是序列扫描，也可能是隔层扫描。时间校正是将同一个 TR 内扫描的不同层在时间上转换为同一时间点获取。如重复时间为 2 秒，扫描 32 个层面，则每个层面所需时间为 2/32 秒。其扫描顺序可能为先扫描偶数层，再扫描奇数层，其中第 32 层可视为参考层。通过 Sinc 数据内插算法对整个时间序列的图像进行时间校正，校正后每个层面都对应于第 32 层的时间点，方便后续统计模拟。

在 SPM 中的操作步骤如图 4-3：

（1）直接点击预处理中的 Slice Timing，或者在 Batch Editor 中，选择 SPM 下 Temporal 的 Slice Timing；

（2）选中 Data，编辑区点击 New Session，有 N 个 runs，则需添加 N 个系列；

（3）双击 Session，打开功能像存储位置，选择所有图像，若有 N 个 Sessions，按类似方式依次添加；

（4）设置参数：（a）双击 Number of Slices，输入扫描时的层数信息，如 32；（b）双击 TR（重复时间），输入数据采集时对应数值，如 32；（c）双击 TA（acquisition time，获取时间），为 TA ＝ TR－（TR/nslices），输入计算公式，如 2－2/32；（d）双击 Slice order，根据扫描时参数来设置：升序扫描则输入[1：1：nslices]；降序扫描则输入[nslices：－1：1]；由中而上隔层扫描 for k=1：nslices；round（(nslices-k)/2＋(rem((nslices-k),2)＊(nslices－1)/2))）＋1；end；由底而上隔层扫描：[1：2：nsclies，2：2：nslices]；由上而下间隔扫描：[nslices：－2：1，nslices－1：－2：1]；（e）Reference Slice：参考层通常设置为中间层，即 round（nslice/2），或者设置为感兴趣脑区大概所在的层。

（5）将参数设置完毕的分析保存为 .mat 文件，点击执行按钮。运行完毕后，生成以 a 开头的功能像。

五、头动矫正（Realign）

尽管采取各种措施控制头动，但轻微头动是很难避免的，如不对一个 TR 时间内时间序列图像进行图像校正，那么某一图像点所对应的解剖位置不同。头动

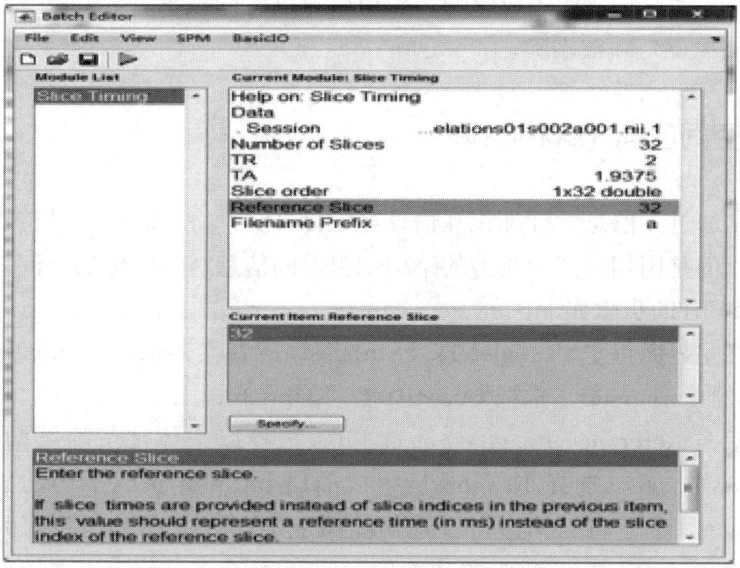

图 4-3 时间校正的参数设置

校正是将所有图像（除第一卷图像外）通过匹配算法，刚性旋转到第一卷图像的位置，再通过内插、重新切片等算法对每个像素重新取样。

在 SPM 中的步骤如下：

(1) 点击预处理中的 Realign（Estimate & Reslice），或者打开 Batch Editor，选择 SPM 下 Spatial 中的 Realign：Estimate & Reslice，即可新建头动的 Batch 文件；

(2) 双击 Data，点击 Current item：data 下的 New：Session，点击生成的新 Session，选择已经过时间校正的文件。若有 N 个 run 的数据，则需点击 N 次；

(3) 参数设置：在 Reslice Options 设置上，将 Resliced images 设置为 All Images+Mean Image。其余均为默认设置。

(4) 将参数设置完毕的分析保存为 .mat 文件，点击执行按钮。运行完毕后，生成以 ra 开头的功能像。

当 Realign 完成后，除了以 ra 开头的功能像外，还生成了以“mean+ 第 1 个图像名”的平均功能像，该平均功能像可用来检查功能像质量；以及一个 rp 开头的 .txt 文件，由 XYZ 三个平动方向和 pitch、roll、yaw 三个转动方向（即偏离原中心轴程度）共六个头动参数组成。同时，SPM 还以图画的方法将显示头动参数，这些头动参数往往作为控制数据质量的依据，还会加入建模和参数评估。为避免头动对功能像造成影响，头动参数过大的数据（比如多个方向超过 3 mm 或 3 degrees）须被剔除。

六、空间配准（Coregister）

配准是通过互信息、标准化互信息等优化算法，将功能像与结构像对应到相同位置。目的是用相对高分辨力的结构像提供的信息对功能像的空间位置进行标准化。在 SPM 的步骤如下：

（1）在主界面点击 Coregister：Estimate，或者在 Batch Editor 中选择 SPM 下 Spatial 的 Coregister，选择 Coregister：Estimate；

（2）双击 Reference Image，Select Files 选择以个体被试的结构像为参照；双击 Source Image，选择 Realign 后生成的以 mean 开头的平均功能像；双击 Other Images，为了将结构像与平均功能像配准生成的参数矩阵写入所有功能像，选择 Realign 后以 ra 开头的功能像。若有 N 个 Sessions，则依次选择所有 Sessions；

（3）其余均为默认设置。将参数设置完毕的分析保存为 .mat 文件，点击执行按钮。Coregister 将个体结构像和功能像进行空间仿射变换，并不生成新的文件。

为确保处理准确性，可以使用 Check Reg 功能来查看功能像与结构像之间配准情况。随机选取 Coregister 处理后以 ra 开头的功能像，以及该被试结构像，点击脑组织边沿区域，查看功能像与结构像的空间位置是否完全匹配。

七、空间标准化（Normalise）

由于不同被试大脑形态和大小不同，所以在进行组分析时，需要将所有被试通过线性或非线性的方法匹配到一个标准模板上，如最常用的 MNI 模板。通常首先对个体被试结构像与标准化模板进行空间标准化，然后对所有功能像进行一个标准化空间变换。在空间位置标准化后，可对功能像重新取样，使像素变小。SPM 步骤如下：

（1）在主界面点击 Normalise：Estimate & Write，或者在 Batch Editor 选择 SPM 下 Spatial” 的 Normalise：Estimate & Write；

（2）双击 data，点击 New：Subject（可同时添加个体被试的多个 run）；

（3）Image to Align 中，通过 Select Files 选择被试结构像；Images to Write 中，选择配准后的功能像；

（4）其余均为默认设置。将参数设置完毕的分析保存为 .mat 文件，点击执行按钮。运行完毕后，生成以 wra 开头的功能像。可使用类似于 Coregister 的方法来检查 Normalise 后功能像跟标准化模板图像之间空间位置上的匹配程度。

八、空间平滑（Smooth）

因为被试间脑结构差异，空间标准化的结果并不完美，可能灰质错位到白质。空间错位引起的信号变化大于任务引起的 BOLD 信号变化。为了提高信噪比，将功能像跟 3D 高斯核进行卷积，从而降低因噪声和大脑结构差异及其空间标准化残差效应等造成的不良影响。

在 SPM 中的步骤如下：

（1）点击主界面的 Smooth，或在 Batch Editor 上选择 SPM 下 Spatial 的 Smooth；

（2）双击 Images to Smooth，选择标准化后的以 wra 开头的功能像；

（3）FWHM 设置半高全宽高斯函数参数，一般为两倍原始功能像的分辨力；

（4）其余均为默认设置。将参数设置完毕的分析保存为 .mat 文件，点击执行按钮。运行完毕后，生成以 swra 开头的功能像。

除了每步操纵后选择生成的数据，也可采用 Dependency 选择前一步骤操作生成的文件。通过以上步骤，将预处理的主要步骤和流程整合于一个 .mat 文件。点击运行按钮即可执行以上所有预处理步骤。运行完毕后，SPM 系统会自动生成一个含有每步的报告文件，可以通过查看该文件检查预处理情况。

九、构建一级模型（Specify 1st-level）

预处理后，可对观察到的单个被试与事件相关的 BOLD 信号建立一般线性模型（General Linear Model，GLM）。模型是将通过一种抽象化数学方式，表达具体化的实验操作及其所观察结果，如实验操作变量（自变量）为 X 和因变量为 Y，即可表达为 Y（因变量）＝β（拟合系数）*X（自变量）＋ε（随机误差）。对应到磁共振数据分析中，自变量为心理实验设计，因变量为采集的 BOLD 信号。

在 SPM 中的操作步骤如下：

（1）点击主界面中的 Specify 1st-level，也可在 Batch Editor 下 Stats 中的 fMRI model specification；

（2）目录设置：双击 Directory，选择结果输出目录，个体被试参数估计结果分别存储于不同文件夹。

（3）Time parameters（时间参数设置）：Units for design 即模型计时单位，通常选择 Seconds，也可将数据转换为 Scans，即以 TR 为单位；Interscan interval 一般等同于成像参数中的 TR，如 2 秒。

（4）Data & Design（数据及模型输入）：点击 Data & Design，点击 New：Subject/Session 用来添加功能像系列，有 N 个 run 就生成 N 个 Subject/Session。双击 Scans，添加以 swra 开头的功能像。双击 Conditions，输入不同名称和对应的起始时间（onsets）、持续时间（duration），也可从行为数据中提取出不同条件的起始时间和持续时间后保存为 .mat 文件，点击 multiple conditions，导入该文件。双击 Regressors/Multiple regressors，选择头动校正后所生成的 6 个头动参数（rp _ *. txt 文件）加入模型中，以便控制因头动引起的变异。

（5）建模完成后，将在输出目录生成一个 SPM. mat 文件，同时在图像窗口中生成相应模型矩阵。

十、参数估计（Model Estimation）

构建一般线性模型后，可进行参数估计，即根据设计矩阵，然后跟实际观察数据（即功能像）进行线性拟合。Model Estimation 是根据一般线性模型和固定效应（fixed effect）原理，使用经典的约束最大似然估计法（Restricted Maximum Likelihood，ReML）来计算预期模型 X 与实际数据 Y 之间线性拟合度（或称拟合系数 βi，i 为模型中第 i 个实验条件）。如果在三维某一点或某一群点上，拟合系数 β 在统计上显著区别于零，说明该实验操作与 BOLD 信号变化显著相关，即该一点或一群点激活（拟合系数大于零）或失活（拟合系数小于零）。

SPM 中具体步骤如下：

（1）点击主界面中的 Estimate，或在 Batch Editor 中选择 SPM 下 Stats 的 Model estimation。

（2）双击 Select SPM. mat，选择构建一级模型后保存在输出目录中的 SPM. mat 文件。

（3）其余均为默认设置。

十一、条件对比管理器（Contrast Manager）

基于参数估计的结果，可以将两个系数进行对比，得到新的参数估计值，也可合并两个系数，从而叠加不同过程的脑信号。

SPM 操作步骤如下：

（1）在 SPM 主界面，点击 Results，选择参数估计后的 SPM. mat 文件，会弹出 SPM contrast manager 窗口；也可在 Batch Editor 中选择 SPM 下 Stats 的 Contrast manager，双击 Select SPM. mat，选择个体被试的 SPM. mat 文件；

（2）点击 Contrast Sessions，点击 New：T-contrast，生成两条件间线性的对比，输入 Name（对比名称）和 Weight vector（加权向量）。加权向量中，为防止条件间的偏差，单个条件加权值总和为 1（条件相加）或－1（条件相减），因此每个条件加权值为 1/N，或者－1/N。两个条件对比总和为 0，因此两个条件加权值分别为 1/N1，和 1/N2。此外，为考察多个条件之间的差异，使用 F 检验，如与内隐基线进行对比，每个条件加权值总和应当为 1 或－1；对于无内隐基线的 F 检验，每列加权值总和应当为 0。

将参数设置完毕的分析保存为 . mat 文件，点击执行按钮。运行完毕后，每个对比均会生成以 con 和 spmT 开头的 . NII 文件，前者为每个体素在对比中两个条件拟合系数差值，后者为其 T 值图像。

十二、组分析（Specify 2nd-level）

组分析是指基于所抽取样本中个体被试参数估计结果，结合具体研究假设来建立统计模型，然后进行由样本推知总体统计假设检验。如果从每个被试上获得重复的观察值，采用固定效应统计模型（fixed effect statistical model）进行分析。如果这组被试进行组分析获得的观察值，与个体分析得到的观察值相同，从样本推广结果到总体，则采用随机效应模型（random effect model）进行分析。常用的统计方法包括单样本 t 检验、独立样本 t 检验、相关样本 t 检验、简单方差分析和多因素重复测量方差分析等，相关操作如下：

1. 单样本 t 检验

单样本 t 检验用于考察单个实验条件或单个水平下各个脑区拟合系数的差异

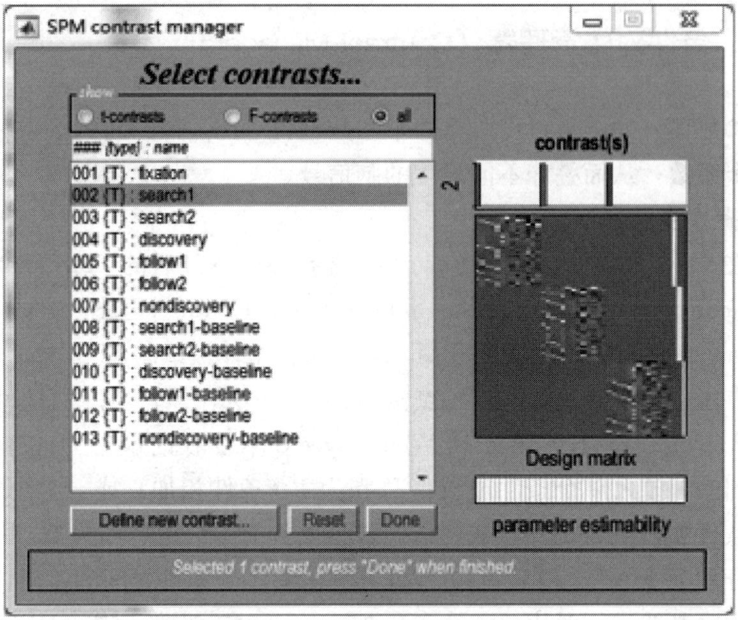

图 4-4　对比窗口及其设置

是否显著大于基线。其中零假设为无差异，备择假设为差异显著。SPM 操作步骤如下：

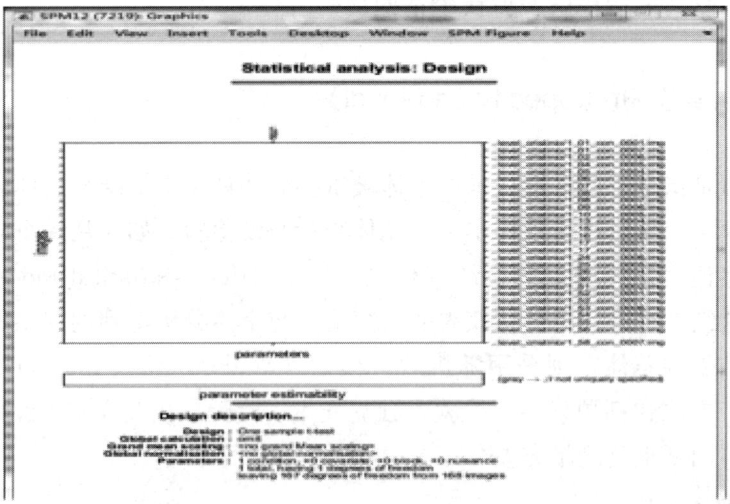

图 4-5　单样本 t 检验矩阵模型

（1）点击 specify 2nd-level，或者点击 Batch，在 SPM 下 Stats 选择 Factorial design specification；

（2）双击 Directory，选择结果输出目录。可先新建 specify_2nd_level，用来保存结果。

（3）点击 Design，选择恰当统计类型，默认为 One-sample t-test。

（4）双击 Scans，选择不同被试在相同条件下，使用 contrast manager 生成的、以 con 开头的对比图像。

（5）其他为默认设置，暂不执行，待后续 model estimation 和 contrast manager 设置完毕再执行。

（6）选择 Batch Editor 中 SPM 下 Stats 的 Model estimation。

（7）点击 Select SPM. mat，点击 Dependency，选择 Factorial design specification：SPM. mat File。

（8）选择 Batch Editor 中 SPM 下 Stats 的 Contrast manager；

（9）点击 Select SPM. mat，点击 Dependency，选择 Model estimation：SPM. mat File。

（10）点击 Contrast sessions，点击 New：T-contrast，分别输入 Name 和 Weights vector，输入 1 即代表该条件减去内隐基线的差异，−1 则代表内隐基线减去该条件的差异。

（11）其余均为默认设置。将参数设置完毕的分析保存为 . mat 文件，点击执行按钮。

（12）主界面中点击 Results 按钮，选择单样本 t 检验生成的 SPM. mat，可查看相应的结果。

2. 独立样本 t 检验

独立样本 t 检验用于检验两个无关的、独立样本在同一实验条件对比下大脑各体素兴奋程度之间差异的显著性。其中零假设为无差异，预期假设为两样本大脑某些区域体素的兴奋程度差异显著。该检验在 SPM 的操作与单样本 t 检验中类似，不同之处在于：

（1）Factorial design specification 中，点击 Design，选择 Two-sample t-test。

（2）分别双击 Group 1 scans 和 Group 2 scans，选择添加两组被试同一条件下，以 con 开头的对比图像；

（3）在 Contrast manager 中，点击 contrast sessions，点击 New：T-contrast，分别输入 Name 和 Weights vector，两组被试相互比较差异，输入 1 和−1，总和为 0。

3. 配对样本 t 检验

配对样本 T 检验用于考察同一批被试，在两个实验条件或水平下大脑各体素兴奋程度之间差异的显著性。其中零假设为无差异，备择假设为大脑某些区域两个条件任务时其兴奋程度差异显著。该检验在 SPM 的操作与独立样本 t 检验中类似，不同之处在于：

（1）Factorial design specification 中，点击 Design，选择 Paired t-test。

（2）点击 Pairs，有 N 个被试，则点击 New：Pair 生成 N 个 Pair。

（3）双击 scans［1，2］，选择同一被试在两个条件下，以 con 开头的对比图像，一个 Pair 仅添加一个被试，且添加顺序保持一致。由此生成的矩阵模型中，每两行为一个被试的数据。

（4）在 Contrast manager 中，点击 contrast sessions，点击 New：T-contrast，分别输入 Name 和 Weights vector，分别输入两个条件并进行比较。条件 1 减去条件 2 时，在 Weights vector 中输入［1，－1，zeros（1，24）］；条件 2 减去条件 1 时，在 Weights vector 中输入［－1，1，zeros（1，24）］。

4. 简单方差分析

简单方差分析用于检验同一因素下三个水平或以上水平间的差异是否显著。其中零假设为无差异，备择假设为差异显著。在 SPM 中操作步骤如下：

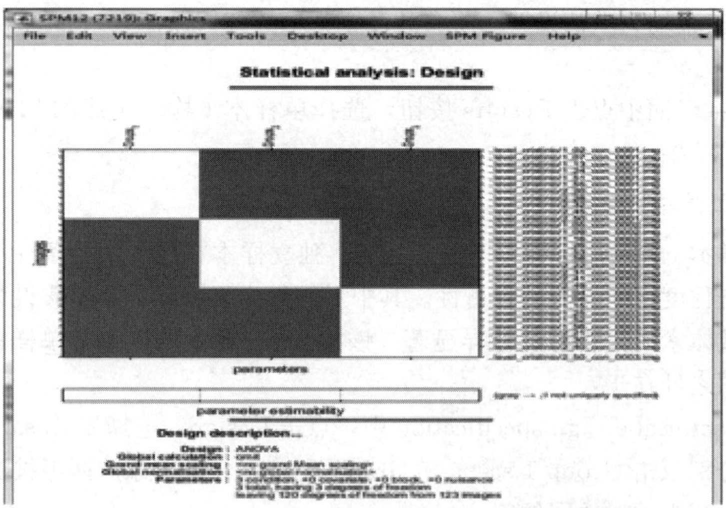

图 4-6　单因素方差分析的矩阵模型

（1）点击 specify 2nd-level，或者点击 Batch，在 SPM 下 Stats 选择 Factorial design specification；

（2）双击 Directory，选择结果输出目录。可先新建 specify _ 2nd _ level，用来保存结果。

（3）点击 Design，选择 One-way ANOVA。

（4）点击 Cells，点击 New：Cell，有 N 个条件或水平，就生成 N 个 Cell。

（5）双击 Scans，选择不同被试在同一条件或水平下，使用 contrast manager 生成的、以 con 开头的对比图像。

（6）Independence 设置独立性时，如比较一个样本两个以上实验条件，实验处理及测量间相关，应将 Independence 设置为 No，即非独立；如比较一个实验条件下的不同样本，样本间无关，因此将 Independence 设置为 Yes。

（7）其他为默认设置，暂不执行，待后续 model estimation 和 contrast manager 设置完毕再执行。

（8）选择 Batch Editor 中 SPM 下 Stats 的 Model estimation。

（9）点击 Select SPM. mat，点击 Dependency，选择 Factorial design specification：SPM. mat File。

（10）选择 Batch Editor 中 SPM 下 Stats 的 Contrast manager；

（11）点击 Select SPM. mat，点击 Dependency，选择 Model estimation：SPM. mat File。

（12）点击 Contrast sessions，点击 New：T-contrast，分别输入 Name 和 Weights vector，输入 1 即代表该条件减去内隐基线的差异，－1 则代表内隐基线减去该条件的差异。可对不同条件进行对比，并保证输入数字总和为 0。如条件 1 和条件 3 对比，可输入［1，0，－1］，如条件 2 同时与条件 1、3 对比，可输入［－1/2，1，－1/2］。

（13）其余均为默认设置。将参数设置完毕的分析保存为 . mat 文件，点击执行按钮。

（14）主界面中点击 Results 按钮，选择生成的 SPM. mat，可查看相应的结果。

5. *多因素方差分析*

多因素方差分析用于多组被试中，多个条件或水平下大脑各部位兴奋程度的差异是否显著，包括因素主效应和因素之间的交互效应。

SPM 中的操作步骤如下：

（1）点击 specify 2nd-level，或者点击 Batch，在 SPM 下 Stats 选择 Factorial

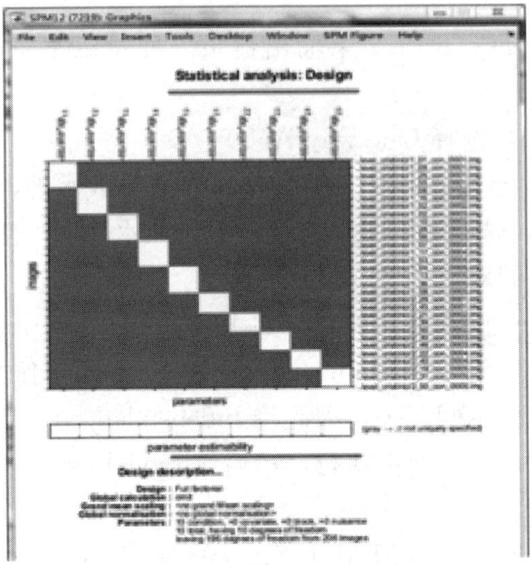

图 4-7 多因素方差分析矩阵模型

design specification;

(2) 双击 Directory，选择结果输出目录。可先新建 specify _ 2nd _ level，用来保存结果。

(3) 点击 Design，选择 Full factorial。

(4) 点击 Factors，点击 New：Factor，有 N 个自变量，就生成 N 个 Factor。

(5) 双击 Factor 下的 Name 和 Levels，输入各个自变量的名称和水平数。设置相应的独立性 Independence，如为被试内因素设置为 No，如为被试间因素设置为 Yes。

(6) 根据自变量和水平数设置单元数量，如有两个自变量，分别有 m 和 n 个水平，则须点击 Cells 下的 New：Cell，生成 m×n 个 Cell。

(7) 根据自变量和对应的水平数，在 Levels 分别输入对应单元的水平数，如为第一个自变量第 x 个水平，第二个自变量为第 y 个水平，则在 Levels 中输入 [x，y]。在对应 Scans 中，选择该处理下不同被试的对比图像。

(8) 其他为默认设置，暂不执行，待后续 model estimation 和 contrast manager 设置完毕再执行。

(9) 选择 Batch Editor 中 SPM 下 Stats 的 Model estimation。点击 Select SPM. mat，点击 Dependency，选择 Factorial design specification：SPM. mat File。

（10）选择 Batch Editor 中 SPM 下 Stats 的 Contrast manager；点击 Select SPM. mat，点击 Dependency，选择 Model estimation：SPM. mat File。

（11）点击 Contrast sessions，点击 New：T-contrast，分别输入 Name 和 Weights vector。为获得两个自变量的主效应，可设置为 [−1 * ones（1，m）ones（1，n）] 和 [ones（1，m）−1 * ones（1，n）]。为计算两个自变量的交互效应，可表达为 [1−1−1 1…] 或者 [−1 1 1−1…]。也可使用 F-contrasts 检验无正负方向的主效应和交互效应。

（12）其余均为默认设置。将参数设置完毕的分析保存为 . mat 文件，点击执行按钮。

（13）主界面中点击 Results 按钮，选择生成的 SPM. mat，可查看相应的结果。

十三、结果查看和其他

我们可使用“Results”查看器，也可借助其他相关软件，如 xjview，查看统计后的结果。在此介绍如何使用 xjview 查看相关结果，不仅可判定单个被试的结果，也可用来汇报组分析的结果。xjview 可在 http：//www. alivelearn. net/xjview/下载，在 matlab 的 set path 中添加完毕，即可使用。

其使用方法如下：（1）在 matlab 的 command window 输入 xjview，调用该软件，双击上方的空白屏，选择要查看的结果，打开界面如图 4－8（彩图见附录）。（2）点击右侧图片蓝色十字交叉线，查看对应激活脑区名称；点击下方 report，在 matlab 中生成各个激活脑区名称和范围。点击 Volume 或者 Small volume，生成统计分析后显著的 cluster，包括相应的 FWE 和 FDR 校正后的 p 值，以及激活中心点。点击多个对比图像后，选择 common region，可显示两个图像中共同激活的部位。点击 slice view，可显示各个图层的激活图像。勾选 Render View，并选择 new，可生成右下方的大脑激活图。（3）左下方可对 p 值进行调节，首先设置 p value 为 0.001，可查看所有激活脑区。然后设置 FDR 为 0.05，查看 FDR 校正后显著的结果。

以上介绍的步骤为 SPM 数据处理的基本步骤，实际研究时采用的方法更为丰富。如考察不同脑区的功能连接，整合 fMRI 和 EEG，DTI 等数据，深入探讨大脑神经网络间的连通性。另外，fMRI 技术还广泛地结合基因技术、药物干预等学科进行交叉研究，深刻说明了脑与意识之间的关系。

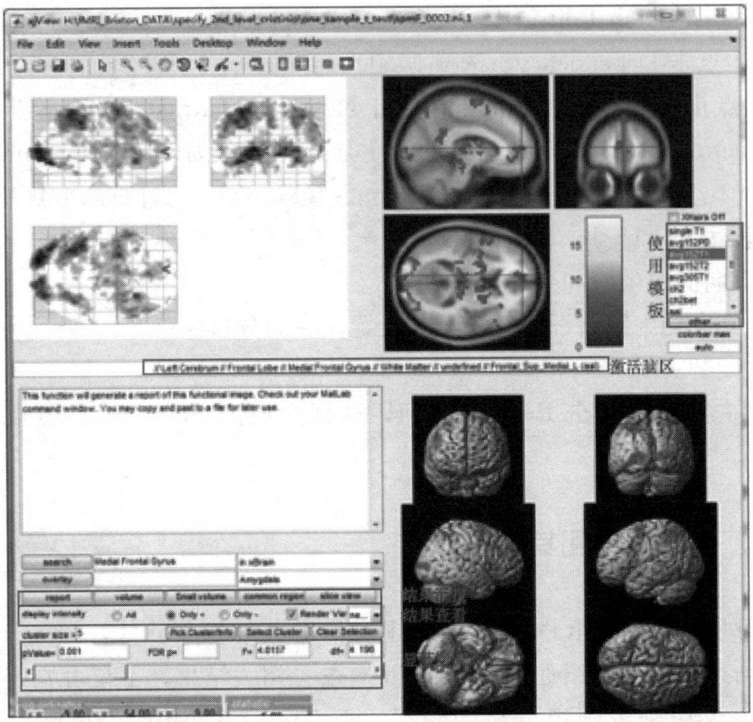

图 4－8　xjview 界面

第五节　fMRI 技术在双语研究中的应用

一、双语的存储模型

1. 单独存储

对于如何学好外语，人们常常关心的是语言信息的输入和输出，但是如何在大脑中储存目标语言且最小程度地受到母语的不利影响很重要，这涉及过渡语和语言的迁移现象。语言信息输入的直接目的是储存，最终目的是为了输出。语言信息的储存影响输出，其输出效果在很大程度上取决于双语共储部分的相关表征的对应是否清晰。

对于双语的储存和输出的理解涉及储存方式、语言迁移以及陈述性知识和程序性知识。双语储存方式比单语储存方式复杂，两种语言的有差异的且不对应的表征是各自单独储存的，而无差异的明确对应的表征是共储的。共同储存的部分与过渡语密切相关，共储部分的大小、双语的彼此迁移、信道容量的多少以及双语表征的明确对应等都会影响目标语的表达速度和准确性。

双语信息储存模式如何，人们各有说法。根据 Kolers（1965）的研究，一个双语者在大脑中有两种相反的语义储存模式，分别储存第二语言和本族语，一为单独储存（mono-storage），二为共同储存（co-storage）[①]。单独存储认为从两个语言通道获得的信息各有进行加工和贮存的单独系统，不仅信息编码、语法分析等是分开进行的，而且各有自己的语义表征和存贮，即存在两个语义记忆系统或记忆库，两个语言的记忆库的联系通过两个语言之间的转译来实现，如图 4－9 所示：

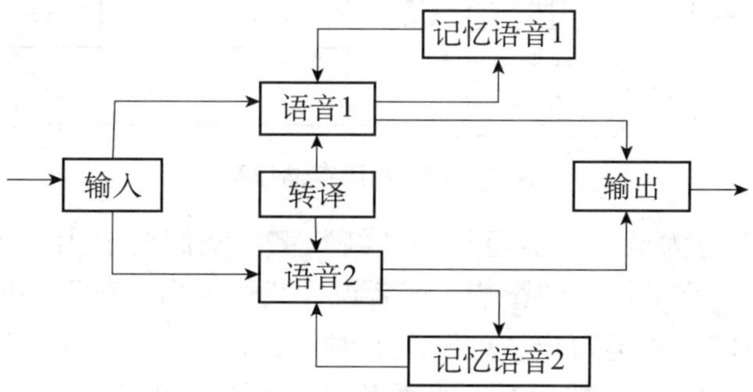

图 4－9 单独存储模型

最近一些采用脑成像技术对人类被试进行的无创伤研究进一步探索了语义表征的组织问题。Martin 和同事（1996）运用 PET 和 FMRI 进行了一系列研究。他们发现，在神经病患者中发现的有趣分离现象也可以在神经功能正常的大脑上展示出来。当被试阅读动物名称或回答与动物有关的问题时，或者当他们命名动物图片时，梭状回外侧（位于大脑腹侧表面）和额上沟有更多激活[②]。但是对动物命名也激活了一个与早期视觉加工有关的大脑区域——左侧枕叶内侧。相反，识别和命名工具与梭状回内侧、左侧颞中回和左侧运动前区的激活有关，其中左侧运动前区在想象手部运动时也会产生激活。这些发现同如下观点是一致的：即

① KOLERS P A. Bilingualism and bicodalism. Language & Speech，1965，8（2）：122－126.

② MARTIN A，WIGGS C L，UNGERLEIDER L G，et al. Neural correlates of category-specific knowledge. Nature，1996，379（15）：649 - 652.

大脑中关于生命物体和人造工具的概念表征分别依赖于参与知觉信息和功能信息加工的不同神经回路。命名人物主要激活了颞极，命名动物主要激活了颞下回中部，而命名工具主要激活了颞下回后部。

2. 共同存储

共同储存认为两种语言各有其系统，可以各自进行信息的分析、编码和输出，但两个系统彼此联系，两种语言系统间存在着转译。来自不同语言的被加工过了的信息通过信道单独输出，但是两种语言的信息有相同的表征，被共同储存在同一语义记忆系统中，如图 4－10 所示：

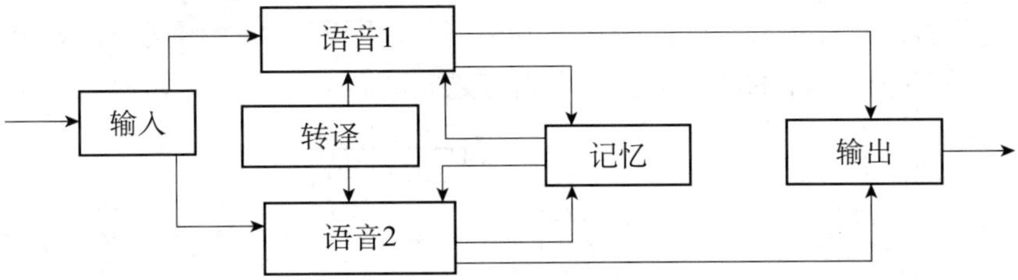

图 4－10 共同存储模型

以 Stroop 效应为例，以蓝色笔写“红”字，我们要说出“蓝”字时，大脑的反应受到“红”字的语义的影响。或者说，我们说出“蓝”字时，大脑反应的时间要多于说出用蓝色笔写出“蓝”字的时间。Haberlandt（1990）在其《认知心理学》中证实，Stroop 效应对于双语者用本族语说出用第二语言写出的颜色词所用的反应时间，与双语者用本族语说出用本族语写出的颜色词所用的反应时间等同。这表明语言信息是共同储存的。但是，在这以前 Lambert 和 Preston 比较了不同语言间的这种干扰性的影响和相同语言信息之间的干扰性的影响，却证明了两种语言的表征是单独储存的①。

二、双语的心理词典（单词加工）

永久性储存于记忆中的词及词义的心理表征被称为心理词典（mental lexicon）或内部词汇（internal lexicon）。心理词典理论主要研究词及词义的心理表征的构建与特性，具体包括三个主要部分：词汇知识、心理词典的组织和词汇提取。词汇知识包括语音、句法、词法和语义知识几个方面；心理词典的组织也就

① 王甦，汪安圣．认知心理学（重排本）．北京：北京大学出版社，2006.

是词汇知识如何储存于记忆之中；词汇提取是指激活词汇知识的过程。心理词典中存有大量的词，而词在人脑中并不是随意堆放的，而是按一定顺序排列的。双语心理词典的表征可以分为双语的形式表征（语音表征和词形表征）和概念（语义）表征。研究双语心理词典的表征问题不仅能在理论上对心理语言学和“内在”的语法范畴有所贡献，更能在实践上对二语词汇的学习有很大帮助。

1. 语义表征

双语心理词典的研究从 20 世纪中期至今一直备受关注，其表征模式成为很多学者关注的重点问题。就汉语和英语而言，由于两者在语音和词形的差异都比较明显，学者们往往认为其形式表征是相互分离的。而其语义（概念）是独立表征还是同一表征，即双语者存在一个还是两个语义系统，一直是学者探讨的问题。

Hauk 等（2004）在之前 ERP 研究的基础上，使用 fMRI 技术研究了理解手部、脚部和面部行为动词时的脑神经活动。他们发现，理解手部和脚部动词时激活了运动脑区，这些运动脑区与执行该动作的运动脑区基本一致。但是对于面部动词来说，虽然他们选择的动作定位任务（动舌）和面部动词（如咬、咀嚼、叹气）是一致的，但面部动作定位任务和面部动词语义理解任务激活的脑区并没有很好地拟合。在比较了面部动词和腿部动词语义理解的激活脑区后发现，前者比后者更多激活了额中回和额下脑区。额下回的布洛卡区是运动语言脑区，负责言语表达；BA8 区的额中回主要负责额眉处的肌肉活动和眼动①。我们认为，Hauk 等人选用的面部动词可能包含了面部动作和口部动作。

关于双语心理词典的语义表征问题，国内外研究者提出了很多观点。如 Weinriech（1953）首先认为双语词汇知识有三种组织结构：并列型、复合型和从属型②，Potter 等人（1984）③ 提出的概念调节模式和词汇连接模式，DeGroot（1992）的分布式特征模式④，Kroll 和 Stewart（1994）的修正阶级模型（RHM）⑤，

① HAUK O，JOHNSRUDE I，Pvlermuller F. Somatotopic representation of action words in human motor and premotor cortex. 2004（41）：301 - 307.

② WEINREICH U. Languages in Contact Finding and Problems. New York，Linguistic Circle of New，1953.

③ POTTER M C，Eckardt B V，Fieldman L B，et al. Lexical and conceptual representation in beginning and proficient bilinguals. Journal of Verbal Learning & Verbal Behavior，1984（23）.

④ DE GROOT A M B. Determinants of word translation. Journal of Experimental Psychology：Learning，Memory and Cognition，1992（5）：1001 - 1018.

⑤ KROLL J F，STEWART E. Category interference in translation and picture naming：Evidence for asymmetric connections between bilingual memory representations. Journal of Memory and Language，1994，33（2）：149 - 174.

Green（1998）的 IC（inhibitory control）模式[①]，董燕萍（1998）的共享分布式非对称模式等。研究者们做了很多实验并没有得出一个统一的结论，这其中有一个很主要的原因是研究者们选取的研究对象有很大不同，尤其是双语者对不同二语词汇的熟悉度[②]。

Pavlenko（2009）提出了 MHM 改进层级模式（Modified Hierarchical Model）。他在分析讨论了 RHM、DFM 和 SAM（Shared Asymmetrieal Model）后保留了三种模式的优势并作出了改进[③]。他提出概念表征或完全共有，或部分重合，或具有完全的语言特定性。这超越了以前学者大部分的观点，即概念储存具有统一性。其双语概念的非对等和部分对等也与分布式特征模式和共享非对称模式作出了区别。

陈士法等人在研究双语心理词典的数量和语义表征时表明双语心理词典语义表征是具有阶段性，且处于不断变化之中的。在这个新的表征模式中，低熟练度单词的表征方式为一语词项连接模型，中熟练度单词的为一语语义中介模型，高熟练度单词的为二语语义直达模型，所以一个二语词汇的习得要经过从不熟悉到低、中、高熟悉，这是一个连续的过程。对二语学习者来说，双语心理词典是由很多熟悉度不同的词汇组织起来的，而词的熟悉度是随着学习的过程不断变化的，这是一个与熟悉度有关的动态的过程[④]。

通过对英汉心理词典语义表征的研究可以看出，单纯的将学习者从其英语的整体水平去划分层次的研究对于词汇的学习来说并不够完整。单词的提取和心理词典中单词的熟悉度有很大关系，所以教师在教学要注重温故知新，复习学过的单词，在新旧单词之间建立联系，逐渐提高熟悉度。同时，要注意语义习得的策略组合应该随着学习的过程不断改变，不能随意根据学习者的喜好一成不变。虽然现在的研究无法确定表征模式中转换和过渡的具体情况，但总体来看习得策略的改变也有很大意义。最后，对双语心理词典语义的建立是一个循序渐进的过程，正如 MHM 中提到的，学习的主要目标是要进行隐性的概念重组，这中间的要用到很多的策略对二语单词的语义进行深加工，在二语特定范畴和一语二语共

---

① GREEN D W. Mental control of bilingual lexico-semantic system. Bilingualism Language and Cognition，1998（1）：67－81.

② 董燕萍．双语心理词典的共享（分布式）非对称模型．现代外语，1998（3）：24－29.

③ PAVLENKO A. Conceptual representation in the bilingual lexicon and second language vocabulary learning. In Pavlenko A.（eds.）. The Bilingual Mental Lexicon：Interdisciplinary Approaches. Clevedon，UK：Multilingual Matters，2009：125－160.

④ 陈士法，等．英汉心理词典中英语单词存储的词长效应研究．外语教学，2011（5）：48－51.

有范畴上作好区分。可以通过查英英字典等了解单词的意思，而不是简单地将英汉意思对应，也可以结合语境去理解单词的意思等。

总之，未来的研究应该把心理词汇看作是动态和连续的过程。随着心理学上的一些新技术在心理语言学方面的应用，心理词典连续的、动态的过程将更加清晰，这也有助于人们更好地认识双语心理词典并将其语义表征正确的运用到词汇教学中去，对二语词汇的记忆和提取都有重要的参考意义。

2. 语音表征

语音作为词汇的组成形式之一，在语言学习中起着重要作用。在词汇习得过程中，语音知识是先决条件，只有了解了词汇的基本语音知识，学习者才能继续词汇的其他习得环节，从而逐步掌握该词，最后进入心理词库。语音形式的准确与否决定着口语交际的有效性，而语音产出的准确性又进一步受储存在长期记忆中的单词声音码的音系信息影响，即语音表征的影响。语音表征关注的是说话者的隐性知识，它在一个人的语言能力发展过程中起着不可或缺的作用。

词汇是语言的基础，词汇能力是语言能力的重要组成部分。学者们对词汇能力所指的内容有不同看法，从不同层面进行了概括，主要包括静态和动态两方面。静态方面指词汇本身的组成形式，即词汇的读音、拼写、意义、句法形式等；动态方面指学习者如何组织词汇之间的联结、提取词汇的速度，以及词汇的使用等。笔者认为，词汇能力的两个层面是紧密联系的，学习者对词汇形式的掌握程度势必影响词汇的提取速度和运用能力，词汇的运用能力又可分为两种：接受性能力和产出性能力。

词汇接受性能力包括听、读两方面的能力。在听力理解过程中，学习者首先接受外界的声音刺激，然后在大脑中检索出与之相一致的语音表征，最后再激活与该词相对应的语义。可见，在听力过程中，语音表征起到一个桥梁作用，是学习者准确快速地理解听力内容的基础。倘若学习者大脑中存储的语音表征是正确的，那么在接受外界语音刺激时，就能准确有效地识别这一语音并激活词义，顺利完成听力任务。反之，错误的语音表征会导致学习者在接受语音刺激时，检索不到大脑中与之相匹配的声音码信息，不能快速准确地识别语音，无法到达语义理解环节，导致听力理解失败。在实际交际中，学习者接触更多的是连续的语流，而不是孤立的词汇。在连续话语中，单词的语音会发生同化、弱化、脱落等音变。此外，句子语调的变化也会影响单词的语音，如果语音表征不准确，最终将导致交际失败。

关于语音表征对阅读的影响，主要有三种假设：第一种是默读假设，该假设认为，阅读就是自己说话和听自己说话的过程。也就是说，当读者看到单词的拼写形式时，先把它转化为无声的语言形式，然后通过这种无声的语言形式激活大脑中的语音表征，进而激活语义。第二种是语音转录假设，即阅读时读者把印刷符号转变成抽象表征，这种表征具有语音性质。第三种是双通道模型，该模型认为阅读时有两条通道可以到达语义，一条是由单词的拼写形式直接到达词义，另一条是由拼写形式激活语音代码后再到达词义。最终选择哪条通道，取决于阅读材料的难易度、读者的水平及任务要求等因素。一般认为，当读者难以理解阅读材料或者需要记忆阅读材料时，会选择语音通道。这三种假设都认为语音表征介入了阅读理解过程。

词汇产出性能力包括说、写两方面的能力。在口语产出过程中，其中一个重要环节是提取大脑中的语音信息，而提取语音信息的准确度和速度又受到语音表征的影响。词汇产出的理想状态是看到单词的拼写形式或者形成某个概念时，能够自动化地发出正确的读音。这种自动化产出要求学习者大脑中声音的表征呈完整、一体化的状态，即学习者大脑中对某个单词的发音有一个完整的语音表征，只有这样才能在看到单词的书面形式或者形成与某个单词概念相同的意义时，迅速准确地提取单词的发音。此外，语音表征能反映学习者单词发音的掌握情况，语音表征的准确性是影响词汇产出和口语流利性的深层次原因。

拼写过程是一个由义到形的转换过程。当学习者大脑中形成某个概念时，就会从心理词库中激活与之意义吻合的单词，进而提取该词并外化为书写形式。

在二语词汇习得的研究中，已有研究证明了词汇系统各成分的功能是相互影响的，语音表征在取词拼写过程中起着重要作用。肖旭月分析了中国学生在大学英语四六级作文中出现的拼写错误，发现在拼写错误形成过程中，语音音素的作用十分显著。这说明语音表征在英语拼写过程中起到了至关重要的桥梁作用，是从义到形的一个重要环节。

语音表征在词汇接受性能力和产出性能力中扮演着重要的桥梁作用，直接影响词汇的理解和产出。语音表征的质量关系到一个人对大脑中声音信息的提取速度，影响人们讲话时话语的准确性和流利性，以及能否感知到不同的人言语中的细微差别。

3. 正字法

正字法是关于文字使用的规范性法则，在心理词典可以看成是一种知识库，这种知识库被用来储存词汇的正字法、语音、语义和句法等信息。它既不同于书法，也不同于造字法。书法主要讨论汉字书写艺术的规律性问题，造字法主要讨论汉字标记汉语的规律性问题，正字法则主要讨论如何使用汉字才合乎规范的问题。三者讨论的问题都与汉字有关，但分工不同。本书主要讨论现行汉字使用的规范性法则，因此取名为“现行正字法”。

本书所谓“正字法”是立足于汉字体系的广义的正字法。它既不同于拼音文字的正字法，也不同于只针对字形的狭义的汉字正字法，它主要包括字音法、字义法、字形法和字体法四项内容。一般认为，汉字是形、音、义的结合体，除了本身固有的形体之外，还有记录自汉语语素（或词）的读音和意义。某个汉字可以表示哪个语素（或词）的读音和意义，不可以表示哪个语素（或词）的读音和意义，这属于字音法和字义法的范畴。汉字的“形体”，实际上包括字体和字形两个方面。字体是就群体汉字而言，指的是某一范畴中汉字所具有的共同的字形体式；字形是就个体汉字而言，指的是属于一定字体的个体汉字的特定书写造型。从历时范畴上看，汉字曾发展出甲骨文、金文、大篆、六国古文、小篆、隶书、楷书等多种字体；从共时范畴上看，在某种历时性字体中，往往还包括正规体、草写体以及欧、柳、颜、赵等个人风格性字体等；印刷术出现以后，汉字还出现了手写体和印刷体等的分别。同一个字，在不同的字体里，其笔画的具体造型往往不尽相同。如印刷体中宋体的“隶”和隶书体的“隶”，在笔画上就有区别。某个汉字字形，只能这样书写而不能那样书写，这属于字形法的范畴；在什么情况下某些字应该用什么字体，而不应该用什么字体，则属于字体法的范畴。另外，标点符号、数字、汉语拼音等，在书写汉语的过程中，起到了类似于汉字的作用，它们的使用法则，也应归入广义正字法的范畴。只因篇幅所限，本书没有详述，但附上了国家及政府职能部门发布的有关标准，以填补这一空缺。

传统意义上的“正字法”主要指的是建立并推行字形规范，属于汉字规范化的一个方面（苏培成，2001）①，而引入西方心理学“元语言意识”理论后，主要关注的是语言学习者在字形的学习过程对“汉字结构信息或组字规则的意识及其发展”（江新，2008），也就是正字法意识②。正字法意识属于元语言意识，元语言意识是一种直觉的内隐的知识，但可以通过外部表达显示出来，是个人语言能力的一部分。正字法意识也就是对于正字法规则的认识，每一种文字都有各自的正字法，拼音文字的正字法主要规定词的正确写法，汉字的正字法规定汉字的正确写法。心理学家们主要关注正字法在字词识别中的作用。例如，英文“think”是一个正确的单词，称为“真词”；“hink”不是正确的单词，但可以音

---

① 苏培成．现代汉字学纲要．北京：北京大学出版社，2001.

② 江新．对外汉语字词鱼阅读学习研究．北京：北京语言大学出版社，2008.

读，称为“假词”；“tkin”也是错误的单词，不能音读，因其不符合正字法规则，这样的词称为“非词”。汉字的笔画、部件组成汉字也有一定的规则，比如，“宝”是一个“真字”，如果把“玉”下面的那一点去掉，这个错字虽然没有意义，但看起来也还像汉字，是个“假字”；但如果上面写“玉”，下面写“宀”，那就不符合汉字的正字法规则，是“非字”，因为“宀”这个偏旁不能作为汉字的底部。对于这些正字法规则的认识，隐含在语言使用者的语言能力中，往往不被察觉，但以往的研究已经指出，这些规则确实存在，并且影响着汉字的识别。其实，不止识别汉字，书写汉字时如果有正字法意识，也可以大大减少写“非字”这样的初级错误，从而提高汉字书写的正确率。以往对正字法的关注主要集中于母语为汉语者正字法意识的发展，以对外汉字教学领域的正字法意识培养为对象的研究则极为缺乏，讨论笔画教学中正字法意识培养的研究更还未见到。笔者认为，汉字笔画和汉字部件一样，也有其正字法规则，而笔画教学作为汉字教学的起步阶段，正字法意识的培养理当受到重视。

三、双语理解的句子加工

作为语言理解的基本形式与核心，句子水平的语言理解暨句子加工过程历来受到研究者们的高度重视，因为该过程不仅包括基本的（视觉或听觉）信息编码过程、单词识别，而且还涉及对单词串进行句法与语义分析等较为复杂的心理过程。同时，人们普遍观察到，儿童可以轻而易举地学会一门新的语言，但是即使通过极其艰苦的努力，成人的二语水平也很难达到母语的水平。基此，*Science* 在其创刊 125 周年的纪念日上宣称，接下来的二十五年要研究的关键问题之一是二语学习，特别是二语句子加工过程的本质及其认知神经基础。

其实，二语句子加工过程的本质这一问题并不是一个新的课题。早在半个多世纪以前，许多研究者就尝试着采用行为研究方法，从语义和句法角度对人们如何理解与加工二语句子进行了大量的研究。结果发现，无论二语者是在青春期之前还是在成年以后开始学习二语，他们都能很快掌握二语句子中的语义内容（Hernandez & Li，2007）[①]。这可能是由于随着知识经验的增长，人们对事物的知识和概念的掌握越来越清晰，而二语的语义学习与加工的结果只是用另外一种称呼或符号来表述人们已有的知识经验。但是就句法学习与加工而言，研究者普

---

① HERNANDEZ A E，LI P. Age of acquisition：Its neural and computational mechanisms. Psychological Bulletin，2007，133（4）：638.

遍发现，成年后学习二语的相关效果和早期学习二语的相关效果存在显著差别。最早对这一问题进行研究并提出理论假设的是 Lenneberg，他认为（1967）二语学习存在关键期暨关键期假设[①]。该理论指出，二语学习存在一个关键期，并且关键期发生在青春期之前。如果二语学习者开始学习二语的年龄晚于这一时期（即青春期），二语学习者就会失去适应二语句法规则的能力，进而丧失在大脑中重新组织二语的能力。这一观点得到了很多研究的支持，如 Bialystok 和 Miller（1999）的研究表明，二语学习早于十五岁的个体在句法判断任务上的表现明显优于十五岁以后学习二语的个体[②]。

1. 路径及其相互关系

就二语句子加工而言，句法分析与语义分析之间是如何整合的、二者之间是否存在交互作用，显然是揭示二语句子加工的认知神经机制的关键。不少行为研究的证据表明，二语句子加工在很大程度上依赖于语义加工，表现出语义中心的趋向。其实时加工句子时遇到的困难往往是对句法违例不够敏感，这与母语研究的结果存在很大差异。许多研究发现，即使高熟练水平的二语学习者表现出关于特定的二语句法结构的丰富甚至是与母语者没有区别的外显知识，其在实时加工句子时对这类信息的利用仍然会面临困难。因此，大量研究主张，在二语学习过程中，妨碍语言水平提高的关键因素往往是句法通达程度或句法加工能力。电生理学研究表明，二语的句法加工通常由与将该语言作为母语的脑活动所不同的模式予以反映。只有达到非常高的语言熟练程度时，才能观察到母语者和二语者的脑反应相近这一现象。青春期以后即使达到很高的二语熟练程度，但其句法加工引起的脑活动模式的差异依然很大。这表明在处理二语输入时二语者往往会调用或多或少影响学习者的句法加工机制的有效策略，而这些策略往往以语义加工为核心。来自的极少数研究也发现在对双违例句作出反应时，二语者往往不会出现与句法加工相关的成分，但与语义加工对应的成分则必然会出现，有时甚至句法违例还会引发 N400 效应。

2. 主要影响因素

（1）句子表征对句子加工的影响

Chomsky 转换生成语法对句子作了表层结构和深层结构之分，心理语言学

---

① LENNEBERG E. Biological Foundations of Language. New York：Wiley，1967.

② BIALYSTOK E，MILLER B. The problem of age in second-language acquisition：Influences from language，structure，and task. Bilingualism：Language and Cognition，1999，2（2）：127－145.

的研究也指出，人们在理解句子过程中会有表层表征（surface representation）、命题表征（propositional representation）和场景模式（situational model）表征三种方式。句子表征对句子理解的影响多年来一直是研究者们关注的热点之一。萨克斯（J. S. Sachs）做过一个实验，结果表明，时间间隔为 0 秒的时候，被试对于所有的测试句都能正确应答；在 40 个音节（约 12.5 秒）以后，对于意义相同、形式不同的句子的判别率则大大降低，而在 80 个音节（约 25 秒）以后，对于意义和形式均不相同的句子仍保持相当高的判别率；与此同时，意义相同、形式不同的句子的判别率已降到约 50%。这说明句子的表层形式只能保持较短的时间，而意义却能保持较长的时间。

对于句子表征对汉语句子加工的影响，实验研究的结果不一。喻柏林的研究表明，短时记忆中没有显示句式效应，但在长时记忆中有明显的句式效应。而且在长时记忆中存在普遍的大量的句法错误，主要表现为以核心句替代非核心句的强烈倾向。耿海燕、张述祖的研究表明，命题表征是一种原始倾向，记忆力的句式表征效应随年龄增长而提高，把句式表征和命题表征分化开来是后天发展的结果，命题表征的建立和巩固需要时间，但一经建立巩固性较强，而句式表征的巩固性较差。

（2）工作记忆对句子加工的影响

句子加工是一种高度复杂的认知活动，主要指大脑处理和理解句子信息的过程，具有即时、迅速且高度自动化的特点。近几十年来，研究句子加工的过程成为心理语言学中的一个重要领域。研究表明，句子加工过程受到句法、词汇、语篇、语境、韵律以及工作记忆等因素的影响。

工作记忆对歧义句加工的影响

歧义句指的是具有不止一个意义的句子。例如在歧义句“Tom said that Bill had taken the cleaning out yesterday”中，副词“yesterday”既可以修饰主句“Tom said...”也可以修饰从句“Bill had taken...”，全句既可以解读为“汤姆昨天说比尔已经把垃圾拿走”，也可以解读为“汤姆说比尔昨天已经把垃圾拿走”。根据后封闭原则，只要有可能，读者都把后续出现的词汇或短语挂靠于当前的成分①②，该原则的主要依据是可以减少工作记忆负担。句中副词“yesterday”挂

① FRAZIER L，FODOR J D. The sausage machine：A new two-stage parsing model. Cognition，1978，6（1）：291－325.

② FRAZIER L. Constraint satisfaction as a theory of sentence processing. Journal of Psycholinguistic Research，1995，24（6）：437－468.

靠“Tom said...”比挂靠“Bill had taken...”要消耗更多的工作记忆资源，因此对于此句的两种解释，人们一般会作后一种理解。在歧义句“Mary saw the man with a telescope”这句话中，介词短语“with a telescope”既可以挂靠动词短语“saw the man”，也可以挂靠名词短语“the man”，全句相应地可解读为“玛丽拿望远镜看见了那位男士”和“玛丽看见了拿望远镜的那位男士”。最少节点挂靠原则认为句法加工只建构节点最少的结构[①②]。这符合认知经济性规律，即把工作记忆负担降低到最轻，因此人们倾向于采纳两种解读的前一种。按前一种解读，虽然“with a telescope”离“the man”的距离更近，但如果介词短语“with a telescope”挂靠动词“saw”，在工作记忆中需要保持的句法节点比挂靠名词“the man”所需保持的句法节点少，建构动词短语“saw with a telescope”就会比建构名词短语“the man with a telescope”更容易、更能减轻工作记忆负担。

工作记忆对复合句加工的影响

有关工作记忆和复合句加工之间关系的研究主要集中于对嵌入主语从句与嵌入宾语从句加工难度的比较。例如：a. The horse [that kicked the cow] pushed the lion. ←subject gap 和 b. The horse [that the cow kicked] pushed the lion. ←object gap。研究发现，受试者处理例句 a 比例句 b 的时间短，说明嵌入主语从句比嵌入宾语从句更易于加工。King 和 Just（1991）认为，例句 b 中“The horse”既充当主句施事角色，又充当从句“that the cow kicked”的受事角色，而例句 a 中“The horse”无论是在主句还是在从句中都只作施事角色，而要保存和加工两种不同角色信息要消耗更多工作记忆资源，从而造成嵌入宾语从句加工难度相对较大[③]。Gibson（1998）认为，当阅读加工句子时，把各个语法成分整合起来建构完整的句法结构需要消耗工作记忆资源，整合的各成分之间距离越长，所消耗的工作记忆资源则越多[④]。例句 a 中“The horse”与从句主语空隙整合的距离明显短于例句 b 中“The horse”与从句宾语空隙整合的距离，因此加工例句 a 时工作记忆负担相对较轻，例句 a 就更容易理解。

---

① FRAZIER L，FODOR J D. The sausage machine：A new two-stage parsing model. Cognition，1978，6（1）：291－325.

② FRAZIER L. Constraint satisfaction as a theory of sentence processing. Journal of Psycholinguistic Research，1995，24（6）：437－468.

③ KING J，JUST M A. Individual difference in syntactic processing：The role of working memory. Journal of Memory and Language，1991（30）：580－602.

④ GIBSON E. Linguistic complexity：Locality of syntactic dependencies. Cognition，1998，68（1）：1－76.

3. 歧义对句子加工的影响

按照心理语言学的观点，语言的理解和产生过程实际上是对语言信息的编码与解码的过程。编码指说话人对要表达的内容按“思想→意义→声音”的顺序处理信息，往外传递，产生言语；解码指听话人对听到的话语按照“声音→意义→思想”的顺序对语言信息进行加工解析。这虽然是两个顺序完全相反的信息处理过程，但顺利的交际既取决于交际双方的编码能力和解码技巧，又依赖于相互间的协调合作。倘若中途出现障碍、干扰，比如语言听辨不清，词汇检索不明，句子结构混乱等，都将导致歧义、误解，这些因素直接影响交际的成败。

有人说歧义句在合适的语境中会变得没有歧义，所以歧义只是一种语言上的抽象分析，无所谓影响言语的实际加工；也有人认为尽管语境有助于歧义结构从多解中选择一解的结果，然而整个加工过程减慢了，它对语言程序是有影响的。歧义对句子加工有无影响、有何影响，还是让我们看看我们对歧义句的理解是如何进行的。心理语言学家通过各种方法对语言的内部加工过程也存在几种不同看法，主要可以归纳为两种模式，即同时提取模式和逐一提取模式。

主张同时提取模式者认为言语接受者在加工歧义句时，歧义结构的几种意义同时得到激活。言语接受者根据语境挑出合适解之前，大脑里一度会有几种解释并存且相互竞争的局面。只有在得到语境最大支持的一种理解取得胜利之后，这种竞争才会平息。因此主张同时提取模式者认为歧义句的加工随着被激活意义间的竞争，增加了最后意义选定的难度和加工时间。例如，Knowing visiting relatives could be bothersome，I…。歧义词“visiting relatives”的两个意思“来访的亲戚”和“走亲访友”同时得到激活，相互竞争。待到语境加权确定合适解后，竞争结束。有研究表明大脑每激活一个意义需要 170ms，显然激活的意义越多句子加工时间就越长。

主张逐一提取模式的心理语言学家认为歧义句子的加工跟词义的使用频率有关。一开始，人们就在头脑里搜索该歧义词的最常用的意义并建立最合适的解释。但当他们往下读发现刚建立的这种解释不妥时，便设法把该词激活的第二种解释、第三种解释逐一代入句子，直到提取到最合适的解释。主张这种模式者认为歧义句的各种解释间存在着强弱等级关系，即每种解释的提取概率是不同的，如果正确的解释正好是等级最高的解释，那么歧义句子的加工时间就不会增加。但在多数情况下，这种偶然性是很小的。例如，The merchant put his straw beside the machine。只有当“straw”所提取到的意义“稻草”正好符合语境所提供的句义时，加工时间才不会延长。否则，还要用它的“草帽”“吸管”等意义逐一代进去再加工，这样势必导致加工能量增大和时间的延长。

除了上述两种模式外，大多数心理语言学家认为歧义句的加工还直接受到语言水平的制约。因为语言水平高的人（尤其是本族语人）在表层语言解码上无须做特别努力，这一过程已成了他们“下意识的自然过程”，于是他们可以把更多的心智资源用在深层语言的加工上。相反，语言水平低者仍在表层解码上花力气，碰到较难的语言结构尤其是较难的歧义句，难以建立正确的解。语言研究者们还发现一个人的语言水平的高低与其工作记忆容量成正比，语言水平高的人工作记忆容量亦大。按理说他们处理歧义句的速度也快，然而事实则未必如此。原因是记忆容量大的高语言水平者由于短期内脑子里储存的语言信息多，处理歧义句时，歧义结构受到激活的各种解释亦多，因而他们从中提以最佳解释的过程也复杂，加工时间也更长。

上述几种模式虽然略有差异，但歧义句的加工过程不外乎下列步骤：①遇到歧义时，构造出多种意义。②利用情景从多解中选择出最佳解，一般在分句结束时初步建立确定的解。③如果以后的语境和已确定的意义相矛盾，就回忆前面部分的表层结构，构造一个新解释。

4. 句子加工机制的相关理论

无论是在较早期的研究还是在近期的研究中，在句子加工研究领域一直存在着线性加工和平行加工之争，这两种观点主导着句子加工心理机制研究的理论界。句子加工理论中的线性和平行之争正好照应了心理学研究中的资源有限假设。

线性加工观点，又称为再分析观点或两阶段观点，认为人们是以线性的系列的方式进行语法分析。整个分析过程分为两阶段：在第一阶段，语法分析器根据有限的信息或原则构建初始的分析 A；在第二阶段，语法分析器如果发现后续输入的语料与先前建构的初始分析出现不一致的情况，就会放弃初始分析 A 而构建再分析 B，重新对句子进行解释。在线性加工观点阵营中最有代表性的是花园—路径模型（garden-path model），该模型是 Frazier 等人在前人研究的基础上，针对一种被称为“花园—路径”句的局部或暂时歧义现象所提出的解释观点。花园—路径现象（例：The man raced past the red house fell.）是指人们对一个句子按一种方式理解，随着后续语料的输入才发现先前理解错了，便折回头再寻路径，就像沿着花园小径向前走，走到头了，发现路不对，又返回来，故此得名。Fraizer 等人认为出现这种情况的原因是人们在对句子进行语法加工时总是首先依据有限的几个原则，如迟闭合原则、最少节点挂靠原则等建构初始的分析，在后续语料与先前建构的初始分析不一致的情况下才考虑其他因素（论题结构、语义信息、词汇频率等信息）转而进行再分析，如果初始分析与后续语料始终保持一致状态，那么无论歧义句其他解释分析是否合理都不重要，因为未被初始选择的分析不会有机会再次得到语法分析器的关注。在线性加工观点内部还有一个重要的分歧：语法分析器在面对具体的语言材料时是否总是采用相同的分析策略？认为总是采用相同的分析策略的观点被称为固定选择两阶段模型（fixed-choice two-stage model），认为人们会针对不同的语言材料采取不同的语法分析策略来建构初始分析的观点被称为可变选择两阶段模型（variable-choice two-stage model）。前面提到的花园—路径模型就是比较典型的固定选择两阶段模型，该观点认为人们无论面对什么样的具体语言材料总是会严格地遵守有限的规则和策略来建构初始分析。此外 Abney 的主题解释观和参照理论（Altmann & Steedman，1988①；Crain，& Steedman，1985②；Ni，Crain，& Shankweiler，1996③）等观点也都属于固定选择两阶段模型。可变选择两阶段模型的代表主要有 Mitchell 等人的校正模型和 Traxler 等人的不受限竞赛模型（unrestricted race model）。可变模型总体上认为在建构初始分析的阶段各种因素都可能影响分析器的选择和建构，校正模型更进一步认为读者的背景知识、信息处理方式和特点、具体的语言材料的特点、语用情境因素以及词汇频率等因素都会影响人们对初始分析的建构。

平行加工观点，又称为竞争观点或一阶段观点，认为人们在对句子进行句法分析时会依据所有可利用的限制性信息（语义背景、句法信息、论题结构、词汇频率等等）平行激活多种分析。各种解释依据支持自身的限制性因素而被不同程度地激活，获得最大程度激活的分析将得到语法分析器的选择，而那些没有被选择的分析仍然保持激活状态。平行加工观点阵营中最有代表性的是基于限制的模型（constraints-based model）。在平行加工观点内部也存在一个分歧：受到不同限制性信息支持的各种分析是否被同等程度的激活？一些学者认为各种分析均被同等程度激活，这种观点通常被称为基于限制的多重平行激活观。而另外一些学

---

① ALTMANN G，STEEDMAN M，Interaction with context during human sentence processing. Cognition，1988，30（3）：191－238.

② CRAIN S，STEEDMAN M. On not being led up the garden path：The use of context by the psychological parser. In DOWTY D，KARTTUNEN L，ZWICKY A（eds.）. Natural Language Parsing：Psychological，Computational and Theoretical Perspectives. Cambridge：Cambridge University Press，1985：320－358.

③ NI W，CRAIN S，SHANKWEILER D，et al. Tasks and timing in the perception of linguistic anomaly. Journal of Psycholinguistic Research，1996，25（1）：25－57.

者认为语法分析器会根据限制性信息选择性地高度激活某种分析，而没有被选择的分析仍然保持较微弱的激活状态，这种观点被称为基于限制的选择性激活观。还有学者认为各种分析基于支持自身的限制性因素会被不同程度地激活，语法分析器会根据各个分析之间的激活大小选择受到激活程度最高的分析，同样没有受到选择的分析仍保持微弱的激活状态，直到歧义消解，这种观点通常被称为基于限制的顺序激活模型。这种分歧还涉及一个问题，即由各个分析之间产生的竞争会持续多久？各种分析基于支持自身的限制性信息受到激活的程度越接近，可能产生的竞争就越激烈。在其中一种分析被选择之前这种竞争会持续多长时间，各种基于限制的竞争模型并没有给予精确的表述，但得到普遍认同的是这种竞争会持续较长的一段时间。尽管最近一些计算模型认为竞争的激烈程度会较迅速地衰减，但他们仍然支持竞争的长程观点。

研究者们在线性和平行加工观点的分别影响下利用歧义范式针对句子理解的心理机制做了大量研究，但到目前为止所得到的数据仍不能很好地证明哪一种观点与人们句法加工的心理机制更符合。目前大多相关研究都致力于弄清楚所有可利用的信息是否在句法加工的最初阶段就获得使用。一些研究认为分析器最初会忽略类似词类频率，语境信息以及语义可能性等信息，然而另外一些研究认为语法分析器会即时使用这些信息中的一个或多个。为了解释支持后一观点的研究数据，部分两阶段模型者宣称有可能是由于句法分析的第二阶段与第一阶段之间间隔非常短，以至于持一阶段观点者误将第二阶段当成第一阶段。而且持线行加工观点者坚持认为现今研究使用的技术手段欠缺敏感不足以探测到句法分析的第一阶段的存在。

此外，无论是线性加工还是平行加工观点都试图回答“人类的句法分析是否是一次决定的”这样一个问题。持平行加工观点的学者认为人们在分析一个句子时，会即时利用所有可得到的信息对每一个词、每个短语进行分析，因此句子的句法结构的计算是一次性完成的，中间不需要更改。而持线性加工观点的学者则认为由于语法分析器在建构初始分析时仅仅依靠较少的几个原则和策略，并没有充分考虑其他影响因素，如语义背景、句法信息以及词汇频率等等，当后续语料与初始分析不一致的时候就有可能进行再分析，因此这种观点认为句子的句法结构的计算不是一次确定的，而是可能会被不断地更改。

四、双语理解的语篇加工

1. 语篇加工的水平

语篇阅读理解的实质就是在读者头脑中构建起一个关于语篇内容层次及主题

的表征系统。在语篇语言学、计算语言学、社会语言学和文学研究中，学者们均具体确定了言语表征的多个水平，然而这些水平划分因为适用范围有限，均不为言语心理学家所认可。多数言语心理学家提出修订的划分表层编码、语篇命题库与情境模型。表层编码是指对语篇中字、词、短语之间语言学关系进行编码所形成的表征，语篇命题库则指对语篇所提供的语义及等级层次结构关系所形成的表征，当读者根据自己的背景知识对语篇的信息进行整合时就会形成第三层次的表征，即情境模型。故事中的情境模型指心理微观世界中的人物、空间设置、行为和事件，这个微观世界通过明确的语篇和读者的背景知识相互作用得到建构。

情境模型是在语篇命题库的基础上，与读者背景内的世界知识相互作用，经推理而成，它表征的是对语篇更深水平的理解。需要指出的是语篇命题库也需要建立少量保持语篇连贯的推理，但与产生情境模型的推理的区别在于它只是语篇自身命题间的联结，并没有背景知识的参与。此外，在没有语篇命题库调节的情况下，语义和词汇有时也可以为如何建构情境模型提供线索，因此也有人将语篇命题库和情境模型看成是相互平行的结构。

2. 主要影响因素

(1) 重读

口语与书面语的一个重要区别是，口语含有韵律特征。韵律特征是指在言语交流过程中，听者所能感知到的语流的轻重缓急的变化，主要表现为重读、韵律结构和语调。一方面，韵律特征在音系水平上把话语组织成一个相对独立的、有机的层级结构；另一方面，韵律特征与句法、语义等其他层面的言语信息存在着一定的对应关系，从而会在口语理解中发挥独特的作用。

在语篇水平上，韵律特征（特别是重读）与信息结构有着密切联系。为保证语流的畅通，发话者总会有意或无意地根据自己对受话者的知识状态所作的假设，将所传达的句子编码成一个个信息单位，表现为一定的信息结构，如新信息/旧信息、焦点/背景之分。一般旧信息与背景相对应，是指前面语境中出现过或根据背景知识可推论出的信息；而新信息与焦点相对应，是指在语篇中刚刚加入的新内容。

在口语中，重读是标示话语信息结构的一个重要手段，往往焦点信息被重读，而非焦点信息不被重读。重读分布不仅与信息结构密切相关，同时有研究也表明听者对这一匹配关系非常敏感，重读确实会影响到口语理解加工。Cutler (1976) 的研究最早表明，重读会加速焦点信息的知觉加工[①]。Terken 等人

---

① CUTLER, A. Phoneme-monitoring reaction time as a function of preceding intonation contour. Perception and Psychophysics, 1976, 20 (1): 55-60.

(1987) 通过设置新信息和旧信息都重读为控制条件，系统变化重读与信息结构之间的关系进一步发现，与控制条件相比，不仅重读促进新信息的加工，而且不重读（即语句中其他信息重读）也促进旧信息的加工[①]。随后，利用语篇末理解反应时和各种合适性判断等方法，以“问答对”为实验材料的一系列研究也表明，听者会把一致性重读的句子（即语句中新名词被重读而旧名词不被重读）判断为合适的；而当重读与信息结构不一致时（即语句中新名词不被重读而旧名词被重读），听者会把其判断为不合适的，并且能对前者作出更快的判断。与不一致性重读相比，一致性重读会加速语篇中句子的理解加工。

（2）工作记忆广度

工作记忆是人类完成语言理解、运算和推理等高级认知活动不可缺少的基本认知能力，工作记忆广度直接影响着人类完成高级认知活动的效率。

BOLD-fMRI（Blood Oxygenation Level Dependent-functional Magnetic Resonance Imaging）是目前最常用的功能性磁共振成像技术，它利用血液中的氧合血红蛋白和脱氧血红蛋白的差异来检测有功能活动的脑区。Cohen 等人通过BOLD-fMRI研究最早发现，前额叶和顶叶在工作记忆中扮演着重要角色。如果把工作记忆的加工方式分类，一类是执行控制，另一类用来存储激活状态的信息，那么负责维持大脑一个缓冲池的任务主要由前额叶和顶叶负责。基于猴的病变和神经生理学研究，以前普遍认为外侧前额叶皮质的背侧区是空间信息临时储存所必需的，而非空间信息的维持要在更靠近腹侧的区域。Esposito将所有报道过的人类功能神经影像学研究在一个标准化的脑中进行分析，结果却没有发现人类前额叶的背侧/腹侧在加工不同存储信息时有功能上分离的证据。但他们通过研究却发现，大脑不同半球控制不同类型的工作记忆，左半球负责非空间工作记忆，而右半球负责空间工作记忆。他们进而推测，前额叶背部/腹部在工作记忆中的这种功能分离，主要是因为工作记忆对信息加工类型的不同导致的。

另外，前人研究表明，工作记忆容量差异性的表现主要有两个原因，一是注意控制能力，二是注意资源的总量（如 Engle et al.，1999[②]；Cowan，Morey，

---

① TERKEN J，NOTEBOOM S D. Opposite effects of accentuation and deaccentuation on given and new information. Language and Cognitive Processes，1987，2（3/4）：145－163.

② ENGLE R W，KANE M J，THHOISKI S W，Individual difference in working memory capacity and what they tell us about controlled attention，general fluid intelligence and funciton of the frontal cortex. In MIYAKE A，SHAH P（Eds）. Models of Working Memory：Mechanisms of Active Maintence and Executive Contol. New York：Cambridge University Press，1999：102－134.

Chen & Bunting，2007[①]）。因此，一方面高广度者能够很好地控制注意，将注意焦点集中在与当前任务相关的信息上，忽略无关信息；而低广度者的这种控制注意的能力较差，不能有效分配注意，常被无关信息吸引。另一方面高广度者拥有较多的注意资源，因而在加工信息时，能够同时处理更多的信息，并有能力采用需要较多注意资源的加工方式；而低广度者由于拥有较少的注意资源，在加工信息时只能采取需要较少注意资源的加工策略。由此可见，工作记忆容量的大小，即工作记忆广度的高低，体现了注意控制能力的大小以及注意资源的多少，属于个体自身具有的内在特征。也就是说，工作记忆广度在某种程度上可以视为个体注意资源分配的内在因素。

由此可以推论，高工作记忆广度者因为具有其良好的注意控制能力和充足的注意资源，即便没有恰当重读的引导，也能迅速有效地识别对语篇理解重要的新信息，从而将当前的句子快速有效的分解并整合到工作记忆中此刻的情景模型中去。这样，体现信息结构的重读，虽然可以调节注意资源的分配，但对于已经将注意资源进行最有效控制的高广度者，重读所起的作用就没有那么显著了。换句话说，在高工作记忆广度被试本身具有的较强注意控制能力的前提下，外在因素所起调配作用的优势就无法体现出来。同样，对不恰当重读所产生的干扰，高广度者的抑制能力也相对较好，可以迅速抑制受到重读语音信号引起的注意转移，从而将注意力重新控制在对语篇理解重要的新信息加工上。然而，对于注意控制能力较差、拥有注意资源较少的低广度者来说，重读等外在线索对注意资源的调控分配作用则充分显露出来：在一致性重读的辅助调节下，低广度者将更多的资源分配给受到恰当重读的新信息，从而缩短了对该句话的即时加工时间，促进了语篇理解；在不一致性重读的不当诱导下，低广度者将本来就有限的注意资源分配给了旧信息，阻碍了对语篇迅速而有效的理解。

3. 语篇理解机制的相关理论

（1）图式理论

所谓图式就是指每个人过去获得的知识在头脑中储存的方式，是大脑对过去经验的反映或积极组织，是被学习者储存在记忆中的信息对新信息起作用的过程，及怎样把这些新信息丰富到学习者知识中的过程。图式中每个组成成分构成一个空当，当图式的空当被学习者所接受的具体信息填充时，图式便被激活，语

① COWAN N，MOREY C，CHEN Z，et al. What do estimates of working memory capacity tell us? In Osaka N D，Esposito M（Ed.），The Cognitive Neuroscience of Working Memory. Oxford：Oxford University Press，2007.

言因此得以理解并接受。根据该理论，语篇解读首先是文字信息输入，然后读者在自己头脑贮存的信息中寻找能够说明所输入信息的图式。当这些图式被找到以后，读者就产生了理解，否则就不能理解，或不能完全理解。

图式有五大特征：①图式有具体示例。当一个图式在现实世界找到具体样本时，它便被激活并图式化。②图式可相互嵌入。即一个图式可以由几个图式组成，也可以是另一个图式的一部分。③图式可以在所有抽象层面上表征知识。如可以有“自由”“科学”等抽象图式，也可以有“车轮”“汽车”等具体图式。④图式对感知世界和语言理解有巨大影响。⑤图式具有动态性，随着世界知识的增长而丰富扩大。

根据图式理论，读者已存的图式知识对他们吸收新知识的方式和运用效果起着关键的作用。在语篇解读的过程中，常有两种图式参与其中：一个是内容图式，又称语言图式；另一个是文体图式，又称形式图式。

内容图式与语篇解读

内容图式指的是语言所承载的文化背景知识，是读者对世界的认知，对所阅读材料的话题及题材的熟悉程度。图式理论认为，语篇的深层语义关系及意义需要读者把自己头脑中的背景知识与阅读信息相联系才能得以把握和获得，因此阅读者头脑中的固有图式（世界知识）是决定语篇解读成功与否的关键因素。例如当读到“文化大革命”“红卫兵”等词语时，现在的小学生对每个字都认识，但却读不懂是何意，而五六十岁的人马上能明白这些词语所传达的意思。其原因是前者头脑中没有相关的图式，而后者有相关图式（大多数人还有亲身经历）。

文体图式与语篇解读

文体图式指读者在语篇的形式、修辞的组织和结构等方面所具备的知识。读者如果了解篇章结构方面的文体图式知识，将有助于理解预期的建立，抓住话语的主要意思。比如在文章的解读过程中，英语议论文是非英语国家读者认为最头疼、最难把握的语篇。然而，如果能够了解这些语篇的谋篇布局习惯、语篇结构特点，将有利于读者理解文章中的重要内容，避免顾此失彼，捡到芝麻丢了西瓜。比如议论文，它的文体图式是在语篇中向读者提出一种主张或观点的正确或合情合理。但有时候，作者的意图并不是要确认而是客观地对某个问题提出不同的观点而且不作任何结论。

（2）语篇世界理论

Werth 的语篇世界理论主要从认知的角度分析交际双方理解、加工话语，建立认知世界的动态过程。在他的理论中，话语和语篇是不同的概念。话语是指交际双方相互合作、加工语篇、实现成功交际的语言事件，既包括面对面或远距离的对话，也包括任何形式的书面交流。语篇是指交际中使用的语言本身，即话语的语言部分。话语和语篇都是以交际双方的心理体验（包括感觉、记忆、想象等）为认知基础的，共同作用，实现交际目的。语篇世界理论既考虑语篇又考虑语境，语境是由话语决定的，并随着语篇的推进而变化。在阅读文学语篇的话语交际活动中，读者根据语篇信息和自己的背景知识，与作者构建共同的认知语境，共同语境既包括语篇中的命题，也包括读者世界经验和知识的命题。因此，他指出话语的连贯不是语篇命题的连贯而是语篇和共同语境的命题的连贯。随着语篇的推进，一些旧的信息被摒弃，一些新的信息被加入，因此，共同认知语境是读者和作者相互合作、动态的加工过程。在加工过程中，双方要遵循交际、连贯和合作的原则，即话语必须是以交际为目的；命题必须是相关联的、连贯的；交际双方必须共同努力、达到交际成功的目的。Werth 的话语交际原则结合了 Grice 的合作原则和 Sperber 和 Wilson 的关联理论，在此基础上，他提出认知世界的三分法，即话语世界（discourse world）、语篇世界（text world）和亚世界（subworld）。话语世界是交际者根据交际时的周围环境构建的认知世界；语篇世界是交际者分析、加工信息的过程中构建的认识世界，交际者根据语篇中表示时间、地点、人物和事物的指示词构建语篇世界，并不断激活相关的框架知识进行推理，实现成功交际的目的。

Werth 指出有些语篇世界是参与者可及的，即言语事件的参与者知道语篇世界的真实性；有些语篇世界是参与者不可及的，即言语事件的参与者无法知道语篇世界的真实性。同样，有些亚世界是语篇人物可及的，即语篇中人物知道亚世界的真实性；有些亚世界是语篇人物不可及的，即人物无法判断语篇世界的真实性。

五、双语转换的神经机制：方向性

1. 双语语言转换与一般认知控制的神经机制比较

语言加工是一种复杂且高级的认知活动，它需要依赖基本的认知能力，如认知控制（也称执行控制，是指个体有目的性地针对行为目标，对认知过程进行自上而下调节和监控的过程）（Diamond et al.，2007）[①]。双语者进行语言转换过程

① DIAMOND A，BARNETT W，THOMAS J，et al. Preschool program improves cognitive control. Science，2007（5855）：1387.

中需要调节语言的使用，同时监控最后语言产出的内容。语言转换属于认知转换的一类任务，其顺利的实现离不开认知控制的参与和协调，因此语言转换中认知控制的神经机制就成为语言研究中一个举足轻重的问题。有研究指出，认知控制作为一种复杂的认知功能，无法由单一的脑区或系统完成，相反它很可能是不同的神经系统交互作用的结果（Petrides et al.，1993①；Botvinick et al.，1999②；MacDonald et al.，2000③）。在综合已有研究成果的基础上，研究者提出认知控制主要由五个重要区域负责：左背外侧前额叶皮层（left dorsolateral prefrontal cortex，left DLPFC）、前扣带回（anterior cingulate cortex，ACC）、尾状核（caudate nucleus）、左侧缘上回和右侧缘上回（left and right supramarginal gyrus）（Abutalebi & Green，2007）④。在双语语言转换研究中，一个重要的问题是双语控制与一般认知控制是否依赖同一神经网络。实验结果表明，语言转换过程中激活的重要区域属于一般认知控制系统，特别是左前额背侧和双侧缘上回都是额叶——顶叶注意网络中的重要组成部分（Toro，Fox & Paus，2008）⑤。而前扣带回和尾状核则也与认知控制有关（Schouwenburg，Ouden，Cools，2010⑥；Westlye et al.，2011⑦），其中前扣带回与错误侦测有关（Ide & Li，2011⑧），且属于负责调度内外资源监控行为的突显网络（Seeley et al.，2007⑨），

① PETRIDES M，ALIVISATOS B，MEYER E，et al. Functional activation of the human frontal cortex during the performance of verbal working memory tasks. Proceedings of the National Academy of Sciences，1993（3）：878－882.

② BOTVINICK M，NYSTROM L，FISSELL K，et al. Conflict monitoring versus selection-for-action in anterior cingulate cortex. Nature，1999（6758）：179－181.

③ MACDONALD A，COHEN J，STENGER V，et al. Dissociating the role of the dorsolateral prefrontal and anterior cingulate cortex in cognitive control. Science，2000（5472）：1835－1838.

④ ABUTALEBI J，GREEN D. Bilingual language production：The neuro-cognition of language representation and control. Journal of Neuro-linguistics，2007（3）：242－275.

⑤ TORO R，FOX P，PAUS T. Functional coactivation map of the human brain. Cerebral Cortex，2008（11）：2553－2559.

⑥ VAN SCHOUWENBURG M，DEN OUDEN H，COOLS R. The human basal ganglia modulate frontal-posterior connectivity during attention shifting. The Journal of Neuroscience，2010（29）：9910－9918.

⑦ WESTLYE L，GRYDELAND H，WALHOVD K，FJELL A. Associations between regional cortical thickness and attentional networks as measured by the attention network test. Cerebral Cortex，2011（2）：345－356.

⑧ IDE J S，LI CHIANG-SHAN R R. A Cerebellar Thalamic Cortical Circuit for Error-related Cognitive Control Neuroimage，2011（1）：455－464.

⑨ SEELEY W，MENON V，SCHATZBERG A，et al. Dissociable intrinsic connectivity networks for salience processing and executive control. The Journal of Neuroscience，2007（9）：2349－2356.

而尾状核则涉及运动反应控制（Boehler et al.，2010）[①] 以及目标—指向行为（Grahn，Parkinson Owen，2008）[②]。总的来看，目前认知控制和语言转换的有限证据认为两者激活的脑区大部分是重合的，然而两者是否在特定脑区上存在功能的分离，未来研究可以从目前已经明确的语言控制区域入手，通过语言任务和认知控制任务的对比，进一步探索其是否为语言的特定控制中枢（Khateb et al.，2007）[③]。

2. 语言理解和语言产生中双语语言转换的神经机制

（1）语言理解中双语语言转换的神经机制

语言理解是指人们在感知语言符号，如语音或字形的基础上，借助已有语言经验，最后实现语言表征含义的目的（王瑞明等，2011）[④]，它既包含较浅层次的字词理解，也包含较深层次的句子和篇章的理解。而语言理解中的转换研究也遵循这个思路，循序渐进地展开。实验结果证实双语者在进行语言理解的转换中存在不平衡性。在进行二语理解时，双语者倾向于借助一语最后通达词汇的语义；在一语理解时，双语者可以直接通达词汇的语义（Kroll & Stewart，1994）[⑤]。

与词汇理解相比，句子理解属于语言理解中深层次的加工。相关的句子理解研究主要关注的是在枕叶和颞叶处的早期 N1 成分和晚期 N400 成分。实验结果发现，句子理解的 N1 成分出现在 130～200ms，并且转向第二语言所产生的 N1 成分要明显大于转向第一语言所产生的 N1 成分。句子理解的 N400 成分出现在 300ms～500ms，并且语言转换条件中的 N400 成分要明显大于非语言转换条件中的 N400 成分（Proverbio，Vecchi& Zani 2004）[⑥]。由此可以断定，在语言理解中，从优势语言转向非优势语言转换效应要大于相反方向的转换效应，同时也说明深层的语言理解也会出现不平衡的语言转换现象。

---

① BOEHLER C，APPELBAUM L，KREBS R，et al. Pinning down response inhibition in the brain—conjunction analyses of the stop-signal task. Neuroimage，2010（4）：1621－1632.

② GRAHN J，PARKINSON J，OWEN A. The cognitive functions of the caudate nucleus. Progress in Neurobiology，2008（03）：141－155.

③ Knateb A，Abutaleb J，Michel C M J，et al. Language selection in bilinguals：A spatio-temporal analysis of electric brain activity. International Journal of Psychophysiology，2007，65（3）：201－213.

④ 王瑞明，等. 文本阅读中信息的协调性整合. 心理科学进展，2011（4）：471－479.

⑤ KROLL J F，STEWART E. Category interference in translation and picture naming：Evidence for asymmetric connections between bilingual memory representations. Journal of Memory and Language，1994，33（2）：149－174.

⑥ PROVERBIO A，VECCHI L，ZANI A. From orthography to phonetics：ERP measures of grapheme-to-phoneme conversion mechanisms in reading. Journal of Cognitive Neuroscience，2004（2）：301－317.

（2）语言产生中双语语言转换的神经机制

语言产生是指在表达某个思想时，说话者提取所需目标词汇并对所说出的词语进行合理的句法结构安排，最后将它们表达出来的过程（Silverberg & Samuel 2004[①]；叶嘉文，2011[②]）。当从第一语言转换到第二语言时，在额叶处的 N2 成分要明显大于反方向的语言转换，说明双语者在通达第二语言时需要对第一语言进行更多的抑制（Jackson et al.，2001）[③]。也有研究使用图片命名任务探讨语言转换过程中的语言控制问题，结果发现，两个方向的语言转换均出现明显的对称性转换消耗（Christoffels，Firk & Schiller，2007[④]）。这说明在语言转换的加工过程中，双语者需要对语言进行抑制，但抑制的程度会因语言材料的不同呈现差异。

在图片命名的 fMRI 研究中，双语者需要根据不同线索选择相应的语言命名图片，结果表明在转换条件下，背外侧前额叶皮层（dorsolateral prefrontal cortex，DLPFC）激活程度要明显大于非转换条件，这说明该区域在进行语言转换任务时负责抑制和调节转换语言（Hernandez et al.，2001）[⑤]。研究还发现，背外侧前额叶在语言转换的情况下神经活动要显著强于不转换条件，但在图片类型转换与不转换条件下，该区域的神经活动不存在差异（Hernandez et al.，2001）[⑥]，这说明，背外侧前额叶皮层更多的是在语言转换中发挥监督控制的重要功能。

3. 双语语言转换对大脑可塑性的影响

（1）语言转换引发大脑功能变化

有研究认为，第二语言学习可以引起大脑皮层某些语言脑区激活程度的增强。英语单语者经过两个星期的印度语训练后，他们在左颞上回（left superior temporal gyrus，left STG）、脑岛（Insular）、额叶等激活强度要明显高于学习

---

① SILVERBERG S，SAMUEL A. The effect of age of second language acquisition on the representation and processing of second language words. Journal of Memory and Language，2004（3）：381－398.

② 叶嘉人，等．语言产生过程中非目标语言的激活与抑制．心理学报，2011（11）：1263－1272.

③ JACKSON G，SWAINSON R，CUNNINGTON R，et al. ERP correlates of executive control during repeated language switching. Bilingualism：Language and Cognition，2001（2）：169－178.

④ CHRISTOFFELS K，FIRK C，SCHILLER N. Bilingual language control：An event-related brain potential study. Brain Research，2007：192－208.

⑤ HERNANDEZ A，DAPRETTO M，MAZZIOTTA J，et al. Language switching and language representation in Spanish-English bilinguals：An fMRI study. Neuro Image，2001（2）：510－520.

⑥ HERNANDEZ A，DAPRETTO M，MAZZIOTTA J，et al. Language switching and language representation in Spanish-English bilinguals：An fMRI study. Neuro Image，2001（2）：510－520.

之前的强度（Golestani & Zatorre，2004）[①]。除此之外，第二语言学习也可以调节语言脑区的参与程度。在经过两个月的普通话语调学习之后，美国学习者之前未激活的左脑 BA42 区和右脑 BA44 区得到激活，这说明经过第二语言学习，更多的语言脑区参与到双语者的语言加工中（Wang et al.，2003）[②]。也有研究发现，学习成绩的高低也会影响语言功能脑区的活动。美国学习者进行六周汉语词汇学习，在之后的声调判断任务中发现，与成绩较差的学习者相比，成绩较好的学习者在其前额叶运动皮层、额下回（inferior frontal gyrus，IFG）、颞上回（superior temporal gyrus，STG）后部等区域有更强烈的激活（Yang et al.，2015）[③]。

（2）语言转换引发大脑结构变化

传统的观点认为，除了在老化和病理条件下，大脑的解剖结构不会发生变化，但近几年的研究表明，成人的经验和学习也可以引起大脑结构的改变（Benloucif，Bennett & Rosenzweig，1995[④]；Kolb & Whishaw，1998[⑤]；Nelson，Collins & Luciana，2001[⑥]）。

针对军校译员的研究表明，在经过十个月语言综合强化训练之后，训练组比控制组在左额下回、额中回、颞上回及右侧海马回的灰质厚度有显著增加（Mrtensson et al.，2012）[⑦]。也有研究发现，日本被试在经过十六周英语学习之后，其右侧额下回灰质和白质的密度都增加，而且增加的幅度与他们的英语词汇量成正相关（Hosoda et al.，2013）[⑧]。这说明短时间的第二语言学习和语言转换

① GOLESTANI N，ZATORRE R J. Learning new sounds of speech：Reallocation of neural substrates. Neuroimage，2004，21（2）：494 - 506.

② WANG Y，SERENO J，JONGMAN A，et al. fMRI evidence for cortical modification during learning of mandarin lexical tone. Journal of Cognitive Neuroscience，2003（7）：1019 - 1027.

③ YANG J，GATES K，MOLENAAR P，et al. Neural changes underlying successful second language word learning：An fMRI study. Journal of Neurolinguistics，2015：29 - 49.

④ BENLOUCIF S，BENNETT E，ROSENZWEIG M. Norepinephrine and neural plasticity：The effects of xylamine on experience-induced changes in brain weight，memory，and behavior. Neurobiology of Learning and Memory，1995（1）：33 - 42.

⑤ KOLB B，WHISHAW L Q. Brain plasticity and behavior. Annu Rev Psychol. 1998（49）：43 - 64.

⑥ NELSON C，COLLINS M，LUCIANA M. Handbook of Developmental Cognitive Neuroscience. Cambridge，MA：MIT Press，2001.

⑦ MARTENSSON J，ERIKSSON J，BODAMMER N，et al. Growth of language-related brain areas after foreign language learning. Neuro Image，2012（1）：240 - 244.

⑧ HOSODA C，TANAKA K，NARIAI T，et al. Dynamic neural network reorganization associated with second language vocabulary acquisition：A multimodal imaging study. The Journal of Neuroscience，2013（34）：13663 - 13672.

训练能够改变大脑的结构，从而进一步巩固第二语言学习的效果。

既然短期的第二语言学习和语言转换训练能导致大脑结构发生质的变化，那么在自然情景下长期的语言转换经验又是如何改变大脑结构的？有研究指出，美国学生学习中文的成绩与他们左脑及右脑经典语言区域（如 Broca 区，Wernick 区）的脑白质连通性的改变程度成正比关系（Schlegel et al.，2012①）。也有研究对比双语者与单语者的大脑结构并认为，第二语言越熟练、获得年龄越低，左侧顶下皮层灰质密度越大（Mechelli et al.，2004②；Grogan et al.，2012③；Della Rosa et al.，2013④）。另外，大脑白质连通性的研究也显示，与单语者相比，双语者的左右侧额下回——枕叶纤维束连接范围更广，连通性更强（Mohades et al.，2012⑤；Cummine & Boliek，2013⑥）。这些研究为语言转换经验塑造大脑结构提供了充分的认知神经证据。

六、双语产出的神经机制

1. 双语产出中的平行激活和选择困境

IN 模型认为，任何具体语用场景下的词汇产出都无须（或者不能）对概念的全部特征进行提取，而只是对其部分特征进行提取（当说话者激活狗的概念时，并不代表他需要提取狗的百科知识）。也就是说，语言产出过程并不涉及对概念的全部特征的加工，只涉及概念可通达部分的加工，而这种能被通达的显性表征即为语义表征（Paivio，2014）。按照研究者的推理，如果 IN 模型是正确的，那么双语者在命名目标图片时，目标词的对译词（alternative）所包含的语音信息也会被同步激活，如果恰巧目标词与其对译词又存在语音重叠，那么双语

---

① SCHLEGEL A，RUDELSON J，PETER U. White matter structure changes as adults learn a second language. Journal of Cognitive Neuroscience，2012（8）：1664－1670.

② MECHELLI A，CRINION J，NOPPENEY U，et al. Neurolinguistics：Structural plasticity in the bilingual brain. Nature，2004（7010）：757－757.

③ GROGAN A，JONES O，ALI N，et al. Structural correlates for lexical efficiency and number of languages in Non-native speakers of english. Neuropsychologia，2012（7）：1347－1352.

④ DELLA ROSA P，VIDESOTT G，BORSA V，et al. A Neural Interactive Location for Multilingual Talent. Cortex，2013（2）：605－608.

⑤ MOHADES S G，STRUYS E，VAN SCHUERBEEK P，et al. DTI reveals structural differences in white matter tracts between bilingual and monolingual children. Brain Research，2012（1435）：72 － 80.

⑥ CUMMINE J，BOLIEK C. Understanding white matter integrity stability for bilinguals on language status and reading performance. Brain Structure and Function，2013（2）：595－601.

者的图片命名反应时就会受到干扰。结果双语者在命名同源词（cognate）时反应变快，而且这种变化在单语者的命名过程中不会出现（Costaetal，2000；Hoshino &Kroll，2008[①]；Poarch & Vanhdl，2012[②]）。IN 模型的预测因此得到证实，同时也就表明双语产出中存在跨语言间的平行激活。诚然，同源词是一种特异的语言现象，但在音素监察任务（phoneme-monitoring task）中，双语间的平行激活也同样得到证实。Colome（2001）在给双语者同时呈现图片和音素时，要求他们判断（按键反应）这个音素是否被包含在图片的名称当中[③]。按照预测，如果双语产出中存在跨语言间的平行激活，那么当这个音素与图片名称的对译词存在语音重叠时，双语者的判断反应时会受到影响。这种预测在实验中得到证实，再次表明双语产出中存在跨语间的平行激活。

Finkbeine 等人（2006）从词汇产出的微观角度将这个问题进一步具体化为双语者如何在翻译对等词的激活竞争中实现目标词的产出。根据 Finkbeine 等人的描述，当汉英双语者以 L2 为目标语对图片“椅子”进行产出时，由于激活扩散的影响，双语者 L1 体系的“椅”和“桌”，及 L2 体系的“chair”和“table”都被同步激活。当“椅”和“chair”通过学习机制分别对竞争词“桌”和“table”进行抑制后，这对翻译词之间的激活竞争就成了双语词汇产出中的最后瓶颈。Finkbeine 等人认为，这种瓶颈也就是双语产出研究中的核心话题，也即双语产出中的选择困境（hard problem）。

双语产出中的选择困境并不能依赖单语产出的学习机制进行解决。学习机制发生效应的前提是目标词与竞争词在概念表征层存在不对等，而翻译对等词，比如上例中的“椅”和“chair”则于概念层上存在完全对等。诚然，如果上例中的双语者选择 L1 进行产出，因为 L1 与概念间的联结强度优势，“chair”的激活并不能对椅的产出形成有效干扰，此时所谓的选择困境或许并不存在。然而，如果上例中的双语者选择 L2 进行产出时，“椅”的激活优势则一定会对“chair”的产出形成不可逾越的选择困境。

① HOSHINO N，KROLL J F. Cognate effects in picture naming：Does cross-language activation survive a change of script? Cognition，2008（106）：501 - 511.

② POARCH G J，VAN HELL J G. Executive functions and inhibitory control in multilingual children：Evidence from second-language learners，bilinguals and trilinguals. Journal of Experimental Child Psychology，2012（113）：4.

③ Colomé. Lexical activation in bilinguals-speech production：Language-specific or language-independent. Journal of Memory and Language，2001（45）：721 - 736.

2. 语言选择中的非抑制模型

Finkbeine 等人依据双语产出中的平行激活现象提出了选择困境假设，然而 Heij (2005)[①] 认为，这种假设理论上并不存在。他认为翻译对等词现象类似于单语产出中的语义聚集问题（Convergence problem）。在单语产出研究领域，研究者曾经苦恼于这样的问题，“female parent”与“mother”在概念表征层存在对等性，但是单语者并不会使用“female parent”代替“mother”的使用。Heij 认为这种苦恼是不必要的，因为“female parent”与“mother”之所以会概念对等是基于静止的、脱离语境的语义分析，事实上，“female parent”与“mother”所包含的语用信息使得它们在适用的语境和对象上都存在不对等。这种不对等事实上会使得它们在产出的过程中所能激活的概念信息是不对称的，因此，这两者并不会形成无法解决的竞争难题。这种现象在翻译对等词中同样存在，尽管在静止的语义分析中，“椅”和“chair”所对应的概念是对等的，但是这两个词汇所对应的语用情景和语用对象却是不对等的，这种差异就是语言线索。如果将语言线索等同为概念信息后，所谓的翻译词在概念表征上就不会完全对等。依据语言产出中的学习机制，概念不对等带来的激活不对等就会使目标词在激活竞争中占据优势，最终实现顺利产出。

因为这种论点强调双语词汇在概念表征层的特质性，因此这种观点也被称为概念特定模型（Concept-specific model）。按照这种观点的理解，双语者的概念表征或语义表征应该属于独立表征，但是大量研究表明，双语者的概念表征事实上属于共同表征。比如，众多研究发现，尽管双语者命名图片的速度明显比单语者慢，但是图片分类的反应时却与单语者没有显著的差异化（Gollan et al.，2005）[②]。这表明，双语者对概念的通达并不受语言体系的影响，也就是说，双语词汇在概念层存在共享。

对此，Costa 等人（2006）[③] 认为双语产出中存在一个选择机制，扮演着防火墙的角色，使得对译词即使激活了也不能对目标词产生激活。这种控制机制早

---

① LA HEIJ W. Selection processes in monolingual and bilingual lexical access. In KROLL J F, DE GROOT A M B (Eds.). Handbook of Bilingualism: Psycholinguistic Approaches. New York: Oxford University Press, 2005: 289 - 307.

② GOLLAN T H, MONTOYA R I, FENNEMA-NOTESTINE C, et al. Bilingualism affects picture naming but not picture classification. Memory & Cognition, 2005, 33 (7): 1220 - 1234.

③ COSTA A, SANTESTEBAN M, IVANOVA I. How do highly proficient bilinguals control their lexicalization process? Inhibitory and language-specific selection mechanisms are both functional. Journal of Experimental Psychology: Learning, Memory and Cognition, 2006 (32): 1057 - 1074.

期被认为是一种选择机制，用以自动对非目标语词汇信息的激活进行过滤。后期又被认为是一种阈限调节机制，用以提升目标语的激活阈限，使得对译词即使激活了也不能形成产出竞争。由于这种观点认为双语产出中存在着一个选择机制，这种观点也被称为语言特定选择模型（language-specific selection mode）。不过，Paradis（1997）① 认为，所谓的激活阈限升高从本质上而言，就是降低表征节点的激活静止值，实质上就是一种抑制行为。因此，语言选择机制事实上应该是一种抑制机制。在实证中，语言特定选择模型确实无法解释双语产出中的语言切换不对称现象（后文详细说明）。Costa 等人（2006）也承认，所谓的语言选择机制或许只存在于平衡双语者群体中。

总结以上，尽管非抑制模型为 Finkbeine 等人提出的选择困境提供了不同的解决方案，但是在学界却应者寥寥，在实证中也缺乏有力证据的支持，真正在双语产出中引起学界普遍关注的是抑制模型的提出。

3. 双语产出中的抑制模型

双语产出研究的最终目标是要回答双语产出中的困境。但是大部分的研究者认为，所谓的困境在双语产出中实际上并不存在。这些观点最终都指向这样一个猜测：在双语产出中存在某种抑制机制，用以均衡双语间的激活强度。这种猜测伴随着抑制控制模型（ICM）②（Green，1986）的提出，最终得到了学界的广泛关注，成为双语产出中的核心话题。

ICM 的理论依据主要来自认知科学中的加工控制理论（Norman & Shallice，1986）③。在认知科学中，一个困扰研究者们的普遍现象是：一方面人类在单位时间内只能关注一个心理进程；但另一方面人类又能在单位时间内同时对多个心理进程进行加工。加工控制理论将这种现象产生的原因归结于人类认知控制机制的层级性。这种理论认为，人类的加工控制机制分为注意监控机制（supervisory attention system，SAS）和任务图式两个层级。SAS 是一个注意分配机制，负责心理资源对心理进程的指向和集中；任务图式是一个包含具体参数设置的、相对封闭和独立的控制回路，负责心理进程的具体运行（control circuit）

① PARADIS M. The cognitive neuropsychology of bilingualism. In DE GROOT A M B，KROLL J F (Eds.). Tutorials in Bilingualism. Mahwah，Lawrence Erlbaum Associates，1997：331 - 354.

② GREEN D W. Control，activation，and resource：A framework and a model for the control of speech in bilinguals. Brain and Language，1986：210 - 223.

③ NORMAN D A，SHALLICE T. Attention to action：Willed and automatic control of behavior. In Davidson，R. J. et al (eds.). Consciousness and Self-Regulation，Plenum Press，1986：1 - 18.

(Green，1986)[①]，所有的认知行为都具备对应的任务图式控制其运行过程。对于一些简单的日常重复的行为，由于其运行参数设置固定，其执行可以经由任务图式的激活得以实现；但对于一些复杂的无法重复的行为，由于其运行参数设置不固定，其执行不仅需要激活任务图式，还需要 SAS 对任务图式进行实时监控以便对运行参数进行重新设定和修改。由于这种控制的层级性，当人类在关注复杂的心理进程，比如绘画时，也能通过任务图式的激活和自动运行同时加工一些简单的心理进程，比如喝水和转笔。

由于双语者在日常生活中需要使用两种不同的语言进行产出，双语者大脑中会存在两个语言任务图式（简称语言图式，下同），又由于语言产出的情景和对象总是处于变换之中，语言产出也并非可简单重复的行为。依据人类认知控制的普遍规律，Green（1986[②]，1998a[③]）认为双语者的语言产出需要涉及两个层级的控制机制，SAS 和语言图式（L1 图式 & L2 图式）。在日常生活中，当双语者需要使用 L2 进行产出时，SAS 就将心理资源指向 L2 图式将其激活，由于 L1 图式是一个可以预见的干扰进程，SAS 也会同时对 L1 图式进行事前抑制。由于词汇激活扩散的影响，L2 词汇的产出会带动 L1 词汇的激活并由此造成产出中的对等词激活竞争，形成双语产出难题，因此被激活的 L2 图式在将认知资源指向 L2 词汇网络，强化 L2 词汇网络激活强度的同时，也会对 L1 词汇网络进行事前抑制，使得 L1 词汇的激活强度不足以对 L2 词汇的产出形成激活竞争。这种产出过程与 Grosjean（1989[④]，1994[⑤]，1995）等人的描述是高度吻合的，也就是说，所谓的产出难题早在非目标语被激活之前已被解决了。

但我们知道，词汇网络是一个相对封闭的自我管理机制（self-organizing）(Li，1998；Miikkulainen，1993[⑥]，1997[⑦])，由其主导的词汇产出过程是一个受

---

① GREEN D W. Control，activation，and resource：A framework and a model for the control of speech in bilinguals. Brain and Language，1986：210 - 223.

② Ibid.

③ GREEN D W. Mental control of the bilingual lexico-semantic system. Bilingualism：Language and cognition，1998：67 - 81.

④ GROSJEAN F. Neurolinguists，Beware! The Bilingual Is Not Two Monolinguals in One Person，1989，36 (2)：3 - 15.

⑤ GROSJEAN F，MILIER J L. Going in and out of languages—An example of bilingual flexibility. Psychological Science，1994，5 (4)：201 - 206.

⑥ MIIKKULAINEN R. Subsymbolic natural language processing：An integrated model of scripts lexicon，and memory. Cambridge，MA：MTI Press，1993.

⑦ MIIKKULAINEN R. Dyslexic and category specific aphasic impairments in a self-organizing feature map model of the lexicon. Brain and Language，1997，59 (2).

激活扩散机制驱使和网络联结的权重参数设定调节的自动的心理运算行为。语言图式如果要介入词汇通达这样一个具有封闭性的心理进程就需要一个与词汇信息巧接的控制界面。为此，Green 借用前人研究者的语言标签（language tag）概念（Debot，2000；Paradis，1994①）。语言标签一般被认为是一种附着于或悬浮于词条节点之上的，用以标识词汇语言归属，为双语词汇表征体系中所独有的表征形式。通过语言标签的界面，语言图式可以对词汇的语言归属进行识别，并能根据 SAS 的心理资源指向分别对目标语词汇节点激活静止值进行激活累加，和对非目标语词汇节点静止值进行激活抵消，即抑制。

---

① PARADIS M. Neurolinguistic aspects of implicit and explicit memory：Implications for bilingualism and SLA. IN Ellis，N. （eds. ） Implicit and Explicit Learning of Languages. London：Academic Press，1994：393－419.

第五章 眼动技术及其应用

第一节 眼动技术简介

眼动，顾名思义就是眼球的运动。众所周知，人类的神经系统支配着人体的各项运动，眼动也不例外。眼动之所以会产生，本质上还是受到人脑神经中枢的控制。眼动是一个复杂的过程，当外界的刺激表现为光信号投映到视网膜，视网膜上的视神经会将该信号转化为电化学信号传入大脑，大脑做出反应，给予相应的电化学信号，再通过神经系统控制眼球周围肌肉的运动，表现为眼动。所以某种程度而言，眼动是人脑活动的一种反映。

一、眼动相关概念

为使眼动技术更加便于理解，笔者在此总结了与眼动技术相关的概念。从类别上看，可大致分为与眼球及其运动相关的概念、与时间维度相关的眼动研究指标和与空间维度相关的眼动研究指标。

● 与眼球及其运动相关的概念有：

1. 瞳孔直径（pupil dilation/pupil size）：描述瞳孔大小的指标。瞳孔直径基准值反映了瞳孔正常大小，但具体研究中一般记录瞳孔直径的变化值。研究表明，瞳孔直径的大小与人脑活动有着密切的关系。一般来说，在一定范围内，瞳孔直径的变化值与人脑处理工作的压力成正比。

2. 中央凹区域（retinal fovea）：视网膜中视觉（辨色力、分辨力）最敏锐的区域。以人眼为例，视神经盘颞侧约 3.5mm 处有一个黄色小区，称为黄斑，其中央的凹陷，就是中央凹。一般来说，中央凹区域可以涵盖注视点 1°之内的字符。

3. 副中央凹区域（parafovea）：视网膜黄斑的一部分，分布在中央凹区域外围，一般指注视点 2°～6°涵盖的范围。此范围内的视觉敏锐度次于中央凹区域。

4. 注视（fixation）：眼球保持的相对静止的状态，一般可持续 200～300ms。

5. 注视点（gaze point）：指眼球注视的区域。

6. 眼跳（saccade）：眼球从一个注视点转移到另一个注视点的过程。

7. 视觉广度（visual span）：指眼球在一次注视期间可以涵盖的字符的数量。受过训练的阅读者的视觉广度相对较大。

8. 兴趣区域（area of interest，or AOI）：眼动研究中的一个空间概念。兴趣区域有大小之分。一个小的兴趣区域可以包含一个或几个词语，研究重点是词语的识别与处理；一个大的兴趣区域可能包含一个或几个句子，研究重点是对于句法或语篇的理解。

● 与时间维度相关的眼动研究指标有：

1. 单一注视时间（single fixation duration）：指阅读过程中，兴趣区内有且只有一次的注视时间。单一注视时间通常是字词识别中语义激活阶段的良好指标（Rayner，1998；张仙锋等，2006）

2. 首次注视时间（first fixation duration）：指阅读过程中，首次通过某兴趣区域的首个注视点所用时间。

3. 第二次注视时间（second fixation duration）：指阅读过程中，首次通过某兴趣区域的第二个注视点所用时间。以此类推，还会出现第三次甚至第四次注视时间。

4. 凝视时间（gaze duration）：指阅读过程中，通过某个兴趣区域内所有注视点所用的时间。

5. 离开目标后的首次注视时间（first fixation duration after leaving）：指阅读过程中，离开当前兴趣区域后的首次注视时间。

6. 回视时间（regression time）：指阅读过程中，回视某一兴趣区域所用的时间。

7. 总注视时间（total fixation duration）：指阅读过程中，花费在某一兴趣区域内所有注视点的总的阅读时间。

8. 平均注视时间（average fixation duration）：指阅读过程中，花费在某一兴趣区域内所有注视点的平均注视时间。

● 与空间维度相关的眼动研究指标有：

1. 注视位置（landing position）：指当前注视点所处的位置。当前的注视位置既是前一次眼跳的落点位置，又是下一次眼跳的起跳位置。

2. 注视次数（number of fixations）：只对于某个兴趣区域注视的总次数。

3. 注视顺序（fixation sequence）：一个基于时间和空间的眼动研究指标，主要显示被试对于某个特定场景注视点的变化。

4. 再注视比率（re-fixation rate）：指某一兴趣区域被重复注视的比率。

5. 回视（revisits）：指人眼重新回到某一兴趣区域提取信息的过程。一般来说，某一兴趣区域的回视次数越多，该区域内的内容对于被试理解难度越大。

6. 眼跳距离（saccade size）：指前一次眼跳与后一次眼跳之间的距离。在平均注视时间一定的条件下，眼跳距离越大，阅读速度越快。

7. 跳读率（skipping rate）：指首次经过某个兴趣区域时，该兴趣区域被跳读的比率。一般来说，若某一兴趣区域内的词长越短，词语语义越容易预测，该兴趣区域的跳读率越高。

二、眼动技术发展简史

通过记录眼球运动来考察心理活动的研究方法最早始于19世纪末（卞迁等，2009）①。起初，由于受研究条件的限制，人们只是通过肉眼或者简单的仪器观察人类眼动，精确度不高。到20世纪70年代，随着科技的进步，眼动仪开始成为人们研究眼球运动的专门仪器。当时，美国的认知心理学家George McConkie和Keith Rayner认识到视觉信息识别对于阅读的重要性，开始着手于知觉广度（perceptual span）和眼动（eye movement）研究，提出阅读是从印刷的文字中提取信息的过程，而有经验的阅读（skilled reading）离不开快速有效提取视觉信息的能力（Charles et al.，2016）②。

① 卞迁，齐薇，刘志方，等．当代眼动记录技术述评．心理研究，2009，2（1）：34-37.

② CHARLES CLIFTON Jr.，etc. Eye movements in reading and information processing：Keith Rayner's 40 year legacy，2016.

1975年，McConkie和Rayner首次使用眼动控制显示系统（eye-movement controlled display system）对阅读时人眼的知觉过程进行探究。在具体的实验过程中，他们采用了移动窗口技术（moving-window technique），即通过改变被试眼前显示的信息，从而改变被试注视窗口的大小，进而观察被试眼睛注视范围发生的变化。他们发现在阅读过程中，以注视点为起点，被试可以获得注视点往右数12到15个字符的内容，而这些字符包含的信息对于之后被试的眼跳活动会产生很大的影响。

同年，Rayner提出边界技术（boundary technique）。与移动窗口技术相比，边界技术使得研究者能够评估被试在注视过程中通过副中央凹区域提取的信息类型。Rayner发现，被试可以对注视点前后1到6个字符空间内的单词进行句法解释，而对于落在注视点前后7到12个字符空间内的单词，被试可以获得它们的大致信息，如词形和首位字母等等。Rayner还发现，有经验的读者更善于利用出现在知觉广度边界处的信息。在之后的研究中，Rayner将上述两种技术结合使用，进一步阐释了人眼注视时信息的提取过程以及与之相协调的眼动过程。

值得一提的是，在上述两种技术的支撑下，Rayner及其同事通过进一步研究，建立了一个描述信息提取和眼动的理论模型——顺序注意力转移模型（sequential attention shift model）。顺序注意力转移模型认为（Morrison，1984）[①]，自人眼开始注视某个单词N，读者就开始了提取语言信息的过程，直到信息的处理到达了特定阶段。到达该阶段之后，读者的注意力将会转向下一个单词N+1，此时眼跳发生，人眼对于N+1的语言信息进入提取阶段，依次进行。

词汇认知是Rayner对于眼动技术研究的重点之一。Rayner认为，影响词语处理的难易程度主要有三个因素：词频（Rayner & Duffy，1986）[②]、词长（Juhasz，White，Liversedge，& Rayner，2008）[③] 和其词义在语境中的可预测性（Ehrlich & Rayner，1981）[④]。Rayner对于词汇认知的研究领域包括：词义模糊

---

① MORRISON R. Manipulation of stimulus onset delay in reading：Evidence for parallel programming of saccades. Journal of Experimental Psychology：Human Perception and Performance，1984（10）：667－682.

② RAYNER K，DUFFY S A. Lexical complexity and fixation times in reading：Effects of word frequency，verb complexity，and lexical ambiguity. Memory & Cognition，1986（14）：191－201.

③ JUHASZ B J，WHITE S J，LIVERSEDGE S P，et al. Eye movements and the use of parafoveal word length information in reading. Journal of Experimental Psychology：Human Perception and Performance，2008（34）：1560－1579.

④ EHRLICH S F，RAYNER K. Contextual effects on word perception and eye movements during reading. Journal of Verbal Learning and Verbal Behavior，1981（20）：641－655.

性对词义处理速度的影响和文本缺失对于信息处理速度的影响。基于研究，Rayner 及之后的学者发现，当一个词在语境中采用其不经常用到的意思时，读者往往需要更长的时间理解词义；在阅读中，影响读者何时眼动的首要因素并非视觉处理，而是语言处理。这些基于词语认知的眼动研究对于开展相关的阅读训练提供了理论支撑。

此外，Rayner 对于眼动研究的另一大贡献是其对于句子和语篇处理的研究。与单一的词汇处理相比，基于句子和语篇处理的研究不仅要考虑单一词汇的识别，还要关注人眼对于句型结构的处理和对于句子间语义的整合。基于研究，Rayner 及其同事发现（Rayner，Warren，Juhasz，& Liversedge，2004）①，当一个词出现在一个与常理相悖的句子中时，读者往往需要更多的时间来处理句子信息。此外，在句法结构处理方面，Frazier 和 Rayner（1982）② 提出句子处理的花园路径模型。该模型挑战了所有句子成分同时处理的传统观念，提出了两种人们分析句子语法结构时所遵循的机制，分别称作延迟关闭和最小附属物。在语篇处理方面，Rayner 等人将代词处理的眼动过程作为实验手段之一，研究人们如何建立起语篇中不同句子之间的衔接性。

在利用眼动技术研究词汇、句子和语篇的基础上，Rayner 等人将目光转向利用眼动技术探究视觉信息处理过程，主要包括视觉搜索（visual search）、物体识别（object perception）和景观处理（scene processing）（Charles et al.，2016）。在此基础上，Rayner 等人进一步提出眼动控制的计算模型，并阐释了 E-Z 读者模型。该模型将注意力和词汇处理与眼动相联系，开创了一种新的研究方式。可以说，作为眼动研究领域的先驱，Rayner 等相关学者为眼动技术的发展作出了不可磨灭的贡献。

在 21 世纪的今天，眼动技术正被用于语言研究和心理学等领域，为帮助人们认识人类的认知过程作出贡献。目前我国语言眼动研究中文献最多的就是阅读眼动研究，构成国内语言眼动研究的重要认知基础（张星等，2018）③。而在心

---

① RAYNER K，WARREN T，JUHASZ B J，et al. The effect of plausibility on eye movements in reading. Journal of Experimental Psychology：Learning，Memory，and Cognition，2004（30）：1290－1301.

② FRAZIER L，RAYNER K. Making and correcting errors during sentence comprehension：Eye movements in the analysis of structurally ambiguous sentences. Cognitive Psychology，1982（14）：178－210.

③ 张星，王建华．眼动追踪技术在我国语言研究中应用状况的 CiteSpace 可视化计量分析［J］. 湖南大学学报（社会科学版），2018，32（5）：107－112.

理学领域，眼动技术的应用包括广告心理学、运动心理学和病理心理学等方面（李晓娟，2007）①。在人类的认知研究方法趋于多样化的今天，眼动技术以更加自然的方式实时考察阅读理解过程，增加电生理指标的信度和解释力，与 ERP 技术结合可以弥补单一研究方法的局限（陈庆荣等，2011）②。如今，使用多种研究手段相结合的多元互证法（triangulation）正成为交叉验证研究的有效途径。

第二节 眼动实验设计

一、人眼视觉的神经基础

据统计，人们对于外界信息的获取至少有 80%来自对于视觉信息的处理，可以说，视觉是人类最为重要的知觉之一。了解人眼的视觉神经基础，不仅可以帮助我们揭示人眼生理学的奥秘，而且可以为眼动的实验设计提供科学基础。

简单来说，人眼的神经基础由视网膜、丘脑和视觉皮层组成。视网膜是人类视觉能力的核心部件，视网膜上的神经网络可以对外界的光学信号进行处理加工，将其编码成神经脉冲信号，传入脑中。丘脑中的外膝体是视觉信息的调制器和编组站，外膝体内的六组细胞功能各异、相互协作，它们对来自视网膜的视觉信号加工处理，传至视觉皮层。视觉皮层是视觉信息的终极处理中心，在这里，排列成规则柱状的皮层细胞可以精确地对视觉信息中的颜色和方位进行处理，形成人脑对于外界信息精准的视觉印象。

二、眼动的注意模型

自从眼动实验之初，科学家就试图建立不同的眼动模型来解释和预测眼动现象。这些眼动模型视角不同、各有优势，对于这些模型的认识可以帮助我们加深

---

① 李晓娟．眼动方法在心理学研究中的现状及其趋势．山西大同大学学报（自然科学版），2007（5）：69－71；75.

② 陈庆荣，王梦娟，刘慧凝，谭顶良，邓铸，徐晓东．语言认知中眼动和 ERP 结合的理论、技术路径及其应用．心理科学进展，2011，19（2）：264－273.

对于眼动现象的理解，进而帮助我们设计眼动实验。基于不同的分类标准，我们对于眼动模型作出以下分类：

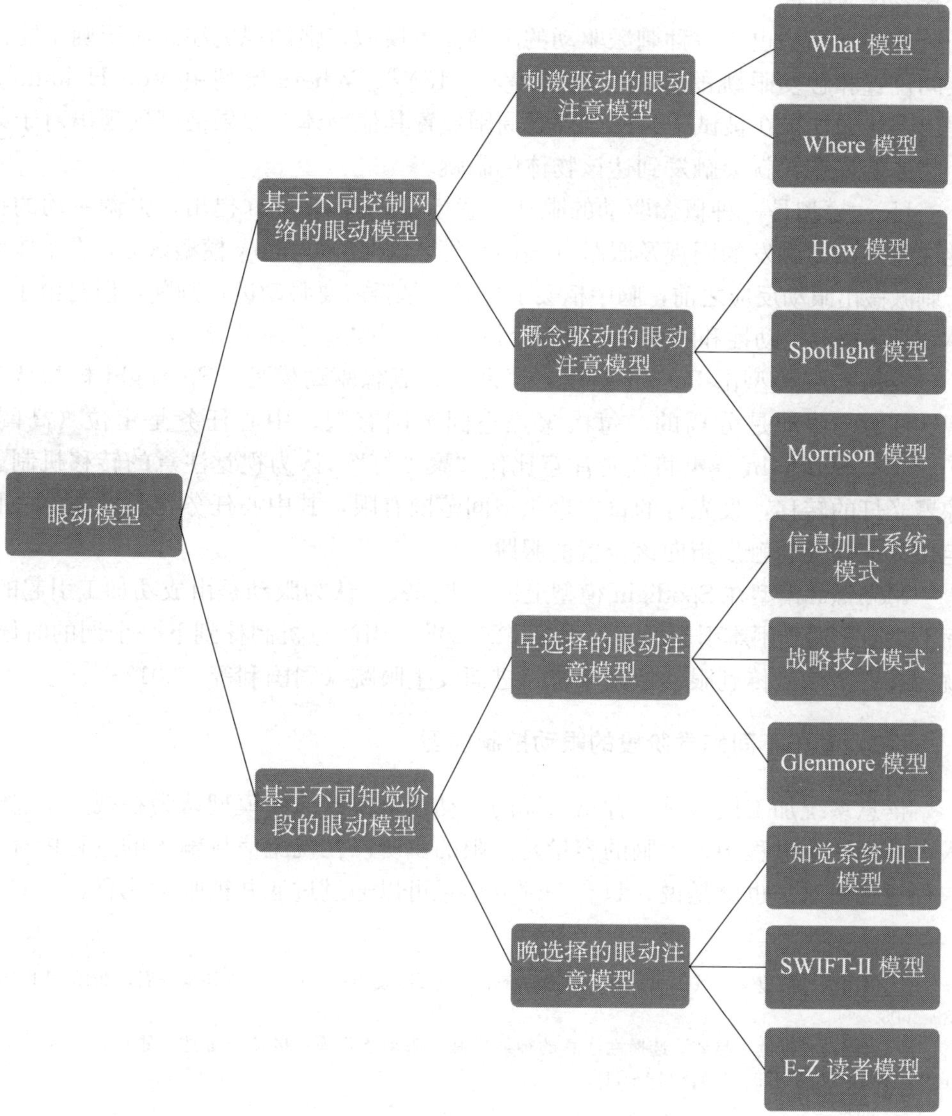

（一）基于不同控制网络的眼动注意模型

What 模型是一种刺激驱动的眼动注意模型，由 James 提出，强调视觉对识别物体的注意，揭示物体内在含义与维持固视的作用（闫国利等，2012）[①]。What 模型认为如果个体对于某物体感兴趣，那么就会将注意力停留在该物体上，外在表现为固视。

Where 模型也是一种刺激驱动的眼动注意模型，强调视觉注意对于确定物体空间位置和触发眼跳的作用（徐鹏等，2015）[②]。Where 模型由 Von Helmholtz 提出，认为如果在被试中央凹或外野周围放置其他物体，如果被试展现出对于某个物体的兴趣，就会触发到达该物体的眼跳。

How 模型是一种概念驱动的眼动注意模型，由 Gibson 提出，强调主动的视觉注意及由此触发的固视及眼跳（闫国利等，2012）[③]。How 模型认为，在个体对于刺激做出眼动反应之前，脑中枢会事先对于是否需要眼动进行判断，但是由于个体视觉注意的主动性和随意性，每个个体的眼动模式会有所差异。

Spotlight 模型由 Posner 提出，也是一种概念驱动模型。Spotlight 模型认为视觉注意与眼动是分离的，每次聚焦空间范围有限，中心任务是定位（高闯，2012）[④]。Spotlight 模型将视觉注意比作"聚光灯"，认为视觉注意的转移机制就像聚光灯的转移，聚光灯的每次聚焦空间范围有限，其中心任务也是定位。一旦定位完成，就会触发指向该位置的眼跳。

Morrison 模型在 Spotlight 模型上进一步修改，认为眼动是由成功加工引起的，而不是由于遇到困难引起的（徐鹏等，2015）[⑤]。当注意机制移到下一个词的时候，就会有一个信号传到眼动控制系统，进而发生眼跳（闫国利等，2012）[⑥]。

（二）基于不同知觉阶段的眼动控制模型

信息系统加工模型是一种早选择的眼动注意模型。该模型认为在视觉信息传入大脑的这个过程中，大脑的容量是有限的。所以在视觉信息输入的过程中存在一种过滤机制，也就是说，只有一部分信息可以通过过滤并被眼动注意。

---

① 闫国利，熊建萍，臧传丽，等．阅读研究中的主要眼动指标评述．心理科学进展，2012，21（4）：589－605.

② 徐鹏，张家健，赵冰．选择性注意的神经机制和眼动注意模型的研究综述．重庆理工大学学报（自然科学），2015，29（11）：112－119.

③ 同①.

④ 高闯．眼动实验原理——眼动的神经机制、研究方法与技术［M］．武汉：华中师范大学出版社，2012.

⑤ 徐鹏，张家健，赵冰．选择性注意的神经机制和眼动注意模型的研究综述．重庆理工大学学报（自然科学），2015，29（11）：112－119.

⑥ 闫国利，熊建萍，臧传丽，等．阅读研究中的主要眼动指标评述．心理科学进展，2012，21（4）：589－605.

战略战术模型认为，被试在阅读过程中通常采用两种阅读策略：整体性的阅读策略和局部性的阅读策略（徐鹏等，2015）[①]。如果被试采用整体性的阅读策略，就会将注意力落在中央凹视野的最佳位置，进而获取对整体视觉信息的把握；如果采用局部性的阅读策略，被试会将注意力移到中央凹视野的其他部分，对局部信息进行处理和加工。

Glenmore 模型认为，眼跳的目标选择是通过平行加工以及在二维重要性地图内的竞争抑制来完成的（闫国利等，2012）[②]。Glenmore 模型认为控制中心控制眼动，当视觉中存在多个目标时，多个目标相互竞争，而最终会用一个目标以赢者身份出现，这也是眼跳最终到达的目标位置。

知觉系统加工模型是一种晚选择的眼动注意模型。知觉系统加工模型认为，所有的信息，不论它们最终是否会被注意到，都会同等地被知觉信息加工，直至获得语义水平的编码的分析，而信息的选择发生在信息处理的更高阶段。

SWIFT-II 模型认为眼球的运动和信息的加工是密不可分的过程。换句话说，眼球运动到哪里会决定信息的加工顺序。但是 SWIFT-II 模型也指出，信息加工并不是一个严格的序列过程，与眼球的运动不一定存在一一对应的关系。与其他模型不同的是，SWIFT-II 模型从中央凹的角度解释眼跳，认为中央凹的激活量会影响眼跳的发生。

E-Z 读者模型着重解释阅读中眼动与认知的关系，该模型强调注意力的有序转移，认为眼跳计划可分为眼跳不稳定的 M1 阶段和眼跳稳定的 M2 阶段。

三、眼动的实验范式

眼动实验通过测量眼动指标来记录被试的眼动变化，从而推测其认知行为。但在利用眼动指标的过程中，如何选择合适的眼动实验范式是一个问题。选择合适的范式不仅可以帮助我们有效测量所需指标，而且有助于眼动实验的顺利进行。目前眼动实验的常用范式有：移动窗口范式、移动掩蔽范式、边界范式、快速启动范式、消失文本范式（闫国利等，2010）[③]。各范式的实验程序不同、实

---

① 徐鹏，张家健，赵冰．选择性注意的神经机制和眼动注意模型的研究综述．重庆理工大学学报（自然科学），2015，29（11）：112－119.

② 闫国利，熊建萍，臧传丽，等．阅读研究中的主要眼动指标评述．心理科学进展，2012，21（4）：589－605.

③ 闫国利，巫金根，胡晏雯，等．当前阅读的眼动研究范式述评．心理科学进展，2010，18（12）：1966－1976.

验逻辑各异，在设计眼动实验时应有针对性地加以选择。

移动窗口范式（moving window paradigm）由 McConkie 和 Rayner 于 1975 年提出，是眼动实验最常用的范式之一。移动窗口范式的实验流程是：只在测试屏幕上保留被试注视点所在句子的窗口，其他部分的句子处于掩盖状态；当被试的注视点转移到另一个句子时，可视窗口随之变化。该范式的实验逻辑是：通过控制可视窗口的大小，研究者可以精确控制读者一次注视所能获得的信息范围（闫国利等，2010）①，因此该范式可以用来测量被试阅读知觉广度的大小。通过研究，该范式发现：当注视窗口的范围大于等于被试的阅读知觉广度时，被试的阅读指标不受影响；当注视窗口的范围小于被试的阅读知觉广度时，被试的阅读指标受到影响。

移动掩蔽范式（moving mask paradigm）是由 Rayner 和 Bertera（1979）②提出的。移动掩蔽范式可以理解为与移动窗口范式相反的研究范式。该范式的实验流程是：将被试注视点所在的句子隐藏起来，但是测试屏上其他内容可见；当被试将注视点移到下一处时，将该句话作为隐藏内容。该范式的实验逻辑是：通过控制中央凹视觉区无法获得有效信息的范围来考察其对阅读造成的影响。该范式解释了副中央凹视觉区对于阅读的重要作用，基于该范式的实验结果表明：当中央凹视觉区的内容被掩蔽，读者的阅读受到影响，但仍然可以阅读；但当中央凹视觉区和副中央凹视觉区的内容均被掩蔽时，读者无法进行阅读。

边界范式（boundary paradigm）是 Rayner（1975）③ 为研究副中央凹视觉区的影响而设计的。该范式的实验流程是：在句子中首先设定一个目标刺激，在该刺激的左侧设定一个边界（该边界在测试屏上不可见）；在被试注视点没有越过该边界之前，在目标刺激处放置预设刺激；当被试注视点越过该边界之后，将预设刺激变为目标刺激。通过这样的转换，研究者可以判断被试是否可以从副中央凹视觉获得语言信息（包括音、形、义等）。该范式的实验逻辑是：如果被试已经对目标刺激所在之处的信息进行加工，那么相比于对照组，实验组花费在目标刺激所在之处的凝视时间或首次注视时间更短；如果实验结果无差异，表明被试在越过设定边界之前，并未对目标刺激处的信息进行加工。

快速启动范式（fast priming paradigm）是 Sereno 和 Rayner（1992）④ 提出

---

① 闫国利，巫金根，胡晏雯，等．当前阅读的眼动研究范式述评．心理科学进展，2010，18（12）：1966－1976.

② RAYNER K，BERTERA J H. Reading without a fovea. Science. 1979（206）：468－469.

③ RAYNER K. The perceptual span and peripheral cues in reading. Cognitive Psychology，1975（7）：65－81.

④ SERENO S C，RAYNER K. Fast priming during eye fixation in reading. Journal of Experimental Psychology：Human Perception and Performance. 1992（18）：173－184.

的。快速启动范式与边界范式存在相似之处，唯一不同的就是在被试的注视点越过边界前，目标刺激处的语言处于掩蔽状态；当被试的注视点越过边界后，被隐蔽的地方首先出现启动刺激；在一定的预设时间后，启动刺激会被目标刺激取代。相比于边界范式，快速启动范式多了一个启动刺激的环节。该范式的实验逻辑是：如果被试获取了启动刺激的信息，那么在处理目标刺激的信息时相应的眼动指标就会发生变化；通过改变预设时间的长短，研究者可以测量时间对于被试处理预设刺激信息的影响。

消失文本范式（disappearing text paradigm）是 Rayner、Liversedge、White 和 Vergilino-Perez（2003）[①] 提出的。该范式的实验流程是：当被试注视一个词达到预设时间后，该词语将从测试屏上消失。研究者可以改变预设时间的长短。该范式的实验逻辑是：通过改变预设时间的长短，研究者可以测定被试获取一定信息所需要的时间。基于该范式的实验发现：被试对于低频次的注视时间长于对于高频词的注视时间（闫国利等，2010）[②]。

以上五种眼动实验的研究范式基于呈现随眼动变化技术（eye-movement-contingent display-changes technology）（McConkie & Rayner，1975；Rayner，1998）[③]，即通过眼动仪追踪被试注视点的变化，从而对于测试屏作出相应改变。五种范式的侧重点各有不同，实际操作中应该有针对性地选择使用。

第三节 眼动数据采集与分析

一、眼动记录方法

眼动数据记录是眼动实验的关键，采用科学的方法准确地记录数据是实验成功的前提。该部分旨在回顾眼动记录方法的历史，介绍目前常用的眼动记录方

① RAYNER K，LIVERSEDGE S P，WHITE S J，et al. Reading disappearing text：Cognitive control of eye movements. Psychological Science，2003（14）：385－389.

② 闫国利，巫金根，胡晏雯，等．当前阅读的眼动研究范式述评．心理科学进展，2010，18（12）：1966－1976.

③ MCCONKIE G W，RAYNER K. The span of the effective stimulus during a fixation in reading. Perception & Psychophysics，1975（17）：578－586.

法，并对各方法的特点作出评价。自眼动技术问世以来，一大批眼动技术曾被用于实践，包括观察法、机械记录法、光学记录法、电流记录法和电磁感应法等。

观察法是研究眼动最原始的记录方法，研究者只采用简单的实验工具（如镜子或小孔）对被试眼球的运动进行观察。但由于该方法只能对眼动进行粗略观察，在精确性上有所不足，现在已经很少使用。

机械记录法也是一种较为原始的眼动记录法，运用杠杆的机械原理记录被试的眼动情况。具体操作是，将杠杆的支点固定在被试的头上，一端置于经过麻醉处理的被试的眼球表面，另一端置于纸带上。该方法操作较复杂，精确度也较低，目前已被淘汰。

光学记录法是目前较为常用的眼动记录法，角膜反光法最为常见。角膜反光法的原理是，随着眼球的运动，角膜对于外界物体反光的角度也会发生变化。因此，通过记录角膜反光角度，研究者可记录眼球运动。这种记录方法的优势在于，被试的眼睛不需要佩戴任何的装置，眼球的正常运动更加自然；而且通过光学办法记录获得的数据也更加准确。

电流记录法是另一种较为常用的眼动记录法。这种记录方法的工作原理是角膜与视网膜电位差的变化。因为角膜与网膜的代谢速度是不一样的，所以二者的电位也有所不同。角膜相较于网膜来说带正电，网膜相较于角膜来说带负电。当眼球注视前方静止不动时，眼动仪可记录稳定的基准电位差；当眼球左右运动时，眼球的左侧和右侧会形成电位差；当眼球上下运动时，眼球的上方和下方会形成电位差。通过记录电位差的变化，研究者可间接记录眼球的运动状况。

电磁感应法是目前精确度最高的眼动记录方法。用该方法记录眼动情况时，研究者将装有探查线圈的隐形镜片或者硅胶小环放在被试的眼球表面，由被试眼球运动引起的电位差可以被探查线圈精准识别并记录，因此电磁感应法在目前研究中也有较广泛的应用。

二、眼动实验测量方式

眼动实验主要的测量方式包括组间设计、组内设计和重复测量。

组间设计指每个被试只接受一个自变量的影响。换句话说，有多少个自变量，就有多少个被试。组间设计又可分为两类：随机组设计和配对组设计。随机组设计指随机决定哪个被试接受哪个自变量的影响。随机组设计的优点是简便易行，缺点是无法控制被试的某些客观变量（如性别和年龄等）对实验结果造成的影响。配对组设计与随机组设计稍有不同，具体操作是：想找出对于因变量影响较大的额外变量；然后用这些额外变量对被试进行预测试，获得被试的客观变量对于额外变量的影响；之后再根据预测试结果对被试进行配对分组。与随机组设计相比，配对组很好地控制了被试的客观变量对于实验结果的影响，但缺点就是如果被试的额外变量数目较多，实验设计会相对麻烦。

组内设计指每个被试需接受所有自变量的影响，从而比较每个被试对于不同自变量的反应情况。与组间设计相比，组内设计很好地避免了被试的额外变量对于自变量的影响，但组内设计的难点在于决定被试接受不同自变量的先后顺序。如果顺序设计不当，就会出现所谓的“顺序效应”。

反复测量设计指被试需对同一自变量做出多次反应，目的在于通过多次测量减少实验误差。常见的反复测量设计分为组间反复测量设计和组内反复测量设计。眼动实验常采用组内反复测量设计。相比于其他设计而言，组内反复测量设计在被试数量较少的情况下也可获得较多的数据，因此节约实验成本，这对于眼动实验这种成本较高的实验来说是一大优势；但同时不可否认的是，组内反复测量设计要求一个被试接受不同的自变量的影响，因此被试容易疲劳。为克服这点因素的影响，研究者需在实验中为被试安排一定的休息间隔。不仅如此，因为组内反复测量设计的自变量的出现顺序也很重要，所以研究者同样需要采用科学手段确定不同自变量的测试顺序。

第四节 眼动技术在双语研究中的应用

一、引言

眼动记录法最早始于19世纪末，经历了传统眼动记录方法和当代眼动记录方法两个阶段，从原始的观察法到瞳孔和角膜反射视频记录法再到红外线普金野图像跟踪法，已经实现了自然条件下的眼动记录以及非侵入式眼动追踪，记录的精度越来越高，数据记录和处理的速度越来越快（卞迁等，2009）①。眼动通过

① 卞迁，齐薇，刘志方，等．当代眼动记录技术述评．心理研究，2009，2（1）：34－37.

一系列眼动指标（包括：注视、凝视、回视、眼跳等）反映了视觉信息的采集和加工方式，是心理学研究的一种重要方法，被广泛应用于心理学研究领域，包括：心理语言学、广告心理学、运动心理学等（李晓娟，2007）[①]。近年来，随着眼动技术的进一步发展，语言研究中的眼动技术应用在广度和深度上都出现了大幅度增长，包括翻译认知、二语习得、口语感知、阅读障碍、人机交互等相关研究。

本文试图通过 CiteSpace 可视化图谱分析工具对眼动技术在我国语言研究中的应用状况进行统计和分析。首先需要对语言研究类文献进行界定，才能收集有效数据，做好 CiteSpace 分析的文献准备。笔者认为，可以从研究范畴、表达形式、应用领域等三个方面来定义语言研究的内涵和外延。对于语言研究范畴的分类，目前有两种主要说法：一是瑞士语言学家索绪尔在其所著《普通语言学教程》中提到的内部语言学和外部语言学之分，二是美国语言学家沃尔夫（B. L. Whorf）在其论著《语言、思想和现实》中提出的微观语言学和宏观语言学分类。这两种分类方法其实如出一辙，都是通过区分研究对象来确定其研究范畴。微观语言学与内部语言学主要研究语言材料本身及其内部结构规律，具体研究内容包括语音学、形态学、句法学和语义学。宏观语言学与外部语言学主要是对语言进行外围性研究，揭示其与种族、文化、政治/社会制度、人文地理等的关系，具有跨学科特性，主要包括社会语言学、心理语言学、应用语言学、神经语言学、话语分析等（王德春等，1991[②]；孔庆成，1994[③]；岑运强，2000[④]）。如此看来，语言研究范畴包括对语言内部因素和外部因素的两方面探索。从语言的表达形式来看，根据索绪尔的语言理论，任何语言只要有相应的文字，都可以分为语音形式和书面形式。语音形式主要通过听和说来实现，包括口语感知和语音语调等方面的内容；而书面形式主要通过读和写来实现，包括阅读理解与文本写作等方面的内容。除此之外，根据语言应用领域的不同，语言研究还可以包含语言测试、语言教学、翻译与词典学等研究内容（高素珍等，2005）[⑤]。综上所述，本文涉及的语言研究类文献包括以下类别：语言学、语言学交叉研究、口

---

① 李晓娟．眼动方法在心理学研究中的现状及其趋势．山西大同大学学报（自然科学版），2007(5)：69－71；75。

② 王德春，金立鑫．论微观语言学 [J]．外国语，1991 (4)：1－7.

③ 孔庆成．微观语言学新解及其意义 [J]．外语研究，1994 (1)：19－24.

④ 岑运强．言语的语言学的界定、内容及其研究的方法 [J]．北京师范大学学报（人文社会科学版），2000 (4)：72－77.

⑤ 高素珍，刘海燕．应用语言学综观 [J]．济南大学学报，2005 (5)：59－64.

语、听力、阅读、写作、口笔译、语言测试及语言教学等等。

索绪尔认为语言是表达思想的符号系统，自然的语言符号既包括语音符号，又包括文字符号；而“我们一般通过文字认识语言文字表现语言”。因此，大部分语言研究是建立在文本文献基础上的，通过对书面语言的分析来探索语言研究的各个领域。书面语言及文字信息的获得主要通过人的眼睛来识别和采集，“文字信号经过视网膜转变成神经信号送到中枢神经系统去处理的同时，中枢神经系统通过运动神经来反馈控制眼球运动”（孙复川，1988）[①]，可见眼球运动是反映和考察大脑在语言接收、编码和加工过程中进行的认知活动的有效指标和重要途径。事实上，国外最早的眼动实验就是观察阅读书面语言时的眼动（韩玉昌，2000）[②]。至今，已有很多国内外学者通过眼动追踪技术，对以语音或文本形式呈现的语言进行研究。其中，国外的该领域研究始于19世纪，大致经历了三个阶段；而国内学者在20世纪80年代才开始使用眼动仪并将眼动分析法应用于阅读等语言研究领域，虽然起步相对较晚，但取得了不少的成果（闫国利，2001）[③]。国内发表的结合眼动技术的语言研究相关文献所包含的研究热点和发展方向极为丰富和广泛，很有必要进行系统梳理和归纳，为国内该领域的持续发展和深入研究提供方向性的参考和指引。目前，在国内发表的论文中并无用CiteSpace可视化计量分析方法对眼动技术在语言研究中应用状况的统计分析，但有一篇关于眼动与汉语研究动态的CiteSpace文献计量文章（甘桥，2017）[④]，其研究成果值得借鉴。与甘桥的文章对比，本研究不仅在文献覆盖范围上进一步拓宽，而且在文献挖掘深度上也做出了更多的尝试。

二、数据来源和研究方法

（一）数据来源及文献筛选

本研究主要分析眼动技术在我国语言研究中的应用状况，以中国期刊全文数据库（CNKI）为数据来源，检索时间为2017年9月20日，在哲学与人文科学

① 孙复川．视觉信息处理：阅读中文和英文时眼动模式的对比研究［J］．生物物理学报，1988，4（1）：1-6.

② 韩玉昌．眼动仪和眼动实验法的发展历程［J］．心理科学，2000，23（4）：454-457.

③ 闫国利，白学军．阅读过程中眼动特征的发展研究［J］．心理学探新，2001（4）：25-28.

④ 甘桥．基于文献计量的眼动与汉语研究动态的知识图谱分析［J］．长春教育学院学报，2017，33（5）：49-52.

分类下提取了眼动主题下的中文文献共计 1 084 篇。经过严格的手动剔除和筛选方法，最终获得 410 篇关于眼动技术在语言研究中应用状况的文献。具体筛选标准和剔除过程是：1）在文献内容上，首先根据引言中界定的语言研究内涵和外延，确定哪些文献不但使用了眼动追踪方法，而且属于语言研究领域，而不是其他领域，例如：面孔表情识别、注意力与视觉、记忆与认知、广告与包装、驾驶行为、网页与媒体、情绪与情感研究等。其次，通过查阅文章题目、关键词、正文以及引用文献中的眼动字样，确定保留下来的文献不是单纯介绍眼动技术或者提及眼动一词，而是借助眼动技术对语言进行研究，其实验结果揭示了语言的各方面特征。同时，只在正文或者参考文献中出现眼动字样而无深入探讨，不计入可用文献范围。2）在文献类型上，确定保留的文献都属于期刊论文，剔除了书评、发言与访谈、会议纪要、培训启事、期刊介绍、成果公告等非期刊内容。

（二）CiteSpace 计量原理及使用方法

CiteSpace 是由德雷塞尔大学华人学者陈超美（Chaomei Chen）博士开发的一款主要用于计量和分析科学文献数据的信息可视化软件，可以用来绘制科学和技术领域发展的知识图谱，直观地展现科学知识领域的信息全景，识别某一科学领域中的关键文献、热点研究和前沿方向（侯剑华等，2013）[①]。CiteSpace 可视化图谱展现的是某个学科领域知识发展的历史和现状，通过提供三种可视化视图：聚类视图、时区视图和时间线视图，将该学科领域的知识基础（intellectual base）和研究前沿（research front）的主要结构与发展脉络用网络形式表现出来。其中，聚类视图侧重于不同研究领域的知识结构，时区视图更注重于描绘各研究主题随时间的演变趋势和相互影响，时间线视图更便于看出某个研究主题相关文献的时间跨度且主要用于 cited reference 分析。

CiteSpace 工具的使用方法包括三大步骤：1）数据准备；2）导入数据；3）图谱调谐。本研究将 2.1 中精拣出来的 410 篇文献用 refwork 格式导出，使用 CiteSpace 内置的格式转换功能将 CNKI（refwork）格式转换成以 download 开头标记的 .txt 格式，并将其存放在以 data 命名的文件夹里面，这样便完成了数据准备工作。接下来打开 CiteSpace 软件，按照使用说明，根据研究目的选择适当的数据设置及其阈值（threshold），完成数据导入工作。网络静态图出现之后，可以通过聚类分析和参数调节优化可视图谱，将图谱调谐到可供分析的最佳效果。

---

① 侯剑华，胡志刚．CiteSpace 软件应用研究的回顾与展望［J］．现代情报，2013，33（4）：99－103.

三、基于 CiteSpace 可视化知识图谱的数据分析

本文旨在探析眼动技术在国内语言研究中的应用状况，借助 CiteSpace 的可视化图谱功能，对该领域 410 篇文献进行了文献统计和分析。CiteSpace 的设计者陈超美博士认为，CiteSpace 计量的首要目的就是分析什么是科学研究的核心课题；在此基础上，进而探索核心课题之间的关系、研究热点和新兴领域、学科进展和发展态势等（Chen，2014）。本文将充分利用 CiteSpace 的这些分析方法，从核心课题与新兴领域、学科进展与发展态势等方面揭示该研究的前沿动态。

（一）核心课程与新兴领域

目前，基于计算机的研究前沿识别方法主要分为基于引用关系和基于文本内容两个方面，基于引用关系的方法包括共被引、文献耦合以及直接引用，基于文本内容的方法包括基于词频、共词以及文本挖掘（许晓阳等，2014）[①]。陈超美开发的 CiteSpace 软件可以通过两种方式析出学科前沿和热点的网络图，一种是共被引分析（cited reference，cited author，cited journal），一种是共现网络分析（term，keyword，category）。由于 CNKI 中文数据导出的内容不包括参考文献，无法采用共被引分析方法，本文选择了以 keyword 为节点类型的共现词分析方法，结合聚类分析，从而识别研究热点和前沿领域。图 1 是采用最小生成树法得到的关键词共现网络图，实际得到的文献时间跨度为 1988 年至 2017 年（其中 2017 年度文献截止到 2017 年 9 月 20 日），产生节点 68 个、连接线 78 条（N=68，E=78），网络模块化程度（Modularity Q=0.6291）与平均剪影度（Mean Silhouette=0.7776）较高，说明该网络图的聚类结果结构显著（MQ>0.3）、信度很高（S>0.7）（李杰等，2016）[②]。

关键词是文献内容的浓缩，是一篇学术论文的精髓所在，对关键词进行分析则能把握学科研究热点与前沿（宗乾进等，2012）[③]。CiteSpace 的共现关键词聚类可以用来分析研究热点与前沿。从图 5-1 中可以看出，我国眼动技术在语言

---

① 许晓阳，郑彦宁，赵筱媛，等．研究前沿识别方法的研究进展［J］．情报理论与实践，2014（6）：139-144.

② 李杰，陈超美．CiteSpace 科技文本挖掘及可视化［M］．北京：首都经济贸易大学出版社，2016.

③ 宗乾进，袁勤俭，沈洪洲，等．知识图谱视角下的 2010 年我国情报学研究热点——基于知识图谱的当代学科发展动向研究之一［J］．情报杂志，2011（12）：48-53.

研究中的应用主要有表 1 中的九个热点。其中，注意梯度指导理论这个聚类标签是无效的，因为聚类大小为 1 且剪影度为 0，表示该标签词出现频率很少且共现关键词之间相似度为 0，可以忽略（详见表 5－1）。

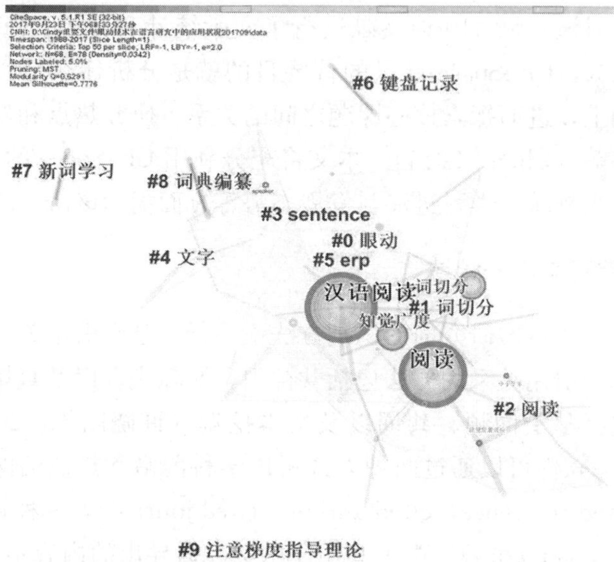

图 5－1 眼动技术在我国语言研究中应用状况相关文献关键词共现知识图谱（1988—2017）

表 5－1 聚类信息列表

Cluster ID	Cluster Label	Size	Silhouette	Mean（Year）
0	眼动	18	0.903	2007
1	词切分	15	0.918	2011
2	阅读	14	0.903	2008
3	sentence	7	0.914	2008
4	文字	3	0.982	2011
5	ERP	3	0.933	2012
6	键盘记录	2	1	2016
7	新词学习	2	1	2016
8	词典编纂	2	1	2017
9	注意梯度指导理论	1	0	2006

通过表 5-1 中的八个热点关键词可以看出，越来越多的国内学者借助眼动技术开展语言研究，眼动研究已经成为语言研究的重要范式，两者结合的研究朝着多元化、跨学科方向发展。具体表现在：

1. 研究主题

研究主题越来越细化，从最初的阅读眼动研究逐渐深入到汉语阅读、知觉广度、词切分等分支领域。中国学者最早使用眼动仪进行语言研究的领域是阅读（孙复川等，1988[①]；唐春华，1992[②]；白学军，1993[③]）。早期的阅读眼动研究主要包括两个方面：一是单词、句子与篇章加工中的眼动，包括词频词类、句法歧义、前项搜索和精细推理等等；二是眼动与认知加工过程之间的关系，包括在眼—脑关系和眼动控制模型等方面的假说和论证（王君明等，1996）[④]。这些用眼动法来研究阅读的文献主要围绕着人类阅读过程内部的认知机制这个核心问题，是近几十年来的研究热点（王君明等，1996）[⑤]。值得一提的是，由沈德立教授主编，教育科学出版社 2001 年出版的《学生汉语阅读过程的眼动研究》一书，不仅对国外阅读中的眼动研究与我国在这方面的研究作了系统全面的总结概括，而且是自 20 世纪 80 年代中期以来利用现代技术和认知心理理论所做眼动研究的重要成果。事实上，通过 CiteSpace 图谱工具得到的含眼动关键词语言类文献的年份数据（图 5-2）和含阅读关键词眼动研究文献的年份数据（图 5-3）也可以看出，大规模的眼动语言类研究开始于 90 年代初，自 2001 年之后呈现逐渐上升的趋势，这与系统反映我国阅读眼动研究成果《学生汉语阅读过程的眼动研究》一书的出版密切相关，从此，中国的阅读眼动研究上了一个新的台阶。随着阅读眼动研究不断地深入细化，出现了汉语阅读、知觉广度、词切分等中介中心性较高的关键词（按照中介中心度由高到低排列，具体见表 5-2）。根据陈超美对于中介中心性的定义，图 5-1 中的这些带紫色外圈的关键词节点都是语言类眼动研究领域的重要转折点（Chen Chaomei，2006）[⑥]，对于该领域研究的未来发展

---

① 孙复川．视觉信息处理：阅读中文和英文时眼动模式的对比研究 [J]. 生物物理学报，1988，4(1)：1-6.

② 唐春华．浅谈英语快速阅读与理解 [J]. 楚雄师专学报（社会科学版），1992 (1)：67-71.

③ 白学军，阎国利．儿童理解课文时眼动过程的研究 [J]. 天津师范大学学报，1993 (6)：12-18.

④ 王君明，陈永明．眼动记录法对阅读研究的贡献 [J]. 心理学动态，1996 (4)：23-28.

⑤ 同上．

⑥ CHEN CHAOMEI. CiteSpace Ⅱ：Detecting and visualizing emerging trends and transient patterns in scientific literature [J]. Journal of the American Society for Information Science and Technology，2006，57(3)：10-16.

具有重要的革新意义。相比其他转折点，汉语阅读从 2010 年开始成为眼动研究的持续热点词，直到 2017 年仍然保持着一定数量的文献产出（见图 5 - 4）。笔者认为，这正是在学习汉语热潮掀起（林华，2009）[①] 以及中国文化软实力影响不断提升的契机下产生并随之不断发展起来的研究领域，符合以社会文化发展需求为导向的科学研究发展思路，必将继续成为未来研究的热点前沿。

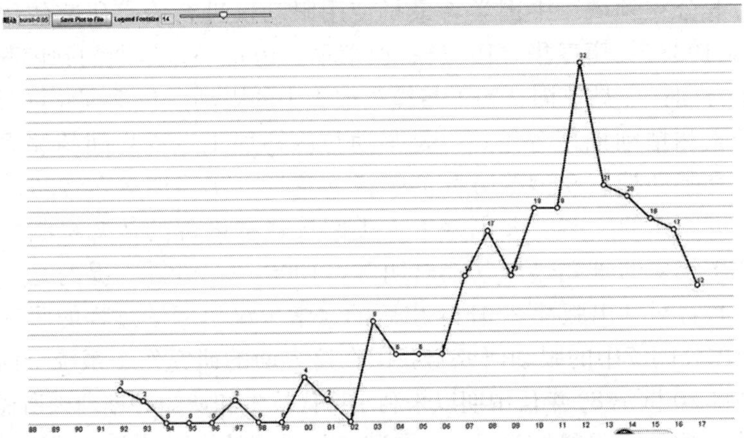

图 5 - 2 眼动技术出现在语言研究文献中的年份趋势图（1988—2017）

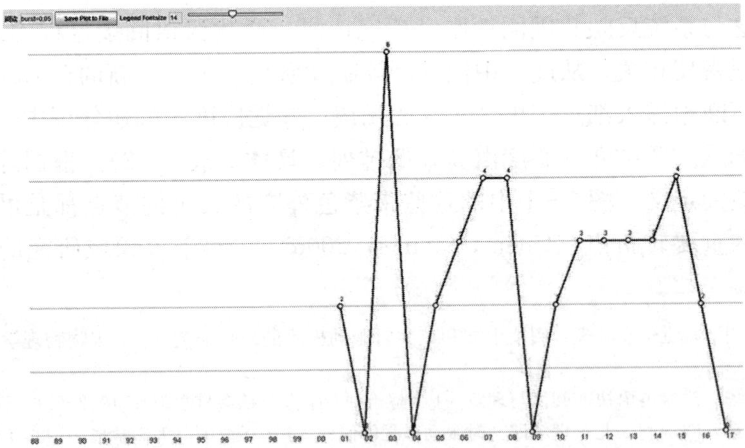

图 5 - 3 阅读眼动研究文献的年份趋势图（1988—2017）

① 林华．“汉语热”让世界触摸中国［J］．观察与思考，2009（4）：35 - 36.

表 5-2 我国语言类眼动研究领域前 10 个高频关键词（1988—2017）

Count	Centrality	Year	Keywords
241	1.05	1992	眼动
41	0.58	2001	阅读
43	0.42	2010	汉语阅读
22	0.20	2007	知觉广度
19	0.13	2009	词切分
2	0.10	2012	句子语境
2	0.10	2014	注视位置效应
2	0.10	2003	中小学
2	0.10	2011	speaker
2	0.10	2011	图画书

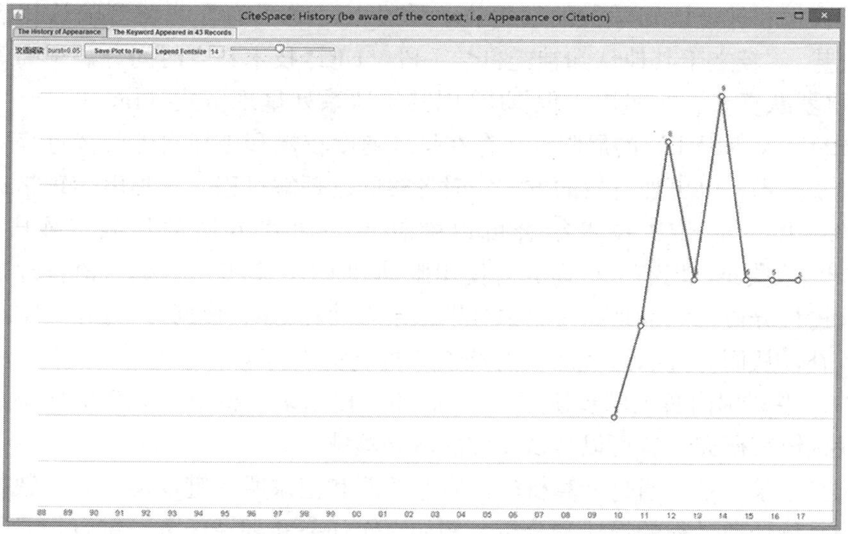

图 5-4 汉语阅读眼动研究文献的年份趋势图（1988—2017）

从以上 CiteSpace 图谱分析结果可以知道，我国语言类眼动研究主要集中在阅读眼动研究方面，尤其是汉语阅读的眼动研究出现了上升趋势。鉴于 CiteSpace 在分析 CNKI 数据时不能进行共被引文献分析，笔者将 410 篇备用文献中的前 10 位高被引频次文献列出来（见表 5-3），从文献引用角度略窥了语言类眼动研究的热点问题——阅读及汉语阅读，与 CiteSpace 图谱分析结果基本一致。

另外，2016 和 2017 出现的热点词“新词学习”和“词典编纂”都属于应用语言学的研究范围，这说明国内学者已经开始利用眼动技术探索语言应用领域的实际问题，那么语言教学、翻译和词典学等领域必将成为我国眼动技术应用的新兴研究领域。目前来看，眼动技术在以上领域中的应用相对较少，有待学者进一步探索。

2. *研究方法*

研究方法趋于多样化，从单纯使用眼动技术发展到与其他研究技术的结合使用，为深入认知研究提供全新的思路（卞迁等，2009）[①]。多样化的研究技术手段相互结合的研究方法，不仅符合眼动技术发展的自身规律，而且也是我国语言研究朝着跨学科方向转型的需要。表 5-3 中没有出现 ERP 和键盘记录这两个研究热点词，正是当前语言研究中采用的两种与眼动记录法结合使用的先进技术。

ERP 又称事件相关电位（event-related potential），是通过记录刺激呈现后诱发的大脑电反应信号来分析大脑在语言产生和理解过程中的认知加工机制，是认知语言学和神经认知学科的常用技术手段。ERP 具有在线监测脑认知活动的技术优势，“较之于其他认知神经科学手段，ERP 技术具有时间分辨率高等许多优点”（罗跃嘉等，2006）[②]。但 ERP 因其快速系列呈现范式（rapid serial visual presentation，RSVP）的局限性，存在呈现速度较慢和破坏自然阅读过程两个缺陷。眼动技术，以更加自然的方式实时考察阅读理解过程，增加电生理指标的信度和解释力，与 ERP 技术结合可以弥补单一研究方法的局限（陈庆荣等，2011）[③]。近些年，已有一些研究者使用眼动和 ERP 多模态数据对语言理解和认知方式进行分析，但都是在实验中分别记录眼动和 ERP 数据，“以在一定程度上进行互补，从而为揭示语言加工的特点和机制提供行为和电生理证据”（陈庆荣等，2011）[④]。国内暂无同步使用眼动和 ERP 技术来分析语言现象的成果，这是未来我国语言研究学者可以尝试突破的新兴领域。

键盘记录，是指通过计算机软件实时监测和记录所有键盘活动，其数据用于对某一具体任务过程的描述和分析，例如写作任务和翻译任务。键盘记录与眼动技术的结合，可以弥补彼此功能上的局限性，通过互证对比，用更加全面的数据对具体任务过程中的认知活动进行探悉。目前，国内同时使用眼动技术和键盘记录的语言类实证研究成果并不多见，仅有两篇对写作过程和翻译过程的研究

---

① 卞迁，齐薇，刘志方，等．当代眼动记录技术述评［J］．心理研究，2009，2（1）：34-37.

② 罗跃嘉，姜扬，程康．认知神经科学教程［M］．北京：北京大学出版社，2006.

③ 陈庆荣，王梦娟，刘慧凝，等．语言认知中眼动和 ERP 结合的理论、技术路径及其应用［J］．心理科学进展，2011，19（2）：264-273.

④ 同上．

表 5-3 **前 10 位高被引频次文献列表**

排序	篇名	作者	刊名	年/期	被引	下载
1	当前阅读研究中眼动指标述评	张仙峰；叶文玲	心理与行为研究	Mar. - 06	158	1 948
2	阅读研究中的主要眼动指标评述	闫国利；熊建萍；臧传丽；余莉莉；崔磊；白学军	心理科学进展	Apr. - 13	143	5 876
3	初中生有无插图课文的眼动过程研究	沈德立；陶云	心理科学	Apr. - 01	132	1 098
4	关于汉字识别加工单位的研究	张武田；冯玲	心理学报	Apr. - 92	132	1 516
5	初学阅读者和熟练阅读者阅读课文时眼动特征的比较研究	白学军；沈德立	心理发展与教育	Feb. - 95	87	766
6	汉语阅读的眼动研究	闫国利；白学军	心理与行为研究	Mar. - 07	72	2 151
7	中文阅读中词切分的认知机理述评	李兴珊；刘萍萍；马国杰	心理科学进展	Apr. - 11	67	1 274
8	图画与中、英文词识别加工的眼动研究	韩玉昌；杨文兵；隋雷	心理科学	Mar. - 03	67	755
9	中文阅读过程的眼动研究	闫国利；白学军	心理动态学	Mar. - 00	64	1 415
10	不同年级学生阅读知觉广度及预视效益的眼动研究	闫国利；王丽红；巫金根；白学军	心理学报	Mar. - 11	60	3 063

(王兰忠，2016[①]；冯佳，2016[②])。

“不少研究都同时运用两种或多种方法，如结合使用有声思维法、回溯式口头报告、键盘记录、眼动追踪、问卷调查、访谈、屏幕录制等方法，搜集多元化数据，交叉验证研究假设”（冯佳，2016）[③]。眼动技术毕竟只是对行为的记录和分析，必须与其他研究手段相结合，才能深入剖析语言产生和理解过程中的认知加工机制，这种多元互证法（triangulation）已经成为交叉验证研究假设的有效路径。

（二）学科进展与发展态势

“根据词频的时间分布和变化趋势，从大量的文献主题词中提炼出突变术语(burst)，能有助于较清晰地分析和了解某一学科的研究前沿领域和发展趋势。与一般的高频次关键词相比，突变专业术语的动态变化特性使之能更准确地反映出某一学科的研究前沿。”（李红满，2014）[④]。CiteSpace 软件生成的突变词表（图 5-5）显示，1988 年至 2008 年的两个突变值较高的关键词是阅读和阅读过程，反映出语言类眼动研究的主要领域和研究前沿一直聚焦在阅读研究上。

从图 5-6 的关键词时区视图可以看出，外圈的高频高中心度关键词虽然首次出现的年份有早晚，但都仍然出现在 2016 年和 2017 年的热点词里，说明这些关键词不仅具有很高的研究价值（历时长），而且是当前的研究热点。显而易见，眼动技术在语言研究领域的主要应用范围包括：阅读、知觉广度、词切分、汉语阅读（按照出现的先后顺序）。其中，汉语阅读作为出现较晚的研究领域，尚待进一步挖掘，是未来眼动研究的热点与前沿之一。

综上所述，我国语言眼动研究中文献最多的就是阅读眼动研究，构成国内语言眼动研究的重要知识基础。在此基础之上，阅读研究慢慢细化到知觉广度、词切分、汉语阅读等新兴领域，这些领域都将成为我国眼动技术应用的重要方向。同时，眼动仪在我国语言研究中的广泛应用将促使语言研究向认知科学进一步靠拢。

---

① 王兰忠．基于键盘记录和眼动仪的中文二语写作过程研究［J］．外语电化教学，2016（2）：35-39.

② 冯佳．眼动追踪和键盘记录在翻译教学中的应用——以提高策略能力为中心的 MTI 教学实验［J］．中国大学教学，2016（12）：65-71.

③ 冯佳．眼动追踪和键盘记录在翻译教学中的应用——以提高策略能力为中心的 MTI 教学实验［J］．中国大学教学，2016（12）：65-71.

④ 李红满．国际翻译学研究热点与前沿的可视化分析［J］．中国翻译，2014（2）：21-26.

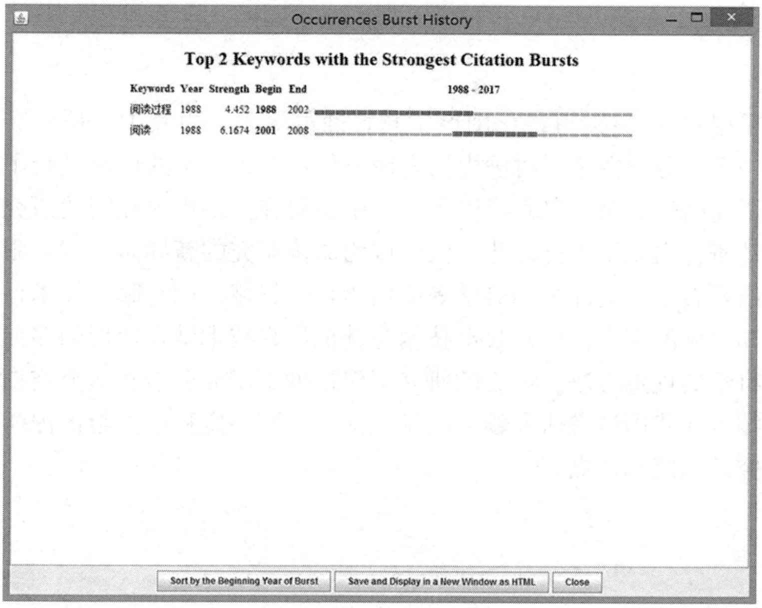

图 5－5　突变词分布情况表

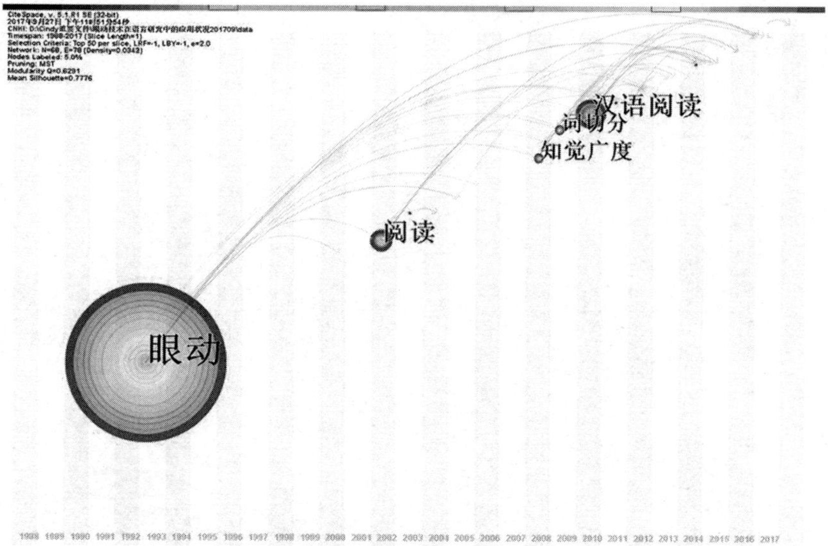

图 5－6　眼动技术在我国语言研究中应用状况相关文献关键词时区分布图（1988—2017）

四、结论

本文采用 CiteSpace 可视化图谱工具，通过聚类、中介中心度、突变词、时区视图等一系列分析方法，对国内语言研究使用眼动技术的情况进行了文献统计和分析。研究结果表明：（1）我国语言类眼动研究主要集中在阅读研究上，汉语阅读的眼动研究出现了上升趋势，已经成为阅读研究的新导向；（2）眼动技术逐渐应用到语言教学、翻译和词典学等应用语言学领域；（3）眼动技术促进了语言研究在认知领域的探索；（4）眼动技术与其他研究技术结合使用的多元互证法将成为实证科学的理想方法。本文的研究不仅挖掘了研究前沿和研究空白，而且指出了眼动技术在我国语言研究领域的发展前景，在一定程度上给国内学者们提供了后续研究的思路和依据。

参考文献

英文文献：

1. AINSWORTH-DARNELL K，SHULMAN H G，BOLAND J E. Dissociating brain responses to syntactic and semantic anomalies：Evidence from event-related potentials [J]. Journal of Memory and Language，1998：112－130.

2. ANDERSON J E，HOLCOMB P J. Auditory and visual semantic priming using different stimulus onset asynchronies：An event-related brain potential study [J]. Psychophysiology，1995：177－190.

3. ANDREWS S. Frequency and neighborhood effects on lexical access：Activation or search? [J]. Journal of Experimental Psychology：Learning，Memory，and Cognition，1989：802.

4. BARRETT S E，RUGG M D，PERRETT，D. I. Event-related potentials and the matching of familiar and unfamiliar faces [J]. Neuropsychologia，1988：105－117.

5. BENTIN S，KUTAS M，HILLYARD S A. Semantic processing and memory for attended and unattended words in dichotic listening：Behavioral and electrophysiological evidence [J]. Journal of Experimental Psychology：Human Perception and Performance，1995：54.

6. BOBES M A，VALDESSOSA M，OLIVARES E. An ERP study of expectancy violation in face perception [J]. Brain and Cognition，1994：1－22.

7. BODDY J. Event-related potentials in chronometric analysis of primed word recognition with different stimulus onset asynchronies [J]. Psychophysiology，1986：232－245.

8. CHARLES CLIFTON Jr.，etc. Eye movements in reading and information processing：Keith Rayner's 40 year legacy，2016.

9. CHEN CHAOMEI. CiteSpace?：Detecting and visualizing emerging trends and transient patterns in scientific literature [J]. Journal of the American Society for Information Science and Technology，2006，57 (3)：10－16.

10. CHUN CHEN，QUANHONG WANG. The study of highly blurred chinese word to N400 priming effect：Evidence for lexical analytic process [C]. 2012 Conference on Psychology and Social Harmony，2012：479－484.

11. CLARK H H. Using Language [M]. Cambridge：Cambridge University Press，1996.

12. CLARK H H，MARSHALL C R. Definite knowledge and mutual knowledge [A]. In ARAVIND K. JOSHI，BONNIE L. WEBBER，IVAN A. Sag (eds.)，Elements of Discourse

Understanding [C]. Cambridge: Cambridge University Press, 1981.

13. CONNOLLY J F, PHILLIPS N A, FORBES K A. The effects of phonological and semantic features of sentence-ending words on visual event-related brain potentials [J]. Electroencephalography and Clinical Neurophysiology, 1995: 276 - 287.

14. CONNOLLY J F, PHILLIPS N A, STEWART S H, BRAKE W G. Event-related potential sensitivity to acoustic and semantic properties of terminal words in sentences [J]. Brain and Language, 1992: 1 - 18.

15. COSTA A, CARAMAZZA, A. Is lexical selection in bilingual speech production language-specific? Further evidence from Spanish-English and English-Spanish bilinguals [J]. Bilingualism: Language and Cognition, 1999: 231 - 244.

16. COSTA A, MIOZZO M, CARAMAZZA A. Lexical selection in bilinguals: Do words in the bilingual's two lexicons compete for selection? [J]. Journal of Memory and Language, 1999: 365 - 397.

17. CUI XU. xjView 8 Manual. http: //www. alivelearn. net/xjview.

18. DE BOT, K. A bilingual production model: Levelt's speaking model adapted [J]. Applied Linguistics, 1992: 1 - 24.

19. DE BOT K, SCHREUDER R. Word production and the bilingual lexicon [J]. The Bilingual Lexicon, 1993: 191 - 214.

20. DE GROOT A M, KROLL J F. Tutorials in bilingualism: psycholinguistic perspectives [J]. Language, 1999: 75 (1).

21. DIJKSTRA A, VAN HEUVEN W J B. The BIA model and bilingual word recognition [A]. In J. GRAINGER, A. JACOBS (eds.), Localist connectionist approaches to human cognition [C]. Hillsdale, NJ: Lawrence Erlbaum, 1998.

22. DIJKSTRA T. From tag to task: Coming to grips with bilingual control issues [J]. Bilingualism: Language and Cognition, 1998: 88 - 89.

23. DIJKSTRA T, VAN HEUVEN W J. The architecture of the bilingual word recognition system: From identification to decision [J]. Bilingualism: Language and Cognition, 2002: 175 - 197.

24. EHRLICH S F, RAYNER K. Contextual effects on word perception and eye movements during reading. Journal of Verbal Learning and Verbal Behavior, 1981: 20, 641 - 655.

25. FRAZIER L, RAYNER K. Making and correcting errors during sentence comprehension: Eye movements in the analysis of structurally ambiguous sentences. Cognitive Psychology, 1982: 14, 178 - 210.

26. GANIS G, KUTAS M, SERENO M I. The search for "common sense": An electrophysiological study of the comprehension of words and pictures in reading [J]. Journal of Cognitive Neuroscience, 1996: 89 - 106.

27. GLASER W R, GLASER M O. Context effects in stroop-like word and picture process-

ing [J]. Journal of Experimental Psychology: General, 1989: 13.

28. GRAINGER J, DIJKSTRA A. (Ton) Visual word recognition [A]. In A. (Ton) DIJKSTRA, K. DE SMEDT (eds.), Computational psycholinguistics: AI and connectionist models of human language processing [C]. London: Taylor & Francis, 1996.

29. GRAINGER J, SEGUI J. Neighborhood frequency effects in visual word recognition: A comparison of lexical decision and masked identification latencies [J]. Perception & Psychophysics, 1990: 191 - 198.

30. GRAINGER J, O'REGAN J K, Jacobs A M, et al. On the role of competing word units in visual word recognition: The neighborhood frequency effect [J]. Perception & Psychophysics, 1989: 189 - 195.

31. GREEN D W. Control, activation, and resource: A framework and a model for the control of speech in bilinguals [J]. Brain and Language, 1986: 210 - 223.

32. GREEN D W. Mental control of the bilingual lexico-semantic system [J]. Bilingualism: Language and Cognition, 1998: 67 - 81.

33. GUNTER T C, FRIEDERICI A D, SCHRIEFERS H. Syntactic gender and semantic expectancy: ERPs reveal early autonomy and late interaction [J]. Journal of Cognitive Neuroscience, 2000: 556 - 568.

34. HOEKS J C, STOWE L A, DOEDENS G. Seeing words in context: The interaction of lexical and sentence level information during reading [J]. Cognitive Brain Research, 2004: 59 - 73.

35. JOHNSON B W, HAMM J P. High-density mapping in an N400 paradigm: Evidence for bilateral temporal lobe generators [J]. Clinical Neurophysiology, 2000: 532 - 545.

36. JUHASZ B J, WHITE S J, LIVERSEDGE S P, et al. Eye movements and the use of parafoveal word length information in reading. Journal of Experimental Psychology: Human Perception and Performance, 2008: 34, 1560 - 1579.

37. KIM A, OSTERHOUT L. The independence of combinatory semantic processing: Evidence from event-related potentials [J]. Journal of Memory and Language, 2005: 205 - 225.

38. KOLK H H, CHWILLA D J, VAN HERTEN M, et al. Structure and limited capacity in verbal working memory: A study with event-related potentials [J]. Brain and Language, 2003: 1 - 36.

39. KOLK H, CHWILLA D. Late positivities in unusual situations [J]. Brain and Language, 2007: 257 - 261.

40. KUPERBERG G R, KREHER D A, SITNIKOVA T, et al. The role of animacy and thematic relationships in processing active English sentences: Evidence from event-related potentials [J]. Brain and Language, 2007: 223 - 237.

41. KUPERBERG G R, SITNIKOVA T, CAPLAN D, et al. Electrophysiological distinc-

tions in processing conceptual relationships within simple sentences [J]. Cognitive Brain Research, 2003: 117 - 129.

42. KUTAS M, HILLYARD S A. Event-related brain potentials to semantically inappropriate and surprisingly large words [J]. Biological Psychology, 1980: 99 - 116.

43. KUTAS M, HILLYARD S A. Reading senseless sentences: Brain potentials reflect semantic incongruity [J]. Science, 1980: 203 - 205.

44. KUTAS M, VAN PETTEN C, BESSON M. Event-related potential asymmetries during the reading of sentences [J]. Electroencephalography and Clinical Neurophysiology, 1988: 218 - 233.

45. LEVELT W J M. Speaking: From intention to articulation [M]. Cambridge, MA: Bradford, 1989.

46. LEVELT W J, SCHRIEFERS H, VORBERG D, et al. The time course of lexical access in speech production: A study of picture naming [J]. Psychological Review, 1991: 122.

47. LEWIS D K. Convention: A Philosophical Study [M]. Basil Blackwell/Harvard University Press, 1969.

48. MÄKELÄ A M, MÄKINEN V, NIKKILÄ M, et al. Magnetoencephalographic (MEG) localization of the auditory N400m: Effects of stimulus duration [J]. Neuroreport, 2001: 249 - 253..

49. MARTIN-RHEE M M, BIALYSTOK E. The development of two types of inhibitory control in monolingual and bilingual children [J]. Bilingualism: Language and Cognition, 2008: 81 - 93.

50. MCCARTHY G, WOOD C C. Scalp distributions of event-related potentials: An ambiguity associated with analysis of variance models [J]. Electroencephalography and Clinical Neurophysiology/Evoked Potentials Section, 1985: 203 - 208.

51. MCCLELLAND J L, ELMAN J L. Interactive processes in speech perception: The TRACE model [J]. Parallel Distributed Processing, 1986: 121.

52. MCCONKIE G W, RAYNER K. The span of the effective stimulus during a fixation in reading. Perception & Psychophysics, 1975: 17, 578 - 586.

53. MORRISON R. Manipulation of stimulus onset delay in reading: Evidence for parallel programming of saccades. Journal of Experimental Psychology: Human Perception and Performance, 1984: 10, 667 - 682.

54. NAKAGOME K, TAKAZAWA S, KANNO O, et al. A topographical study of ERP correlates of semantic and syntactic violations in the Japanese language using the multichannel EEG system [J]. Psychophysiology, 2001: 304 - 315.

55. NOBRE, A C, MCCARTHy G. Language-related field potentials in the anterior-medial temporal lobe: II. Effects of word type and semantic priming [J]. Journal of Neuroscience, 1995: 1090 - 1098.

56. OJIMA S, MATSUBA-KURITA H, NAKAMURA N, et al. Age and amount of exposure to a foreign language during childhood: Behavioral and ERP data on the semantic comprehension of spoken English by Japanese children [J]. Neuroscience Research, 2011: 197 - 205.

57. OSTERHOUT L, HOLCOMB P J. Event-related brain potentials elicited by syntactic anomaly [J]. Journal of Memory and Language, 1992: 785 - 806.

58. OSTERHOUT L, NICOL J. On the distinctiveness, independence, and time course of the brain responses to syntactic and semantic anomalies [J]. Language and Cognitive Processes, 1999: 283 - 317.

59. PICKERING M J, GARROD S. Toward a mechanistic psychology of dialogue [J]. Behavioral and Brain Sciences, 2004: 169 - 190.

60. POLICH J. N400s from sentences, semantic categories, number and letter strings? [J]. Bulletin of the Psychonomic Society, 1985: 361 - 364..

61. POULISSE N. Language production in bilinguals [J]. Tutorials in Bilingualism: Psycholinguistic Perspectives, 1997: 201 - 224.

62. POULISSE N, BONGAERTS T. First language use in second language production [J]. Applied Linguistics, 1994: 36 - 57.

63. RAYNER K, BERTERA J H. Reading without a fovea. Science. 1979: 206, 468 - 469.

64. RAYNER K. The perceptual span and peripheral cues in reading. Cognitive Psychology, 1975: 7, 65 - 81.

65. RAYNER K. LIVERSEDGE S P, WHITE S J, et al. Reading disappearing text: Cognitive control of eye movements. Psychological Science, 2003: 14, 385 - 389.

66. RAYNER K. Eye movements in reading and information processing: 20 years of research. Psychological Bulletin, 1998: 124, 372 - 422.

67. RAYNER K, DUFFY S A. Lexical complexity and fixation times in reading: Effects of word frequency, verb complexity, and lexical ambiguity. Memory & Cognition, 1986: 14, 191 - 201.

68. RAYNER K, WARREN T, JUHASZ B J, et al. The effect of plausibility on eye movements in reading. Journal of Experimental Psychology: Learning, Memory, and Cognition, 2004: 30, 1290 - 1301.

69. ROELOFS A. A spreading-activation theory of lemma retrieval in speaking [J]. Cognition, 1992: 107 - 142.

70. RUCHKIN D S, JOHNSON Jr R, MAHAFFEY D, et al. Toward a functional categorization of slow waves [J]. Psychophysiology, 1988: 339 - 353.

71. RUCHKIN D S, MUNSON R, SUTTON S. P300 and slow wave in a message consisting of two events [J]. Psychophysiology, 1982: 629 - 642.

72. SCHNEIDER D W, ANDERSON J R. Asymmetric switch costs as sequential difficulty effects [J]. The Quarterly Journal of Experimental Psychology, 2010: 1873 - 1894.

73. SERENO S C, RAYNER K. Fast priming during eye fixation in reading. Journal of Experimental Psychology: Human Perception and Performance. 1992: 18 (1). 173 - 184.

74. SIMOS P G, BASILE L F, PAPANICOLAOU A C. Source localization of the N400 response in a sentence-reading paradigm using evoked magnetic fields and magnetic resonance imaging [J]. Brain Research, 1997: 29 - 39.

75. SNODGRASS J G, MINTZER M. Neighborhood effects in visual word recognition: Facilitatory or inhibitory? [J]. Memory & Cognition, 1993: 247 - 266.

76. STARREVELD P A, LA HEIJ W. Semantic interference, orthographic facilitation, and their interaction in naming tasks [J]. Journal of Experimental Psychology: Learning, Memory, and Cognition, 1995: 686.

77. STARREVELD P A, LA HEIJ W. Time-course analysis of semantic and orthographic context effects in picture naming [J]. Journal of Experimental Psychology: Learning, Memory, and Cognition, 1996: 896.

78. The FIL Methods Group. SPM12 Manual. University of Colleague of London. http: //www. fil. ion. ucl. ac. uk/spm/.

79. UITTENHOVE K, LEMAIRE P. Sequential difficulty effects during strategy execution [J]. Experimental Psychology, 2012: 259 - 301.

80. UITTENOVE K, POLETTi C, DUFAU S, et al. The time course of strategy sequential difficulty effects: An ERP study in arithmetic [J]. Experimental Brain Research, 2013: 1 - 8.

81. VAN HERTEN M, KOLK H H, CHWILLA D J. An ERP study of P600 effects elicited by semantic anomalies [J]. Cognitive Brain Research, 2005: 241 - 255.

82. VAN HEUVEN W J, DIJKSTRA T, GRAINGER J. Orthographic neighborhood effects in bilingual word recognition [J]. Journal of Memory and Language, 1998: 458 - 483.

83. VISSERS C T W, CHWILLA D J, KOLK H H. Monitoring in language perception: The effect of misspellings of words in highly constrained sentences [J]. Brain Research, 2006: 150 - 163.

84. WHITAKER H A. Neurolinguistics [J]. A Survey of Linguistic Science, 1971: 136 - 251.

85. XIAO F, CHEN Q F, LONG C Q, et al. The rule expectancy effect on the electrophysiological correlates underlying numerical rule acquisition [J]. Neuroscience Letters, 2018: 252 - 256.

86. YE Z, ZHOU X L. Involvement of executive control during sentence comprehension: ERP evidence [J]. Brain Research, 2008: 103 - 115.

中文文献：

1. GAZZANIGA M S, IVRY R B, MANGUN G R. 认知神经科学：关于心智的生物学

[M]. 北京：中国轻工业出版社，2011.

2. 艾森克（M. W.）. 认知心理学（第四版）. 高定国，译 . 北京：华东师范大学出版社，2004.

3. 白学军，闫国利 . 儿童理解课文时眼动过程的研究 [J]. 天津师范大学学报，1993（6）：12－18.

4. 卞迁，齐薇，刘志方，等 . 当代眼动记录技术述评 [J]. 心理研究，2009，2（1）：34－37.

5. 卞迁，齐薇，刘志方，等 . 当代眼动记录技术述评 [J]. 心理研究，2009，2（1）：34－37.

6. 岑运强 . 言语的语言学的界定、内容及其研究的方法 [J]. 北京师范大学学报（人文社会科学版），2000（4）：72－77.

7. 陈庆荣，王梦娟，刘慧凝，等 . 语言认知中眼动和 ERP 结合的理论、技术路径及其应用 [J]. 心理科学进展，2011（2）：264－273.

8. 陈庆荣，王梦娟，刘慧凝，等 . 语言认知中眼动和 ERP 结合的理论、技术路径及其应用 [J]. 心理科学进展，2011，19（2）：264－273.

9. 陈庆荣 . 句法启动研究的范式及其在语言理解中的争论 [J]. 心理科学进展，2012，20（2）：208－218.

10. 陈璇，宋旻烨 . 汉语成语结尾字事件相关电位 N400 的研究 [J]. 广东医学，2003（7）：711－713.

11. 陈璇 . 中西文 N400 的研究现状简述（1）[J]. 临床神经电生理学杂志，2004（1）：53－55.

12. 丁彧藻，陈保亚 . 语言官能的神经基础及其属性 [J]. 外语研究，2016，33（3）：19－25.

13. 董奇，申继亮 . 教育与心理科学研究方法（第一版）[M]. 广州：广东教育出版社，2005.

14. 董瑞国，孙相如 . 汉字认识中脑偏侧化效应的直接证明：基于形音义的事件相关？[J]. 徐州医学院学报，1998，18（4）：259－261.

15. 冯佳，王克非 . 探悉翻译过程的新视窗：键盘记录和眼动追踪 [J]. 中国翻译，2016（1）：12－18.

16. 冯佳 . 眼动追踪和键盘记录在翻译教学中的应用——以提高策略能力为中心的 MTI 教学实验 [J]. 中国大学教学，2016（12）：65－71.

17. 冯象 . 创世纪：传说与译注 [M]. 南京：江苏人民出版社，2004.

18. 甘桥 . 基于文献计量的眼动与汉语研究动态的知识图谱分析 [J]. 长春教育学院学报，2017，33（5）：49－52.

19. 高闯 . 眼动实验原理——眼动的神经机制、研究方法与技术 [M]. 武汉：华中师范大学出版社，2012.

20. 高素珍，刘海燕．应用语言学综观［J］．济南大学学报，2005（5）：59－64.

21. 高兴梅．语篇世界理论在意义构建中的解释力［J］．安徽工业大学学报（社会科学版），2011，28（6）：80－82.

22. 格雷维特尔（Gravetter，F. J.）．行为科学研究方法（第一版）［M］．邓筹，等译．西安：陕西师范大学出版社，2005.

23. 郭菁．笔画教学与正字法意识的培养［J］．现代语文，2009，（10）：50.

24. 韩玉昌．眼动仪和眼动实验法的发展历程［J］．心理科学，2000，23（4）：454－457.

25. 侯剑华，胡志刚．CiteSpace 软件应用研究的回顾与展望［J］．现代情报，2013，33（4）：99－103.

26. 胡永祥．二语产出中抑制方式的双重惟与调节性—来自中国英语学习者的证据［D］．福建：福建师范大学，2015.

27. 黄继英，梁星原．磁共振成像原理［M］．西安：陕西科学技术出版社，1998.

28. 黄希庭，张志杰．心理学研究方法（第二版）［M］．北京：高等教育出版社，2012.

29. 黄雅珍，胡慧玲．图式理论与语篇解读［J］．福州大学学报，2008，22（2）：87－90.

30. 江天芳．试析影响句子加工的因素——歧义［J］．福州大学学报，1999，（3）.

31. 靳二虎．磁共振成像临床应用入门［M］．北京：人民卫生出版社，2009.

32. 科林·贝克（Baker，C.）．双语与双语教育概论［M］．翁燕珩，译．北京：中央民族大学出版社，2008.

33. 孔庆成．微观语言学新解及其意义［J］．外语研究，1994（1）：19－24.

34. 李恩中．功能磁共振成像在认知神经科学中的应用［J］．计算机科学与探索．2008，2（6）：589－600.

35. 李福印．认知语言学概论［M］．北京：北京大学出版社，2008.

36. 李红满．国际翻译学研究热点与前沿的可视化分析［J］．中国翻译，2014（2）：21－26.

37. 李杰，陈超美．CiteSpace 科技文本挖掘及可视化［M］．北京：首都经济贸易大学出版社，2016.

38. 李荣宝，等．汉英语义通达过程的事件相关电位研究［J］．心理学报，2003（3）：309－316.

39. 李晓娟．眼动方法在心理学研究中的现状及其趋势［J］．大同大学学报（自然科学版），2007，23（2）：69－71.

40. 李晓娟．眼动方法在心理学研究中的现状及其趋势［J］．山西大同大学学报（自然科学版），2007（5）：69－71，75.

41. 李星．双语现象与认知控制关系述评［J］．内江科技，2009：30（11），64.

42. 梁丹丹，顾介鑫．神经语言学研究方法与展望［J］．外语研究，2003，1：20－27.

43. 林华．汉语热——让世界触摸中国［J］．观察与思考，2009（4）：35－36.

44. 刘燕妮，舒华．ERP 与语言研究［J］．心理科学进展，2003，11（3）：296－302.

45. 卢植．认知与语言［M］. 上海：上海外语教育出版社，2006.

46. 罗跃嘉，姜扬，程康．认知神经科学教程［M］. 北京：北京大学出版社，2006.

47. 罗跃嘉，魏景汉．正常青年人汉字语义识别的 ERP 特征性成分［J］. 中国科学院心理研究所年报，1997.

48. 吕勇，等．听觉呈现条件下汉语双字词语义和语音启动的 ERP 研究［J］. 心理科学，2004（1）：8－12.

49. 马红骊，方芸秋．启动效应及其理论［J］. 心理科学，1992，5：35－42.

50. 潘欣，余祖晨．工作记忆对句子加工影响的研究［J］. 成都大学学报，2008，7.

51. 乔晓妹，张鑫雯．掩蔽启动效应的机制及原理［J］. 当代外语研究，2017，1：1－4.

52. 沈政，林庶之．生理心理学［M］. 北京：北京大学出版社，1993.

53. 寿天德．视觉的神经基础［J］. 自然杂志，2015，37（1）：17－25.

54. 舒华等．词汇表征和加工理论及其认知神经心理学证据［J］. 应用心理学，2003（2）：41－45.

55. 斯滕伯格（Sternberg，R. J.）. 认知心理学（第三版）［M］. 杨炳钧等，译．北京：中国轻工业出版社，2006.

56. 孙复川．视觉信息处理：阅读中文和英文时眼动模式的对比研究［J］. 生物物理学报，1988，4（1）：1－6.

57. 孙海静，王权红．汉字模糊度，字频和语义启动在 N400 上的交互作用：N400 的 IA 模型的证据［J］. 心理学报，2012，44（6）：745－753.

58. 唐春华．浅谈英语快速阅读与理解［J］. 楚雄师专学报（社会科学版），1992（1）：67－71.

59. 唐孝威．脑功能成像［M］. 合肥：中国科学技术大学出版社，1999.

60. 唐瑜婚，陈宝国．工作记忆语境限制强度和句子长度对二语词汇学习的影响［J］. 心理科学，2014，37（3）：649－655.

61. 王斌华．双语教育与双语教学［M］. 上海：上海教育出版社，2003.

62. 王德春，金立鑫．论微观语言学［J］. 外国语，1991（4）：1－7.

63. 王德春．方兴未艾的神经语言学［J］. 现代外国哲学社会科学文摘，1988（06）：11.

64. 王慧莉，刘文宇．双语者语言加工机制研究［M］. 上海：上海交通大学出版社，2012.

65. 王君明，陈永明．眼动记录法对阅读研究的贡献［J］. 心理学动态，1996（4）：23－28.

66. 王凯．（2006）. 功能磁共振成像实验数据处理研究．大连理工大学．硕士学位论文.

67. 王兰忠．基于键盘记录和眼动仪的中文二语写作过程研究［J］. 外语电化教学，2016（2）：35－39.

68. 王瑞乐，等．句子加工中的语义 P600 效应［J］. 心理科学进展，2010，18（4）：545－552.

69. 王甦，汪安圣．认知心理学（重排本）［M］. 北京：北京大学出版社，2006.

70. 王穗苹，等．语言理解的 ERP 研究［J］．华南师范大学学报，2004（6）：107－113.

71. 王寅．什么是认知语言学［M］．上海：上海外语教育出版社，2011.

72. 王震，范琳．双语语码转换加工理论及理论模型研究述评［J］．北京航空航天大学学报，2014，27（6）：82－87.

73. 肖内西（Shaughnessy，J. J.），泽克迈斯特（Zechmeister，E. B.），泽克迈斯特（Zechmeister，J. S.）．心理学研究方法（第七版）［M］．张明，等译．北京：人民邮电出版社，2010.

74. 徐鹏，张家健，赵冰．选择性注意的神经机制和眼动注意模型的研究综述［J］．重庆理工大学学报（自然科学），2015，29（11）：112－119.

75. 许晓阳，郑彦宁，赵筱媛，等．研究前沿识别方法的研究进展［J］．情报理论与实践，2014（6）：139－144.

76. 闫国利，田宏杰．眼动记录技术与方法综述［J］．应用心理学，2004（02）：55－58.

77. 闫国利，巫金根，胡晏雯，等．当前阅读的眼动研究范式述评［J］．心理科学进展，2010，18（12）：1966－1976.

78. 闫国利，熊建萍，臧传丽，等．阅读研究中的主要眼动指标评述［J］．心理科学进展，2013，21（4）：589－605.

79. 闫国利，白学军．阅读过程中眼动特征的发展研究［J］．心理学探新，2001（4）：25－28.

80. 杨文俊．大脑高级功能的神经电生理（第 1 版）［M］．北京：中国科学技术出版社，1998.

81. 杨雄．诸子集成（册 9）［M］．长沙：岳麓书社，1996.

82. 杨亦鸣，刘涛．中国神经语言学研究回顾与展望［J］．语言文字应用，2010，2：12－25.

83. 杨正汉，等．磁共振成像技术指南——检查规范、临床策略及新技术（修订版）［J］．中国医学影像学杂志，2010，18（4）：312.

84. 易保树，倪传斌．双语加工的抑制控制研究及其神经基础［J］．解放军外国语学院学报，2015，38（1）：29－36.

85. 于翠红，刘件福．认知语言学视角下的二语习得研究范式新进展［J］．现代外语，2015，38（6）：833－841.

86. 余强．双语教育的心理学基础［M］．南京：江苏教育出版社，2002.

87. 喻平．数学教育的质性研究方法及案例分析［J］．中学数学教学参考，2005，6：17－20.

88. 张辉，宋伟．ERP 与语言研究［J］．外语电化教学，2004，6：38－41.

89. 张钦，等．名词与动词加工的 ERP 差异［D］．学校 2003.

90. 张文彤．SPSS 统计分析基础教程［M］．北京：高等教育出版社，2004.

91. 张仙峰，叶文玲．当前阅读研究中眼动指标述评［J］．心理与行为研究，2006（3）：

236-240.

92. 张晓明．"巴别塔神话的别样诠释与翻译使命再审视［J］．中国外语，2016，(2)：96-102.

93. 张星，王建华．眼动追踪技术在我国语言研究中应用状况的 CiteSpace 可视化计量分析［J］．湖南大学学报（社会科学版），2018，32（5）：107-112.

94. 赵艳芳．认知语言学研究综述（二）［J］．解放军外国语学院学报，2000，6：16-20.

95. 周频．认知神经语言学方法论模型的建构［J］．外国语，2016，(2)：5.

96. 周雪婷．交叉学科：神经语言学及其哲学思考［J］．求索，2008，(6)：191-192.

97. 周长银．"单线加工还是多线加工"——语义 P600 研究的争议与最新进展［J］．外国语，2017，(6)：14.

98. 宗乾进，袁勤俭，沈洪洲，等．知识图谱视角下的 2010 年我国情报学研究热点——基于知识图谱的当代学科发展动向研究之一［J］．情报杂志，2011（12）：48-53.

附　　录

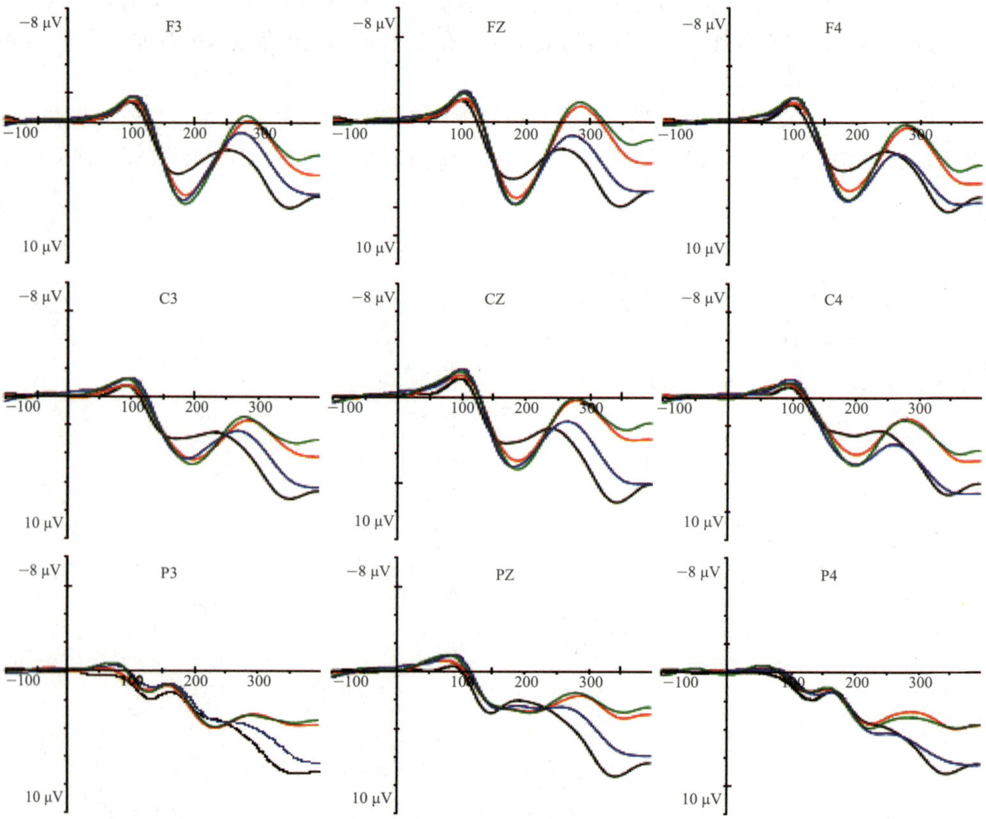

图 3－36　波形图展示脑电结果

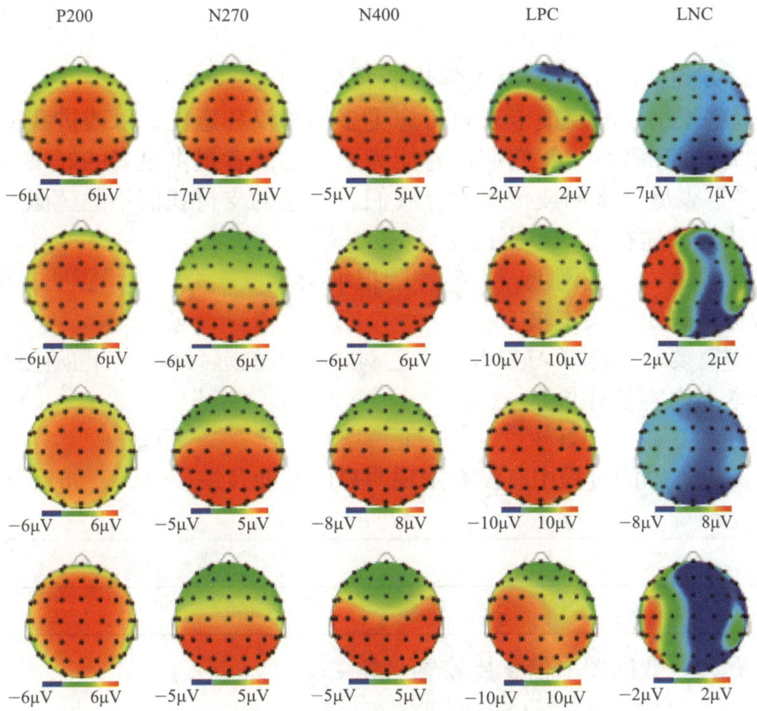

图 3－37　地形图展示脑电结果

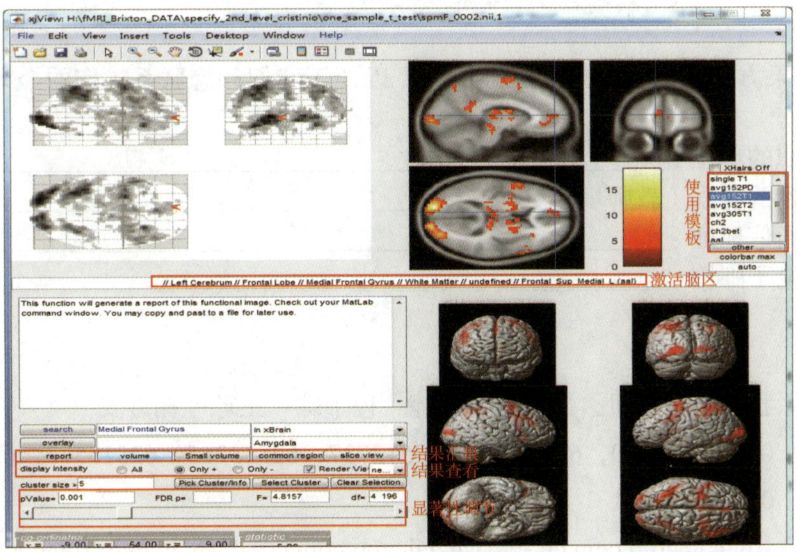

图 4－8　xjview 界面

中国人民大学出版社外语出版分社读者信息反馈表

尊敬的读者：

感谢您购买和使用中国人民大学出版社外语出版分社的 ______________ 一书，我们希望通过这张小小的反馈卡来获得您更多的建议和意见，以改进我们的工作，加强我们双方的沟通和联系。我们期待着能为更多的读者提供更多的好书。

请您填妥下表后，寄回或传真回复我们，对您的支持我们不胜感激！

1. 您是从何种途径得知本书的：

□书店　　□网上　　□报纸杂志　　□朋友推荐

2. 您为什么决定购买本书：

□工作需要　　□学习参考　　□对本书主题感兴趣　　□随便翻翻

3. 您对本书内容的评价是：

□很好　　□好　　□一般　　□差　　□很差

4. 您在阅读本书的过程中有没有发现明显的专业及编校错误，如果有，它们是：

____

____

____

5. 您对哪些专业的图书信息比较感兴趣：

____

____

____

6. 如果方便，请提供您的个人信息，以便于我们和您联系（您的个人资料我们将严格保密）：

您供职的单位：____

您教授的课程（教师填写）：________________________________

您的通信地址：____

您的电子邮箱：____

请联系我们：贾乐凯　吴振良　黄婷　程子殊　王琼　鞠方安

电话：010-62515580，62515538，62512737，62513265，62515573，62515576

传真：010-62514961

E-mail：jialk@crup.com.cn　wuzl@crup.com.cn　huangt@crup.com.cn
chengzsh@crup.com.cn　crup_wy@163.com　jufa@crup.com.cn

通信地址：北京市海淀区中关村大街甲 59 号文化大厦 15 层　　邮编：100872

中国人民大学出版社外语出版分社